世纪声路　大师足音

——吴宗济先生纪念文集

中国社会科学院语言研究所
《吴宗济先生纪念文集》编委会　编

商务印书馆
The Commercial Press
2011年·北京

图书在版编目(CIP)数据

世纪声路 大师足音:吴宗济先生纪念文集/《吴宗济先生纪念文集》编委会编. —北京:商务印书馆,2011
ISBN 978-7-100-08311-9

I. ①世… II. ①吴… III. ①吴宗济(1909~2010)-纪念文集 IV. ①K825.5-53

中国版本图书馆 CIP 数据核字(2011)第 067137 号

**所有权利保留。
未经许可,不得以任何方式使用。**

SHÌJÌ SHĒNGLÙ　DÀSHĪ ZÚYĪN
世纪声路　大师足音
——吴宗济先生纪念文集
中国社会科学院语言研究所
《吴宗济先生纪念文集》编委会　编

商务印书馆出版
(北京王府井大街36号　邮政编码100710)
商务印书馆发行
北京市白帆印务有限公司印刷
ISBN 978-7-100-08311-9

2011年7月第1版　　开本 880×1230　1/32
2011年7月北京第1次印刷　印张 10½　插页 8

定价:33.00元

中国社会科学院荣誉学部委员吴宗济先生(1909.4—2010.7)

(摄影:陈平,拍摄于2007年)

吴先生的父亲吴永（1865－1936年），讳永，字渔川，一字槃庵，别号观复道人

吴先生的母亲盛瑶华，名瀚玉女士（盛宣怀的堂妹）

1926年，与岳父母合影，右起：吴先生、岳父梅光曦（民国初年曾任山东省高等法院院长）、岳母和吴夫人梅静明

前排吴夫人和吴先生；后排左起：二女儿莅珠、儿子佑之、大女儿蔷珠（1952年）

1978年，吴先生(左前)在第九届国际语音科学会议上：Fromkin教授(右前)，Stevens教授(左后)及Fant教授(右后)

1964年，语音室在所门前合影。左起：鲍怀翘、陈嘉猷、吴宗济、刘涌泉、周殿福、林茂灿和孙国华

1985年，接待日本东京大学藤崎博也教授首次访问语言所。左起：李瑞兰、曹剑芬、许毅、刘涌泉、藤崎博也、林茂灿、吴宗济和外事局领导

70年代，吴宗济先生（一排左二）参加中国声学学会与诸学者合照

1988年3月，吴宗济先生与来访的东京大学藤崎博也教授在中国社会科学院合照。
左起：杨顺安、王贤海、藤崎博也、吴宗济、任宏谟、林茂灿

1990年，吴宗济先生在日本大阪参加 ICSLP90 会议

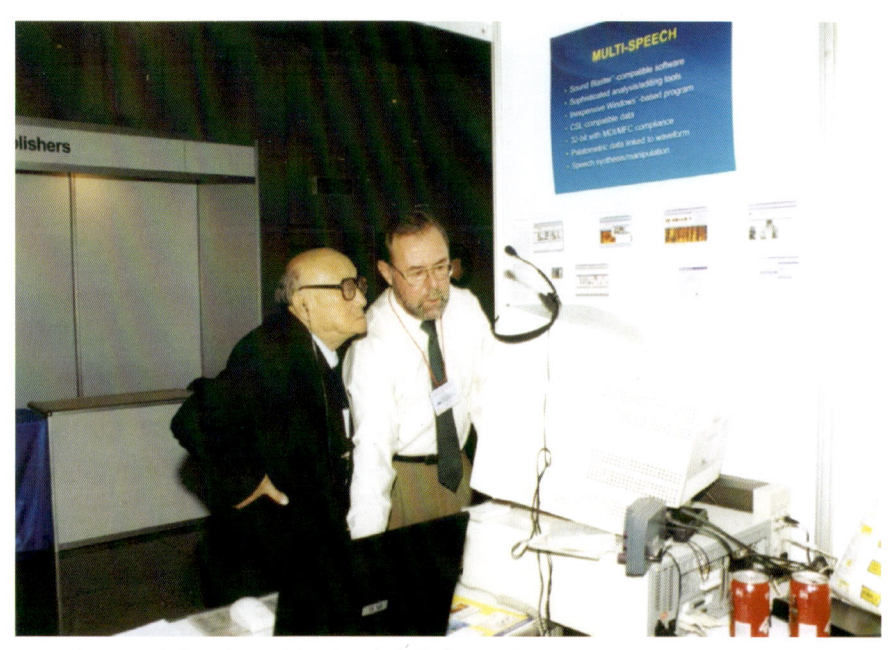

1990年，吴宗济先生参观 ICSLP90 会议的演示系统

1994 年,在日本横滨参加 ICSLP94 会议。左起:吴宗济、曹剑芬、藤崎博也及夫人、Gunner Fant 和 Anita

1994 年,国际语音学会会长 John Esling 教授访问语音室。左起:陈肖霞、吴宗济、曹剑芬和 John Esling

1997年3月，吴宗济先生在黄山语音口语处理研讨会。右起：王仁华教授和夫人夏德瑜、吴蔷珠（大女儿）、吴宗济先生、藤崎博也（Fujisaki）教授

2004年，在北京举办声调和语调国际会议TAL2004，也是为吴宗济先生95岁生日举办的研讨会，国内外150人参加。第一排左起：Tillman、王仁华、Bruce、董琨、郑秋豫、Abromson、林焘、Lehiste、Fant、马大猷、吴宗济、Fujisaki、Ohala、石明远、沈家煊、Kohler、王嘉龄、徐云扬、Hirst、林茂灿

2004年,吴宗济先生在声调和语调国际会议TAL2004开幕式上发言

2004年,吴宗济先生(右)和马大猷院士(中)以及Fant教授(左)在声调和语调国际会议TAL2004上

2005 年全国语音学讲习班全体成员合照

2006 年，到语音研究室博物馆，给来访学者和后辈讲解馆藏文物，成了吴先生经常性的工作

2006年,吴先生(右二)在生理实验室用 EMMA 测试发音人,李爱军(左二),胡方(右一)

2008年,吴宗济先生在语言所语音室工作照

2008年，吴宗济先生在百岁庆贺国际会议上大会发言

2009年4月，藤崎博也先生在吴先生真正的百岁生日时看望他，吴先生为藤崎先生写诗

2009年4月,学部委员沈家煊祝贺荣誉学部委员吴宗济百岁生日

2009年,吴先生百岁生日宴会后与嘉宾徐云扬(后排左二)、藤崎博也(后排左八),葛妮(前排左三)、语言所领导蔡文兰(后排右三)、沈家煊(后排右七)、曹广顺(后排右六)、刘丹青(后排右四)、同事和学生合影

2009 年 7 月 10 日吴宗济先生家中（拍摄者：郭红松）

2009 年 7 月 10 日吴宗济先生家中（拍摄者：郭红松）

2010年4月语言所领导最后一次到吴宗济先生家庆贺生日,左起:曹广顺、蔡文兰、吴宗济、刘丹青

2010年4月,安徽科大讯飞胡郁(左一)、刘庆峰(左三)、车骋(右一)到吴宗济先生家庆贺生日

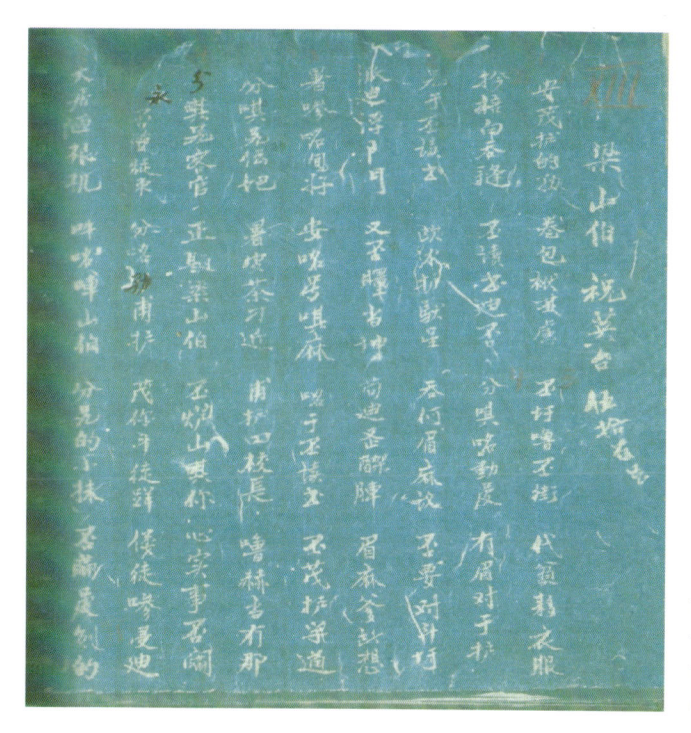

1935年，吴先生随李芳桂老师在广西做壮语调查时，记录的壮歌

戊子冬至偶成一律

生年满百未痴聋，
忧尽甘来作阿翁。
学剑不成终学语，
雕龙有兴并雕虫。
萤窗涉猎书千卷，
鹏座相忘酒一盅。
放眼每添新气象，
喜看大地更葱茏。

三百鹏斋主人吴宗济

〔注〕

满百：古诗：「生年不满百，常怀千岁忧。」

阿翁：唐代宗对郭子仪说：「不痴不聋，不作阿家（姑）阿翁。」

学剑：我中学时读军校三年，学过刀剑武术。《史记·项羽本纪》：「剑一人敌，不足学，学万人敌。」故「学剑不成」。

雕龙、雕虫：王力先生自号「龙虫并雕斋」，以俗学术著作为雕龙，其它为雕虫。

鹏座：汉贾谊《鵩鸟赋》长沙，有鹏鸟飞入室，止于座隅，賦自伤。按：鹏、鵩都是猫头鹰，世界都认为是益鸟，而我国两代以前认作为神鸟；到现以后才认为是不祥鸟。我架上座右，工艺猫头鹰之逾三百，曾有《群鹏行七十四韵》。此日良育坐对，不觉物我相忘。

吴宗济先生诗词写于2008年12月

吴宗济先生手迹(一):从声调产生理论看中古汉语声调调值的构拟问题

吴宗济先生手迹(二):普通话的协同发音研究

目 录

但愿文章能寿世，不求闻达以骄人
    ——缅怀吴宗济先生……………… 曹剑芬　李爱军　　1
In Memory of Professor Wu Zongji (1909—2010) …… Xu Yi　　8
Thirty Years of Friendship with
    Professor Wu ……………………… Hiroya Fujisaki　　14
清华旧事——吴宗济先生口述……… 郑小惠　童庆钧整理　　23
推开中国语音科学走向世界的大门
    ——吴宗济先生往事钩沉 ……………………… 张家騄　　44
深切怀念良师益友吴宗济先生 ………………………… 鲍怀翘　　54
吴宗济先生与科大讯飞的言语工程音路
    历程 ……………………… 王仁华　刘庆峰　胡　郁　　60
薪尽火传　一树百获——深切缅怀将毕生心血贡献
    给实验语音学事业的吴宗济先生 ………………… 王理嘉　　69
音路漫漫，难忘领路人 ………………………………… 吕士楠　　89
但将万绿看人间——深切缅怀吴宗济先生 …………… 石　锋　　91
南去镫传赖有人 ………………………………………… 朱　川　　119
怀念恩师吴宗济先生 …………………………………… 吴洁敏　　135

热心呵护晚辈 无私提携后学——从新年贺卡看吴
　　宗济先生的高德……………………………… 冯　隆　143
补听缺斋渐去的韵谱音声——怀念吴宗济先生…… 孔江平　159
我写吴宗济 ………………………………………… 崔枢华　165
世纪老人的音路历程与传奇人生——中国社会科学
　　院荣誉学部委员吴宗济先生侧记………………… 李　蓝　181
怀念永远的吴先生 ………………………………… 曹　文　186
生命的奇迹——追忆敬爱的吴宗济先生…………… 王韫佳　196
飘然一去"无踪迹"，但留绿意暖人心 …………… 王国平　201
吴宗济先生在汉语"区别特征"方面的研究 ……… 王茂林　216
吴先生永驻我心田——宁静致远创立新方法、淡泊
　　明志发展语音学………………………………… 林茂灿　226
吴宗济先生的治学与为人
　　——纪念吴先生逝世一周年…………………… 曹剑芬　240
斯人已逝　风范长存——深切怀念吴宗济先生…… 孙国华　258
既择所业　终身服膺——吴宗济恩师永存………… 祖漪清　265
天籁有声——怀念吴宗济先生……………………… 李爱军　287
纪念恩师吴宗济先生………………… 王海波　方　强　306
深切怀念吴宗济先生………………………………… 赵新娜　311
吴先生，我又给您找到一对"猫头鹰"！ ………… 罗慎仪　323
但将万绿看人间——怀念父亲吴宗济……………… 吴蔷珠　328
老爸我想你 ………………………………………… 吴苙珠　330

但愿文章能寿世,不求闻达以骄人
——缅怀吴宗济先生

曹剑芬　李爱军

2010年7月30日,著名语音学家、中国实验语音学的奠基人、一百零一岁的世纪老人吴宗济先生仙逝了。作为后学,我们在这里缅怀他对中国语言学、特别是现代语音学的发展做出的杰出贡献,以寄托我们无尽的哀思!

一、七十年音路历程

吴宗济先生在语言学和语音学领域的学术生涯已逾70年,他这70多年不平凡的音路历程,恰似一部中国现代语音学发展史,代表着20世纪中叶以来中国现代语音学发展的光辉历程,同时也折射出世界范围内现代语音学及言语工程学近一个世纪以来的前进步伐。

五四运动以后,中国语音学蓬勃兴起。1935年,吴宗济先生便跟随赵元任进行语音学研究,即使在抗日战争和国内战争极其艰苦的环境下,他们仍然深入西南的方言和少数民族地区调查方言和少数民族语音,先后著有《湖北方言调查报告》(合作,商务印书馆,1948年)、《湖南方言调查报告》(合作,台湾,1974年)。此外,吴宗济先生还对广西壮族自治区武鸣的壮语进行调查,撰写了《调查西南民族语言管见》(《西南边疆》1938年第1期)、《武鸣壮语中汉语借字的音韵系统》(《语言研究》1958年第3期)等。

1956年,吴宗济先生应中国科学院语言研究所所长罗常培先生之邀到语言所工作,开展实验语音学研究。1957—1958年,吴宗济先生受国家委派前往当时的捷克斯洛伐克以及瑞典、丹麦进修。不但了解了国外实验语言学方面的最新研究成果,而且带回了当时最先进的语言声学知识和频谱分析等实验技术。回国后,立即着手添置仪器,同时他还设计制作了腭位照相装置,与X光照相配合,开始系统地研究普通话元音和辅音的生理特性和声学特性。1962年,吴宗济先生在《中国语文》连续发表《谈谈现代语音实验方法》,系统介绍了国内外语音学基础概念和理论,以及现代实验语音学研究设备和方法。1963年,出版了《普通话发音图谱》(与周殿福先生合作,商务印书馆)。此外,这一阶段的研究成果主要体现在五卷本(包括"总论"、"元音"、"辅音"、"声调"和"仪器和实验方法")的《普通话语音实验录》(因故未以整书形式出版)。

1979年起,吴宗济先生任中国社会科学院语言所语音研究室主任。他立刻率领全室研究人员,利用语图仪,系统地分析测量了普通话单音节和双音节声、韵、调的声学特性。在此基础上,先后发表了"普通话辅音声学特征的几个问题"、五连载的"实验语音学知识讲话"(《中国语文》)。1986年,主编出版了《普通话单音节语图册》(中国社会科学出版社)。

1979 年，吴宗济先生应第九届国际语音科学会议主席邀请，出席了在丹麦召开的学术盛典，并报告他的共振峰简易计算法，同时，当选为国际语音科学会议常务理事。

80 年代语音学研究从孤立的单音节进入到自然的连续话语，从单纯的音段研究发展到音段、超音段兼顾。这一时期，吴先生的研究主要集中在协同发音和语调研究两个领域。首先，吴先生不但开创了汉语协同发音研究，同时也推动了整个语音学界在这方面的探索。在语调研究方面，主要针对汉语作为声调语言的特点，从普通话的二字、三字和四字的连读变调找出规律，探索语句中声调变化的规律，提出了一系列创新观点。

80 年代末 90 年代初，吴先生与林茂灿先生合作主编了《实验语音学概要》，全面介绍语音学的各个分支领域的理论，特别融入了汉语普通话的研究成果，成为一部目前为止影响颇大的语音学方面的教科书和参考书，该书 1991 年获国家教委直属出版系统优秀成果奖。

90 年代以后，吴先生特别关注言语工程的应用需求。他不但将赵元任先生提出的"橡皮条效应"以及"小波浪和大波浪"的关系进行了具体的量化，为工程上的应用定出了汉语单字和短语变调的固定模式，和因语气变化引起短语调形抬高或降低的外加规则，并积极参与工程界的语音合成实验。例如，他作为国家 863 智能计算机成果转化基地中央研究院顾问，亲自参与并一起完成了中国科技大学承担的自然科学基金项目"用定量化变调规则和移调方法合成汉语语调"。2000 年在国际口语处理大会上，吴先生应邀做了"From traditional Chinese phonology to modern speech

processing-realization of tone and intonation in Standard Chinese"的大会主题报告。这个报告集中反映了吴先生的声调和语调理论体系,在国内外语音学界引起了巨大反响。

进入新世纪以后,90岁高龄的吴先生又踏上了新的征程,开始探索语音、语言与艺术的认知关系,发表了论文《书话同源——试论草书书法与语调规则的关系》(《世界汉语教学》2003年第1期)。他的不断探索和不断钻研的精神,不但感动着中国的几代语音人,而且感动着国际语音学界那些他的新老朋友们。在2004年吴先生的95岁生日和2008年百岁华诞研讨会之际,国际、国内许多知名语音学和言语工程学大家,纷纷来到北京聚会,发表重要演讲或报告,表达对吴先生的热烈祝贺。

二、吴先生的理论体系及学术贡献

吴宗济先生的主要研究方向是汉语方言调查和实验语音学研究。由于早期受语言学家罗常培先生关于语音学须用"实验以补听官之缺"的启蒙以及著名语言学大师赵元任的语调理论熏陶,吴先生在他的毕生研究中,充分运用现代语音学的先进理论和实验手段,不仅解决了许多积疑,而且进一步发扬光大,揭示了汉语的若干前所未识的语音性质,如协同发音及语调等方面的许多特点,为促进中国语言学和语音学的现代化做出了不可磨灭的贡献。吴先生的研究推动了实验语音学在中国的发展,大大提升了汉语语音学的理论水平,成为中国现代语音学的奠基者。吴先生的理论体系及学术贡献主要体现在以下几个方面。

2.1 普通话元音、辅音的声学和生理研究

在尚未引进语图仪等先进的分析仪器之前,吴先生提出了直接根据元音的二维频谱中共振峰范围内谐波的位置与强度计算共振峰的位置、带宽和强度,解决了当时国内汉语元音声学特征所面临的定量分析难题。

在国内率先引入中心频率、下限频率、音轨、嗓音起始时间等参数,最早开展对汉语擦音、塞擦音、塞音、塞送气音等辅音的声学特征的研究。

在国内最早开始运用 X 光照相和颚位照相方法,拍摄了普通话全部辅音和元音发音的 X 光照片和腭位照片,出版了《普通话发音图谱》。

使用气流计和气压计对不送气和送气辅音的生理机制进行了系统的比较分析,补充了前人对于汉语的送气音和不送气音生理特性认识的不足之处。

率先开展了汉语普通话协同发音研究,不但为汉语协同发音研究树立了范例,也为言语产生机理的探索奠定了基础。

2.2 汉语声调和语调理论体系

吴宗济先生师从赵元任先生,继承并大大拓展了赵元任先生的汉语语调思想。

吴先生发现,以汉语声调而言,其变化再多,必然是"三个条件"(或称"三个平面")相互依存制约的结果。首先是发音生理和发音声学(暂不提心理学)的条件,是属于语音学的范畴;再就是

词句结构的条件,属于语法学的范畴;还有是历时的与共时的语音演变的条件,属于音系学(或音韵学)的范畴。

吴先生诠释了赵元任著名的"橡皮条效应"以及"小波浪和大波浪"理论,进一步揭示了语句中声调变化的规律,诸如"跳板规则"、"多米诺规则"、"音系学规律"、"调位守恒"、"移调"、"变域"、"韵律互补"等等。

通过对情感语调和篇章中语调的声学表现进行的探索性研究,发现篇章韵律和书法、绘画等等其他艺术表达手段有很多共同认知基础。

2.3 语音学的应用

吴宗济先生一向注重语音学理论研究与语言教学和言语科学技术研究的有机结合,尤其是近十多年来,特别致力于语音学理论在语音合成中的应用研究。

在语言教学应用方面,吴先生不但亲自授课,而且合作编写出版了《现代汉语语音概要》,为语音学在语言教学方面的应用提供了理论基础。

在言语科学领域的应用方面,针对语音处理需要以及汉语的语音特点,同时吸收和继承了中国音韵学的精华,亲自为语音合成设计了一系列的音段和超音段的处理规则和模型。他提出的这个规正方案对合成系统有很大的简化作用,已被多处引用。又如,根据汉语单字调和短语变调特点,比照音乐的乐理,他制定出汉语因语气变化而引起的短语调抬高或降低的移调处理规则以及短语调之间相互联结的跳板规则和多米诺规则等外加规则,并进而为改进合成普通话口语的自然度设计了全面的韵律处理规则和模型。这些处理规则和模型已被相关方面如中国科技大学及清华大学应用于语音合成系统的设计和改进,取得了良好的效果。

作为我国实验语音学的奠基人,吴宗济先生德高望重,成就卓著,但始终谦虚谨慎,严于律己。他的座右铭是:"但愿文章能寿世,不求闻达以骄人。"现在,吴先生走了,而他的学术思想和学术风范将永存于语音学人的心中!

(原文发表于《中国社会科学报》)

In Memory of Professor Wu Zongji

(1909—2010)

Xu Yi

The field of phonetics has lost a pioneering Chinese phonetician with the death of Wu Zongji on July 30th, 2010, at age 101. He is known to the Chinese scientific community as Professor Wu (Wu Xiansheng), and so I will respect this tradition wherever it is appropriate in this Memoriam.

Zongji was born on 4th April, 1909 in Ji'ning, Shandong Province, China. He received his initial education in a traditional Chinese school in Peking, but his higher education was at a modern institution—Tsinghua University. There he studied first at Department of Civil Engineering, and later at Department of Chemistry, and finally at Department of Chinese Literature. He graduated from Tsinghua in 1934 with a BA degree in Literature. Like his education, Zongji's career path was very diverse. From 1934 to 1935 he worked at the Publication Office of Tsinghua University, in charge of editing and publishing various journals, books and other materials. In 1935 he joined the Institute of History and Languages, Chinese Central Academy of Sciences, as an assistant, charged to help Fanggui Li and Yuan-Ren Chao in two large-scale scientific surveys of Chinese dialects. From 1940 to 1956, he took many different jobs, including working as an importer of scientific instruments, a journalist and an editor of educational films. In 1956 he finally returned to academia when he joined the Institute of Linguistics, then part of the Chinese Academy of Sciences, which later became part of the Chinese Academy of Social Sciences. He worked there till his retirement in 1986, but was rehired in the same year. In 1995, he retired for the second time at the age of 86. But even after that he continued to work and publish, as a consultant on various projects or as an independent researcher.

Professor Wu's academic career has been filled with interruptions and near misses. In 1940, his work at the Institute of History and Languages was interrupted by the Second World War, and it was not until 15 years later, in 1956, that he resumed his work on phonetics, first as a teacher of phonetics for the Research Class of Mandarin Speech under the cooperation of the Ministry of Education and Institute of the Linguistics. He was then sent to Czechoslovakia, German Democratic Republic, Sweden, and Denmark, to investigate and study experimental phonetics. It so happened that his European trip occurred in the year of the anti-rightist campaign. In 1966, however, his scientific work was interrupted again, this time by the Cultural Revolution, which lasted for 10 years. Professor Wu and the all the other intellectuals in the Chinese Academy of Social Sciences were sent to rural labour camps to do hard manual labour. The second interruption was finally over after Mao's death in 1976. In 1978, Zongji became Director of the Phonetics Laboratory, Institute of Linguistics, Chinese Academy of Social Sciences(CASS). Also in the same year, he was appointed Professor and Supervisor of the Master program in the Graduate School of CASS.

Professor Wu's work has had tremendous influence on phonetic research in China. His visit to the four European countries in 1957 brought to China the state of art technology in experimental phonetics, which allowed China to quickly narrow the gap in the field accumulated over 15 years of war and other disruptions. During the years of 1958—1965, he published a series of papers, introducing modern experimental methodology and instrumentation, as well as reporting the findings of the first systematic analysis of vowel formants in Mandarin. In 1979, after the long gap of the Cultural Revolution, he published another series of papers introducing both the basic methodology and the latest advances in phonetic research. These papers benefited many people (including me) and helped China quickly catch up some of the lost time. In addition to his introduction of modern phonetics into China, he also made original contributions to the field of phonetics. The first is his work on establishing the basic articulatory and acoustic properties of Mandarin consonants, vowels and tones using physiological and acoustic instrumentation. In 1963 he coauthored the book "Atlas of the articulation of Standard Chinese" with Zhou Dianfu. In 1986, he edited the book "A Collection of Monosyllabic Spectrographs of Standard Chinese". In 1988, he co-edited with Lin Maocan the book "Outline of Experimental Phonetics". His second major contribution is his work on coarticulation of segment as well as tone in Mandarin. His work on tonal coarticulation (Wu, 1985, 1988, 1990), in particular, is truly pioneering at a time when most of the tonal research was still focused on tones produced in citation form. His third contribution is his exploratory work on intonation, especially the relation between tone and intonation and how intonation is realized together with lexical tones (Wu, 1982, 1990, 1994, 1995, 2000). His pioneering work on tone and intonation foreshadowed the current boom in research in the international phonetic community on the tonal aspect of speech.

  I also benefited immensely from Professor Wu's work and teaching. It started even before I became his student at the Chinese Academy of Social Sciences. To be admitted into the Master program in phonetics, applicants needed to pass an entrance exam which included questions about acoustic phonetics. But I did not even know what acoustic phonetics was, having majored in English language and literature for my BA study. Through pure coincident I discovered the journal that carried Professor Wu's 1979 tutorial papers, and read them like a thirsty traveler having just found a well. That got me pass the entrance exam and become one of Professor Wu's students. Each week I would come to his house for an advisory session, discussing the readings he assigned me the week before. Those sessions had taught me more than any class I took at the graduate school. It was during those sessions that I learned about the principle of "*ceteris paribus*". Professor Wu not only explained the concept to me, but also pointed out many cases where disregarding the principle had led to delays in real progress in linguistic research. He also exemplified the application of this notion in his own research on intonation. He demonstrated that tone languages like Mandarin have a lot to offer for our understanding of intonation because local pitch contours in these languages are closely related to lexical tones and hence can be effectively controlled experimentally.

There are allegedly many secretes to Professor Wu's longevity, of which I will mention only a few. One is his positive attitude toward life. Having lived through a time with so much turmoil, he has always looked at life with a playful eye. This is reflected in his hobby of owl collection. Owls are believed to bring bad luck in Chinese legends. But Professor Wu thinks their name needs to be cleared because they are beneficial birds with an amazing ability to catch mice and rats, and so he started to collect owls. Over the years, the collection grew to several hundred, as friends and colleagues brought him all kinds of owls from all over the world, and he can tell the story behind every one of them in his collection. Professor Wu was also a gourmet cook, which allowed him to eat well as well as healthy. I know that because my weekly study session often included a gourmet meal cooked by him. Another open secrete of Professor Wu is his bicycle, which he rode everywhere until his late eighties, when it was "confiscated" by his children.

The life of Professor Wu has been legendary, and his eventful academic career of over 70 years is almost a mirror image of the history of modern phonetic science in China. His passing marks the end of an era, but his legend, his pioneering work, his kindness and positive attitude toward life will live on in the heart of his students, colleagues, friends and relatives.

United Kingdom

References

Qi, Lu(penname of Wu Zongji) (1961). On modern methodologies of phonetic experiments. *Chinese Language and Writing*, *No. 10—12*. [齐鲁 1961《谈谈现代语音实验方法》,《中国语文》第 10—12 期]

Wu, Zongji(1982). Rules of intonation in Standard Chinese, *Proceedings of the 13th International Congress of Linguists*, Tokyo, Japan.

Wu, Zongji(1985). Rules of tri-syllabic tone sandhi in Standard Chinese. *Journal of Chinese Linguistics*, *No. 2*. [吴宗济 1985《普通话三字组变调规律》,《中国语言学报》第 2 期]

Wu, Zongji(Chief editor) (1986). *A Collection of Monosyllabic Spectrographs of Standard Chinese*. Beijing: China Social Sciences Press. [吴宗济 1986《汉语普通话单音节语图册》(主编), 北京: 中国社会科学出版社]

Wu, Zongji (1988). Tone-sandhi Patterns of quadro-syllabic combinations in Standard Chinese. *Report of Phonetic Research*, *Institute of Linguistics*, *Chinese Academy of Social Sciences*.

Wu, Zongji; Lin Maocan(co-editors) (1989). *Outline of Experimental Phonetics*. Beijing: High Education Press. [吴宗济 林茂灿 1989《实验语音学概要》, 北京: 高等教育出版社]

Wu, Zongji(1990). Can poly-syllabic tone-sandhi patterns be the invariant units of intonation in Spoken Standard Chinese? *Proceedings of the 1st International Conference on Spoken Language Processing*, Kobe, Japan.

Wu, Jongji; Sun, Guohua(1991). A study of coarticulation of unaspirated stops in

CVCV contexts in Standard Chinese, *Proceedings of the 12th International Congress of Phonetic Sciences. Vol. 3* (pp. 374—377). Aix en Provence, France.

Wu, Zongji(1994). Further experiments on spatial distribution of phrasal contours under different range. registers in Chinese intonation. *Proceedings of the International Symposium on Prosody*, Yokohama, Japan.

Wu, Zongji (2000). From traditional Chinese phonology to modern speech processing-realization of tone and intonation in Standard Chinese, *ICSLP 2000*, Beijing.

Phonetics Laboratory, Institute of Linguistics, CASS [penname of Wu, Zongji] (1979). On experimental phonetics: An introduction. *Chinese Language and Writing*, *No. 1*, 2, 4—6. [中国社会科学院语言研究所语音实验室(吴宗济等)1979《实验语音学知识讲话》,《中国语文》第1,2,4,5,6期]

Zhou, Dianfu; Wu, Zongji (1963). *Atlas of the articulation of Standard Chinese*. Beijing: Commercial Press. [周殿福 吴宗济, 1963,《普通话发音图谱》, 北京:商务印书馆]

Thirty Years of Friendship with Professor Wu

Hiroya Fujisaki

Although I am more than twenty years younger than Professor Wu, and I knew him only during the last 30 years of his life, I can say that we became very close friends. This is quite exceptional considering the fact that we lived in different countries and met only once a year or so. In this volume for the memory of Professor Wu, I wish to be allowed to look back the thirty years, and tell the story of our deep friendship.

1. Our first meeting in the summer of 1979

It was at the Ninth International Congress of Phonetic Sciences held in the summer of 1979 at Copenhagen University, Denmark, that I first had the pleasure of meeting with Professor Wu. For Prof. Wu it was the second trip to Europe after his first trip in 1956—1957. He was accompanied by two younger colleagues: Drs. Lin Maocan and Zhang Jialu, with whom I also had the pleasure of becoming very good friends. In spite of the fact that he was already 70 years old, Prof. Wu was in good health and active, and we talked very much about our common interests. I had already been working for about 10 years on the acoustic-phonetic manifestation of word accent and sentence intonation of Japanese, and asked Prof. Wu if he would be interested in looking into similar problems in Chinese. We also talked about topics beyond phonetics; about Chinese classics and history of cultural exchanges between China and Japan. Prof. Wu had visited Japan in the early 30s on the occasion of his graduation from Tsinghua University, and told me about his nice experiences and memories of Kyoto and Nara. This was the start of our scientific exchange and collaboration as well as of our intimate personal friendship that were to last for the next thirty years.

At the closing of the Congress, both Prof. Wu and I were elected to serve as new members of the Permanent Council for the Organization of International Congresses of Phonetic Sciences; Prof. Wu as representative of China, and myself as representative of Japan. It was probably by the kind recommendation of our common old friend, Prof. Gunnar Fant of KTH, Stockholm, with whom I had spent a summer in 1960, and whom Prof. Wu may have met at the time of his first European trip.

2. Our second meeting in the summer of 1982

Our next meeting took place during the summer of 1982, when I had the honor of organizing a working group on intonation as a satellite event of the 20th International Congress of Linguists held in Tokyo, with Prof. Eva Görding of Lund University as the co-organizer. It was a one-day meeting of presentation and intensive discussion only by invited experts. The participants were Arthur Abramson, Gösta Bruce, John 'tHart, Keikichi Hirose, Helen Kvavik, Ilse Lehiste, Mark Liberman, Philip Martin, John Ohala, and Zongji Wu, with Eva Görding and myself as organizers. Among all the contributions, Prof. Wu's contribution showed the deepest and most extensive insight into the whole process of tone realization in an actual discourse, taking into account not only lexical and syntactic factors, but also pragmatic and even emotional factors in the whole perspective of research.

At the end of the meeting, I proposed to produce a collection of autographs by all the participants on a sheet of paper. On one end of the sheet I wrote a line from Confuciu's 论语:"有朋自远方来不亦乐乎," and Prof. Wu immediately added another line "学而时习之不亦说乎." This was another sign for our shared interests, not only in phonetics, but also in the teachings of the ancient Chinese saint. During his stay in Tokyo, I also had the pleasure of inviting Prof. Wu to my home, together with Prof. Hyun-Bok Lee of Seoul National University.

3. Our third meeting in the spring of 1985

In the spring of 1985 I was invited to give a series of lectures at Nanjing University as a foreign expert professor by the support of the United Nations Development Program. Both before and after Nanjing, I visited Beijing to see Prof. Wu, gave lectures and held discussions both at the Institute of Linguistics, CASS and at the Institute of Acoustics, CAS. In addition to these academic exchanges, Prof. Wu was very kind to take me around in Beijing, and even took me to the Summer Palace. It was really an unforgettable occasion for both of us to further deepen our friendship and mutual respect.

4. Further meetings

Since 1985, I had chances of visiting China almost every year because of my commitment not only at Nanjing University but also at the University of Science and Technology of China (USTC) in

Hefei for a cooperation program between the University of Tokyo and the USTC. This gave me opportunities to visit Beijing almost every year for meeting and discussing with Prof. Wu and his colleagues.

In 1990, I founded the International Conference on Spoken Language Processing (ICSLP) in Kobe, and invited Prof. Wu again to Japan. For about two weeks, we first worked together at the University of Tokyo, then visited Kyoto for a satellite symposium at ATR, and finally attended the main Conference in Kobe, where Prof. Wu, then already at 81, was especially respected as the most senior and yet exceptionally active scholar among all the participants. I also invited Gunnar Fant as a keynote speaker of ICSLP 1990, and we were together in Tokyo, Kyoto and Kobe, renewing and deepening the friendship among three of us.

5. Prof. Wu's poem for me upon my retirement from the University of Tokyo

Following a strict rule of retirement at that time, I retired from the University of Tokyo on March 31, 1991 at age 60. My colleagues and friends kindly held a special party in my honor in January 1992, and many of my overseas friends kindly sent their messages on this occasion. In particular, Prof. Wu sent me a beautiful poem in Chinese together with its poetic translation in English, as shown at the end of this chapter. For me it was a unique present far beyond my expectation, and I treasure these poems, together with many other poems he wrote for me, as tokens of his deep friendship as well as of his extraordinary literary talent.

6. Another meeting in September 1994 in Japan

The third ICSLP was held in Yokohama, Japan in September 1994. In addition to serving as the honorary chair of the main conference, I organized an international symposium on prosody as its satellite event, and I had the pleasure of inviting Prof. Wu to Japan once more. This time, the invited speakers were: Gunnar Fant, Julia Hirshberg, Ilse Lehiste, John Ohala, Mario Rossi, Jacque Terken, and Zongji Wu, with Klaus Kohler as a discussant and myself as the organizer and speaker. Once again, I was deeply impressed by Prof. Wu who, already at age 84, showed a penetrating insight into prosody as a whole, while most other speakers discussed only a small part of the prosody.

7. China-Japan Symposium on Advanced Information Technology in Huang Shan in the spring of 1997

As a part of academic cooperation between the University of Tokyo and several distinguished universities of China including the USTC, we held several symposia on advanced information technology both in Japan and in China, In the spring of 1997, it was held in Huang Shan and both Prof. Wu and myself gave invited talks and participated in the discussion. After the symposium, we climbed Huang Shan together with other participants. The next day happened to be Prof. Wu's eighty-eighth birthday, and I had the honor to initiate a party to celebrate this auspicious occasion for Prof. Wu together with all the Chinese and Japanese participants.

8. ICSLP/INTERSPEECH 2000 in Beijing in October 2000

The Sixth International Conference on Spoken Language Processing, also named as INTERSPEECH 2000, was held in Beijing under the able leadership of Profs. Dinghua Guan, Baozong Yuan, and Taiyi Huang, and I had the honor of serving as the honorary chair of the conference. It was unanimously decided to ask Prof. Wu to be the plenary speaker from the host country. Prof. Wu, then at age 96, gave a brilliant opening plenary lecture of one hour with the title "From traditional Chinese phonology to modern speech processing". I still recall the excited applause by the audience at the end of his lecture. The excitement was shared by our common old friend, Prof. Gunnar Fant, who was also at the conference.

9. TAL 2004 and a Festschrift to celebrate Prof. Wu's 95th birthday in April 2004

In March 2004, the Second Speech Prosody Conference was held in Nara, Japan, and I served as the honorary chair. Since it was just before Prof. Wu's 95th birthday, I proposed to hold a satellite event: International Symposium on Tonal Aspects of Languages (TAL 2004) in Beijing to celebrate his birthday. Many noted scholars, who were also Prof. Wu's old friends, including Arthur Abramson, Gunnar Fant, Klaus Kohler, Ilse Lehiste, John Ohala, Hans Tillman, Keikichi Hirose and myself participated in this symposium and celebrated his 95th birthday. In addition, we (Gunnar Fant, Hiroya Fujisaki, Jianfen Cao and Yi Xu as editors) compiled a Festschrift for Prof. Wu, containing more than 40 papers from scholars and friends of Prof. Wu both in China and abroad, and dedicated it to Prof. Wu at the celebration party. For me as well as for many other participants, it was really a unique occasion to meet and celebrate a scholar who is not only in good health but also scientifically active at the age of 95.

10. International Forum in April 2008 celebrating Prof. Wu's centennial birthday and compilation of another Festschrift in 2010

In April 2008, on the occasion of the 2008 Phonetic Congress of China in Beijing, an international forum was held on Frontiers of Speech Science to celebrate Prof. Wu's centennial birthday (he was then actually 99 years old). Although some of his old friends were not there this time, it was well attended by many younger and active scholars, and almost all of them agreed to contribute a chapter to another Festshcrift to commemorate Prof. Wu's centennial birthday. With the dedicated cooperation of colleagues at the Phonetics Laboratory, the book was published in May 2010, with Gunnar Fant, Hiroya Fujisaki, and Jiaxuan Shen as editors when Prof. Wu was already 101 years old. Although I visited Beijing and celebrated his real 100th birthday in April 2009, it was not possible for me to come to Beijing on his 101th birthday. However, I was at least glad that Prof. Wu saw the completed volume before he passed away in July of the same year.

Although I am still in a deep sorrow at the loss of my great friend, Professor Wu, these two volumes, containing many pictures of Professor Wu and myself at various occasions, are sitting on my desk to remind me of all the memorable events and moments we shared on earth during the past three decades. Let me conclude this chapter by thanking him once again for the great friendship, and pray for the eternal peace of his soul as well as for the happiness and well-being of his family.

Appendix

Poems in Chinese and in English kindly sent by Professor Wu on the occasion of a party commemorating my retirement from the University of Tokyo (January 1992)。

To Professor and Mrs. Hiroya Fujisaki,

> From his old colleague and intimate friend, Wu, Zongji

> January 28th, 1992

(Chinese)

大　學　傳　薪　廿　八　年,
門　前　桃　李　比　三　千。
人　機　對　話　多　新　案;
言　語　工　程　積　鉅　篇。
雅　集　並　題　論　語　句;
雲　遊　來　禮　鑒　眞　壇。
今　宵　遙　想　開　歡　宴,
飛　盞　同　歌　福　壽　添!

(English)

Twenty eight years in highest university

                              there you are teaching;
Three thousand pupils as of the Confucian group
                              them you are breeding,

On man-machine communication many new findings
                              that you have enriched;
On speech processing numerous academic works
                              that you have published.
On a congress souvenir, quotes from "Lun Yu"
                              became a friendship's record;
On a Yang-zhou tour, shrine of "Kanjin"
                              you have devotedly adored.
Now, how warm is the party this evening
                              I am imagining,
Hundreds of glasses by all are clinking,
                              Luck and longevity to you are drinking!

清华旧事

——吴宗济先生口述

郑小惠 童庆钧整理

吴宗济(1909.04—2010.07),字稚川,浙江吴兴人。语言学家。1934年自清华大学中文系毕业后,历任中央研究院历史语言研究所助理研究员、中国社会科学院语言研究所研究员等。他主要从事汉语方言的调查与研究、语音学及实验语音学的研究。他以声学实验研究为基础,从语言学角度对语音进行分析,以揭示语音的生理和物理特性等,为相关的理论研究与应用科学技术提供必要的参考数据,同时也为完善和发展实验语音学的理论做出了贡献。

家世背景

我父亲吴永曾在慈禧太后身边当过差。现在的海南岛,清末的时候叫做雷琼道,原来都归我父亲管辖。他在娶我母亲之前还娶过两房太太,一个姓曾,一个姓许。曾氏是曾国藩的孙女,生下的孩子不幸夭折;我母亲共生育了七个子女。后来我父亲被调到山东济宁,主要管辖沂蒙山区、菏泽、济宁、曹州四个大区。民国以后,我父亲又被调到了胶东道,那时候一个省有四个道,我父亲主管烟台地区。

因为我父亲当时还兼着外交特派员的职位,家里有两个翻译,所以我从小就对外国的事情比较了解,知道外交方面的一些事。我父亲在任的时候虽然处境很艰难,但从来没有向列强屈服过。他一共任职九年,到民国九年的时候主动辞职。自袁世凯起,接连换了六位总统,但他们始终没有在这个外交职位上撤换我父亲,因为他的确在外交方面比较擅长,而且做这些事也不图钱。

求学经历

我一生中很多事情都是偶然的,进入清华也算其中一件。11岁时,我母亲去世。我13岁到上海,进了龙华路南洋中学的一个补习科。因为我小时候没有念过小学,是在家里念的私塾,而这个学历社会上的小学和中学都不承认,所以就不能直接考中学,需要参加这样的补习科。上中学以后,我念的是人文学科。记得那年我们考清华的试卷是杨树达老师出的题目,所有考生里面只有两个人用古文答卷子,一个是覃修典,一个就是我。可我们进到清华以后,念的都不是中文,而是工程方面的专业。覃修典后来没改行,在水利行业很出名,而我却改了行,学了语言学。

我进清华那年,刚好赶上罗家伦调任清华校长。当时强调"清华治校",而国民党派的校长又都不行,所以两三天就撵走一个校长,一个暑假换了六个校长,后来直到罗家伦的到来才稳住了局面。当时按照美国学校的规矩,清华还有"TOSS"传统,也就是二年级学生给一年级新生一记"杀威棒"——让你干什么你就得干什么,要是不听话,就剪你头发,往你脸上画东西,或者两个人把你抬起来扔到荷花池里。听说他们有人真的因为不听话被扔到了荷花池里。当时我是因为头一天就听到了风声,先前有所准备,所以才逃过这一劫。

进清华之前,我念过几年军事学校。和那里相比,清华的生活还是很轻松的,保留了许多美国教育制度的特点,对学生很人性化,生活得很舒服。那时候,清华每学年学费是十块钱,四年下来还发每位同学八十块钱,可以旅游一次,等于一分钱不花。而且当时清华招生不考虑家境,只要学习好就行,但是很看重英文。食堂也很便宜,吃饭一个月只要5块钱。要是想吃得好一点,一出学校大门就有一条小河,边上有一个赵太太办的合作社,里面的小饭馆两毛到三毛钱就能吃一顿,我们都经常在那儿吃。另外,两人一间的宿舍也很讲究,洗衣服只需要放在一个口袋里往门口一搁,也不用花钱。

进清华的头一年,我在市政公路系学习。为了赶上其他有基础的同学,临时补习了很多数学知识,测量和平板仪的使用等等,还念了一些大学物理。因为我喜欢照相,当时觉得化学跟做胶片有关系,所以后来市政公路系停办之后,我就主动转到了化学系。当时化学系的系主任是张子高先生,我转到化学系之后又补了一年大学化学,还学了一门法文。

总之,在清华的头两年功课很紧。我并没有好好读书,不过还算能应付。那时除了念书之外,我基本没参加什么课外活动,体育也很一般。相比于体育场,我还是对图书馆更熟悉。那时候图书馆对我们来说是一个很重要的地方。我们经常一头扎进图书馆，什么书都可以借出来看，外面不允许卖的书我们也能看到，看完了就放在那里不用管，会有人推着小车把书收走。

在清华念了两年书之后我就病了，又有肺病又有些神经衰弱，所以不得不休学回了家。本来可以休学两年，但我只休息了一年半就回到学校，接着开始念中文系。我们中文系当时只有七个学生。那时候原来的系主任杨振声刚走，朱自清调来继任系主任。自清先生是一位新文学家，却首先教我们古诗。先生是一位温文尔雅的传统知识分子，爱穿长袍子，说话也总是小声小气。后来有人写东西回忆他在西南联大的时候，也是这个样子。总之我觉得那两年时光很美好，确实学到了一些东西。

那时候我特别喜欢照相，好多人对我印象最深的就是我拿着一个大照相机到处跑。几十年以后我在上海碰到一个当年的老同学，他问我现在在哪儿，我说在科学院。结果他说，"咦，你不是干照相这一行的吗？"当时历年同学录的毕业照都在我们那里照。那时候北京有三个照相馆很出名，一个是王府井那边一个法国人开的增光照相馆，也就是现在的中国照相馆；一个是西单那边的照相馆；还有一个就是当时玩照相很出名的一个业余的摄影团体开的照相馆。摄影团体的名字叫做"光社"，刘半农等许多名人都是那里的会员。我当时本来还不够资格参加，但是因为认识刘半农就破格被"录取"为会员了。我毕业那年，请了刘半农他们来办了一个摄影展，刘半农颁了一等奖给我，还送一台小照相机给我当作奖励。也就是那一年，他到内蒙古去，不幸染了回归热，回来不久就去世了。可惜我当时没有在学问上多多向他请教。

除了照相,我当时制的铜版也很不错。那个机器是专门请老先生打造的,镜头都是英国进口的,上面的自动开关伞就是他发明的,当时绝对算得上是北京城的好相机。老先生的儿子现在还在,在北京文艺界也很出名,都知道有老志诚弟兄两个,因为姓老的人比较少。

总之我在清华是玩票玩到毕业的,除了玩照相以外,还看了很多杂书和与艺术、考古有关的东西,我的毕业论文写的就是唐代的曲江考。唐代的曲江比现在的颐和园还大,日本的樱花节和当年曲江的风俗是一样的:到了春天,每家都搭上帐篷在那里吹拉弹唱。我因为对这个有兴趣,就写论文考证了曲江在唐代的构造等问题。当年写毕业论文的时候,不管是研究生还是大学四年级的学生,只要有题目,图书馆就可以在地下提供一间小屋子让你自己找书来看,但是题目定了就不能反悔了。我们就在那个小屋子里写,有时候吃饭也是买点东西在小屋子里吃,每天都会看到很晚。

1932年毕业后我就留校了,在清华出版事务所负责出版工作,经理、责编都是我一个人。我刚进去的时候只有一个姓郭的同学在做两个出版物,一个是物理系的《物理报告》,还有一个就是《清华学报》。当时因为中文系已经出了好几本书,于是我就主张出版和古文献有关的书,联系京华印书局出版了70多种中文系老师的书和图。出版所的人都很喜欢我,就不让我走了。

工作一年后我考取了南京中央研究院,考上之后我就去找了当时学部的主管冯友兰先生,说我舍不得走。结果冯先生说男儿志在四方,应该以前途为重,于是我才不舍地去了南京。我之所以去考语音学,是因为我中学毕业的时候,曾经去听过一次罗常培先生讲的中国音韵学课程，觉得很感兴趣。罗先生当时就跟我说搞语言也好，考古也好，不搞实验是不行的。而我学过一些工程，又对仪器感兴趣，所以可以尝试拿仪器来分析语音学。我一听觉得很有意思，当即就决定去考这个专业。考试的时候我弹了一段自己写的四部钢琴曲，准备的时候因为既要记音又要记谱，很费劲儿，但还好最终如愿考上了。

所以说我当年考上清华是运气，转到南京也是机缘巧合，那年如果不考钢琴科目的话我可能真的考不上。因为当时那么多人都是搞语音学的，还都学了很多年，而我只学了半年。自此之后，我就开始与语音学结缘，一直在这一行做了下去。

爱国义举

从我毕业到解放这 15 年间，有很多传奇故事，但我都不轻易对人讲，特别是在"文革"时期，免得别人误解我自己吹嘘自己。解放前一个共产党员潜伏在我身边，那时候我在中央银行当科长，他当专员，潜伏了九年我都不知道，直到解放的时候他才亮明身份劝我别走。后来在北京我还见过他，发现他在民建管党务，职务很高，大概专门负责联络民主党派，但他现在已经去世了。他潜伏在我身边的时候，我们办公室的窗户外面就是外滩，天天都能看到国民党反动派的红色堡垒在那儿抓人；而我们就在房间里面偷偷念他弄来的"三大纪律八项注意"。当时我手底下有 50 个科员，解放后 49 个人都选择留了下来，这都是他的功劳。

那时候我也做了不少工作。前几年有一个曹禺的话剧叫《最后一幕》，里面的情节就和我在清华时的一次经历很像。那时候曹禺和几个同学排了个话剧，曹禺在舞台上穿着日本军服学日本兵欺负中国人；而我因为喜欢玩照相，所以就在舞台上负责打灯光。当时我用变压器营造出了那种渐明渐暗的效果，他们都觉得特别新鲜。演完以后曹禺来找我，说有一个演员暂时回不了城，问能不能到我那儿住。因为当时是暑假，和我同寝的那个同学回家了，正好有一个空床，我就答应了。那个人的名字叫许多，晚上我们聊天的时候，不知不觉就谈到了政治方面的问题。他问我对共产党的印象怎么样，我说我很佩服；他又问我为什么不加入共产党，我说我是少爷公子出身，从家庭背景上来说有难度，再说我也不想入，觉得太苦。就这样大概聊到了夜里一两点，他让我猜他是什么身份，我说你大概是共产党，结果他果然就是。那天聊得特别高兴，两个人也都觉得以后可以经常通信。这之后过了几天，他就随北京的一批人徒步南下，到上海请愿去了。再过了没几天，武汉一份报纸公布了一张雨花台就义者的总名单，其中的许多就是他。这是我第一次接触并且保护一个共产党员。至于曹禺，我们和他很熟，在重庆的时候就在一起。

我在电台的时候也放过新派话剧。当时上海有一个叫白荷的话剧演员，大概也是左派，专门挑那些新派话剧来演。后来警备司令部来人追究，一看我的名片是国民党高级职员，就只说了句"下回别放了"，没什么大事。

抗美援朝的时候我还两次冒险偷渡到香港为国家买过器材。因为我在进入语言所之前做过电影这一行，所以跟很多电影商都很熟。抗美援朝的时候买不到胶片，我就化装成上海电影厂的商人偷渡到了香港,到香港之后再找电影厂的老朋友去买胶片,伪装以后再回来。还有我们现在用的语言分析的机器,很多也是我偷渡买回来的。但后来很多人不这么想,觉得我就是想偷渡。其实我要真是想偷渡的话,根本就不用回来了。

当时我做过好多这样的事情,现在回想起来就觉得只要党能理解我的心意就知足了。年轻的时候差点儿丧命的经历有很多,我现在虽然没有写出来,但零星的片段都保留着,还有许多有关的照片。现在因为太忙,手头欠的文章太多,等到明年如果我身体允许的话,准备把这些故事写出来。我也应该再写出点东西让后人看看,因为这些故事都是实实在在的人生经历,而不是很空洞的内容,是可以对解决中国现实问题有所帮助的。

政治浮沉

1956年,罗常培先生让我继续回到语言所工作。那之前我在上海负责一个商业电台,自己当经理,什么事都要干,一个月能挣一千多块钱。刚解放的时候罗先生就叫我来,干了三年。因为那时候语言所那边一个月只能给我一百块钱。所以我夫人不同意,后来她去世后,我就又回来了,一直到现在。

开始的时候我也没有想要专心做研究,只是罗先生让我干什么我就干什么。我那时候在上海进出口公司做仪器部经理,当时进的仪器全是国家保密材料。那个公司其实是党的一个外围组织,但我进去的时候并不知道,是一个朋友把我拉进去的,说因为我会照相,所以叫我帮他们进口科学仪器。后来罗先生派我出国去了一年,算是救了我一命。

那时候"反右"闹得正厉害,有一个大案子把我告到了毛主席那儿,说我是国际间谍,专门派了两个专案组来查我。这个案子其实说来也简单:当时我看见他们好多人扯着章伯钧骂,心想他怎么说也是一个党的主席,你昨天还是他的下属,今天怎么就能这么骂他?我当时心里不大明白,所以就在一个很严肃的大会上说党要抓的是坏分子,你们怎么能对一个党主席这样呢?当时他们一听我说这话脸都变白了,谁也没想到我会放这么一炮。幸亏当天的会是潘梓年主持,在重庆的时候我就认识他,那时候为了办一个银行的推广手续我还找他写过社论,而其他一批左派人物也都是我的同学,和我很熟悉。当然我自己不是左派,不过也不见得是极右。开完会以后,潘梓年就跟我说:"吴先生你不懂,章罗同盟不是那么简单的,你不要乱说话。"结果我一出门就看见黑板报上已经登上了,上面写着"吴先生说话不妥"。

当天下午我就去了外事处联系出国的事情,那时候手续都已经批准了,可以随时准备出发。于是外事处就问我想怎么走,是坐飞机还是坐火车。如果坐火车,第二天一早就有一班到莫斯科,飞机还要等三天。我一想:飞机我本来就坐不太习惯,而坐火车的话估计要花九天才能到莫斯科,我正好可以效法太史公游览名山大川,在路上沿途看看风景,于是我就决定了坐火车。第二天早上七点我上了车,八点他们就来抓人,说确定了五个右派,我是头一名。当时他们找了吕叔湘,吕先生说我已经走了;他们就说要让我回来接受教育,吕先生就回答说,那等一年之后回来了再给我补课,就是这句话救了我。另外一个本来要和我一起走的人因为等飞机,最后就没走成。当然他不是右派,只不过暂时没走成,等学习完了才能走。而我那时已经上了火车,这前后就差一小时。所以说这些事情都很偶然,我离最危险的处境真的只有一步之遥。

在我看来,"反右"比"文革"还厉害:"文革"十年动乱,如果不幸完了就完了,也没人给你戴帽子;可"反右"是给我戴的帽子,一直到"文革"都还戴着,工资也不给我恢复。"文革"的时候每个月都会扣我好几十块工资,后来等到恢复名誉的时候,我就用仅有的那点钱买了一块好手表。总的说来,我这个人还是很乐观的,觉得不管倒霉到什么样子,只要还有口气在,就要先把饭吃饱。

"反右"刚开始的时候是要反党内的右倾机会主义。其实一个党内难免会有两派:有的人支持毛主席,也有的人反对毛主席。反对毛主席的人免不了背后说点闲话,结果就有人记了下来。批斗王光美的时候清华闹得很厉害,大字报从二院一路贴过来,其实就是为了让我们学习,同时也给我们警惕。有一次几个学生作为进步分子在一起开会,我就在旁边扫地,开完会之后我在地上扫出来一张纸条,上面写着"吴宗济中偏右"。不过后来给我的结论还好,就是一般高级职员,也没有给我定性为"进步分子"、"知识分子"之类的。

当时林彪下了一道命令,我们两千人就立刻上了火车,被分送到好几个地方,一个都不许留。我们坐火车走的时候,有一个老太太都七八十岁了,还被人用轮椅推过来,哭着送别亲人离开。我当时倒是没有亲戚在北京,是一个人走。

我虽然是个文人,但很能吃苦。当时我们下田去插苗,他们有人还带个小凳子,累了就坐会儿;而我就是一路弯腰插过去,回来也不喊疼不喊累,几年下来反倒把身体练好了。我基本没有抱怨,就认为让我们下去劳动是应该的。因为我从小就过着好日子,父亲做大官,自己也是少爷,在清华是出了名的公子,没事就玩票,也应该轮到我去为农民服务了。五千年历史看下来,要是碰上秦始皇焚书坑儒,把你杀了你也不知道;要是碰上斯大林,对知识分子也是要全杀;而毛主席把知识分子照单全收,只是进行一下改造,这已经是很宽容的政策了。尽管现在看来,他改造的方法值得商榷,但至少还给饭吃,只不过就是每天都要干活,不许再念书。因为当时盛行"读书无用论",所以我们接受改造的时候都不许带书。

我在有些事情上却真是上了当。那时候圣经学院给我们找了间屋子让我们学习,一学就是三个月。当时因为我是向党交心的进步分子,所以一听说有什么问题大家可以尽管提,我就真心实意、忠心耿耿地给党提意见。结果到毕业的时候却因此给我定了性,说我有300条攻击党的言论,当时我的心一下子就凉了。后来我问农工委负责人给我定性的事,他也不敢说对与不对,只是避而不谈。现在对"章罗同盟"大家也不怎么提了,章伯钧的女儿倒是写了一本书。总之我现在已经看开了这些事,其实所有和政治有关的事情,如果放到历史长河里来看,都只不过是一小段。每个人都像一只小蚂蚁,死了又有何干?要是没死的话,现在活着不是挺好的吗?你看现在再也没人跟我算账,说我是"准右派"了。而在"文革"的时候,给我戴的第一顶帽子就是"漏网右派",第二顶帽子就是"不法资本家",还有一个是"封建余孽"、"学术骗子"。因为我把外国的东西写到了文章里,所以就说我崇洋媚外,弄得我后来连相机都不敢拿出来。

其实人这一辈子就是毁誉参半。我们小时候读四书五经也都读到过这一点,人一辈子要学会的就是不要把"毁"和"誉"放在心里。其实对我来说,要真把"毁"放在心里恐怕就只有上吊才能释怀了。那几年里像吴晗他们都是要死要活的,死的人也不止一个。反正我就是相信只要我不死,总有出头的日子;其实后来我也没有出头,今天给我的这些荣誉我也不敢说是应得的。按照我的看法,有起必有落。人生经历了那么多,树大招风我也不害怕,只要不杀头就乐观地活着。

科研成就

在我们这行中,外国人对中国的了解主要都是从我这儿得到的,因为我写的文章最早都是用英文在国际杂志上发表的。现在国内最出名的是中国科技大学计算机系的语音室。他们从前跟我们没有联系,就是一个很小的系。我去兼课以后,用语音分析的基础知识给他们带了几个研究生,结果现在他们反而专搞这一行了。他们成立了公司以后,做语音合成非常有成就,反过来找我们合作,作为我们语音研究室的合作实验室,把他们的一些课题交给我们做。还有一个学生叫刘庆峰,后来也成立了公司,当了总裁,他的公司现在在这个领域是全国第一。

合肥那边的学生原来在学校里开始做这一行的时候,我就跟他们说,虽然在学校里搞这个也可以,但学校的待遇吸引不来人才,而且私设小金库也是犯法的,所以我就建议他们成立公司,到深圳去创业。后来他们受到一个银行的影响,又回到合肥,在合肥集资成立了一个很大的公司。2005年公司成立的时候他们董事长还给我写了封信,现在他们的资产应该已经有3亿多了。有一次我去香港开会就是他们出的钱,那以后我就没再花过他们的钱。我同时也给清华带了几个研究生,但是清华因为没有像他们那么独立,所以现在反而做得不如他们。当然清华还有别的比较重要的产业,像紫光之类的。

以前编语音学教材的时候,都不是很注意语音学在工程上的应用这部分,以后应该多多注意。到今天为止都还没有真正完整、深入的语音学教材,以前我们虽然编过一本专门的教材,可是现在将近二十年过去了,情况和当年相比都有了许多变化,竞争也更加复杂。不过尽管如此,其中的原理还是没有变。现在我们实验室的主任是我学生的学生,干得很好,也很尊重我从前的研究成果。虽然我现在不上班了,但我们的联系还很密切,我每星期也还会过去看看。

现在实验这部分他们做得很深入,用的计算机程序也比从前要复杂许多。我能做的就是注意一下他们的发展走向,具体的方法还是要从拓展思维方面来探索,所以我自己也要再学一点新东西。其实现在最难的就是让那些机器上的变量自己能够适应,能够汇报反馈。要想让机器里面说出来的话做到清楚这很容易,关键是如果你再问它一句,它能不能很好地回答你,这个就涉及到电脑人工智能的问题。如果人工智能到了任何机器都可以自动适应的那一步,我们的技术也就都跟上去了,而现在的主要问题恐怕还在数学方面。我不擅长数学,所以到了这一步就只能给他们提一些课题上的要求。总之他们现在做这个很难,也不知道什么时候能做到家。无论什么学问,都没有做到家的时候。

附:清华旧事竹枝词

吴宗济

1. 校庆日

四月丁香夹道开,满园裙屐逐芳埃。
京西门外车盈路,都为今朝校庆来。

2. 大礼堂

交响声飘处处闻,楼头按拍谱翻新。
锦帷开处齐鸣掌,弦管输伊一曲琴。

3. 图书馆

列案明灯灿若星,缥缃四壁拥书城。
华堂座上皆多士,研究专房有地层。

4. 体育馆

下课钟敲赶斗牛,白红两队喊加油!
匆匆淋浴更衣后,再去餐堂买饭筹。

5. 足球场

主客争雄战正酣,拉拉队里喊声喧。
射门一蹴奇功奏,赢得伊人另眼看。

6. 荷花池

荷池冰冻已能溜,池上纷纷尽挎妞。
红衣花帽双双过,池畔何人枉费眸。

7. 选学系
文工理法学科齐,新辟工程土电机。
四载学分都习满,赚来方帽好荣归。

8. 访静斋
踏径穿桥访静斋,到门先把姓名排。
楼窗半掩分明现,则甚迟迟不下来?

9. 享口福
张先豆腐马先汤,鸿记东西更擅场。
饮冰社里人声沸,番菜还夸古月堂。

10. 话剧家
王氏师门誉岂虚,李张而后数曹禺。
才看日出旋雷雨,家宝于今有继无?

11. 师生谊
罗王谊重始知音,更向俞朱习韵文。
名士风流真古朴,吴师妙谛集中寻。

12. 校友情
七十年来感逝波,峥嵘岁月每蹉跎。
今朝白首同欢聚,齐唱西山老校歌。

注一:此诗主要是回忆20世纪30年代,我在清华园时的旧事片段。每年的"4·29"清华校庆日,都是全校师生的首要节日。在校的自不必说;已离校的包括在国内外的清华校友和教职员,只要有条件的,无不踊跃返校,而且不乏众多携带家属的人。因此当日一大早,从西直门到清华园的十里长堤,真是车水马龙,路为之塞。而校外夹道和校内满园,全是盛开的、芬芳扑鼻的紫、白丁香,与穿行其中的衣香鬓影相映成趣,尤属一时胜景之最。

注二:清华当时除旧制时代已有的军乐队外,大学成立后又建立了有四五十人的交响乐团。专门请了捷克籍的古普克教授担任指挥,王龙陞为教员。在大礼堂的前门楼上有三间廊厅,窗外面楼下的大草坪,就成了乐团的练习室。这里除有许多乐器外,还备有大电唱机和大量古典名曲唱片。每当夏日傍晚或月白风清之夜,礼堂大门前的台阶上总坐满了乘凉休息的人。人群很晚才散,我就常常打开窗向楼下播放音乐,这几乎成为校内的一项音乐生活。每遇节日或有校内活动,大礼堂总有音乐会演出,由古普克教授指挥。钢琴弹得好的先后有姚锦新和朱画清两位女同学,钢琴的独奏和乐团的合奏常被听众再三"安可"。每年圣诞节,我们的乐团还进城在东单三条的协和礼堂举行"冬赈音乐会",门票所得全数捐助贫民。有一年的冬赈音乐会是我们清华和燕京大学的音乐系一起,在北京饭店联合举行,由燕大的伍艾因德教授担任指挥。这次的节目除交响乐外,压轴为燕大合唱团演出的贝多芬名曲《欢乐颂》,我们的乐队负责伴奏,这场演出曾经轰动一时。只是后来时局动荡,就再没有这样的盛会了。

注三:当年清华除了原来的图书馆旧馆外,又有了新建的大图书馆,与旧馆衔接,规模较前扩大了好几倍。新馆大阅览室内,四壁全是书橱,百排长案,坐满读者。案上的高柱台灯,一望灿如列星。新馆的地下是几十间编号的单间阅览室,专供研究生平日用功以及四年级学生准备毕业论文之用。每人一室,可直接上楼到各层书库任意取书,只要不出馆门,不必填写借条。图书用完的自去归架；未用完的留在室内，离馆时不必还书，锁了屋门就走。有的书如要带出，再补借条。我在准备毕业论文的时候也曾享用了一间。

注四：清华学堂在改为国立大学以前，经费来源为美国退还的庚子赔款的一部分。因此体育馆内的运动器材大多来自美国，在国内大学中很少见。高大的屋顶下有贴墙吊建的四圈胶皮铺地的跑道，三十三圈为一英里。当时的体育教练是国际闻名的马约翰教授。他对学生的态度很和蔼，但训练极其严格。我记得在一年级时，全级学生每天早餐前都要到体育馆，先在楼上跑道跑完三十三圈才能去食堂。馆内的各种运动器械极其完备，后面是游泳池，男女同学可以分时间练习。每个学生在毕业前要能游到五十米才及格，作为考试成绩。因此毕业班的学生不但功课紧，练游泳也是一件大事。每天下午下课后，离食堂开饭还有一段时间，爱运动的就去体育馆打篮球，叫做"斗牛"。顾名思义，可见双方激斗的程度。体育馆有很好的淋浴设备，学生们不运动的时候也可以去淋浴。

注五：清华早期只有一处足球场，在体育馆东面，也有露天的跑道。清华大学和上海交通大学两校的足球队，在每年冬季必有一场比赛。上海交大的前身是南洋大学，以拥有足球名将做教练的李惠堂而闻名，在全国院校中的足球比赛向来所向无敌。但自从清华足球队崛起之后，交大就很难再独占鳌头。双雄各不相让，每年冬季必有一场决战，其胜负成为我校师生最关切的新闻。马约翰先生为球赛特别组织一个好几十人的"专业拉拉队"，并编写了"清华必胜"的歌词和曲谱，平日练习有素，每赛在场上喊唱助

威,声震全场。歌词如下:

Tsinghua Tsinghua, Tsinghua must WIN!
Fight for the finish, never give IN!
You do your best, BOYS!
We do our rest, BOYS!
Fight for the VICTORY!
RA RA RA! RA RA RA! RA RA RA!

此歌词全按曲谱唱,但每句末字及最后的口号是大写的字,这些就不按照曲谱而是用全力高喊。两校的"拉拉队"分坐在赛场左右的两个看台,两队遥遥对喊,相互挑战,此起彼伏,也算是一种比赛。清华"歌唱拉拉队"因此更加带劲,胜人一筹。

注六:工字厅后面的荷花池,依山临水,嘉木葱茏,风景绝佳。每当三冬池水上冻之后,就成为最好的溜冰场。女生初学时,常有溜冰能手的男生带着溜,双双交臂,被称为"挎妞"(此词后来见于社会,也许来源自此),为池上一独到风景。当年女生很少,一名女生身旁总会有好几个男生等着为之效劳。

注七:清华当年有文学、理学、法学、工学四个学院,工学院的市政工程系1929停办,现有土木、电机和机械三个工程系。各系的实验工场规模宏大:土木系有完备的木工、金工、锻铸等车间;电机系有正规的发电机房,可供全校用电;机械系有风洞实验室、飞机库和一架飞机及配套设备。后来又成立了水利系,有大规模模拟河道。

注八:女生宿舍是远离男生宿舍群的一幢小楼,在荷花池东岸,小溪绕门,林木蔽日,环境清幽为校园之最。楼名"静斋",名副其实。男生访女生,需先在楼下门口的报名桌登记,常要排队等候。被访者在楼上探头下望,决定是否"接见"。

注九:当年在工字厅两旁各开有一比较高级的饭馆,称"东鸿记"和"西鸿记"。在校门内有一小饭铺,有以张、马两位老师欣赏而著名的两道川菜,分别是:麻婆豆腐和酸辣汤,因此菜牌后来改成"张先生豆腐"和"马先生汤"。跑堂的伙计向厨房报菜说快了,就吃掉了"生"字,于是便成了"张先豆腐"、"马先汤"。清华园校门外还有为教师家属开的一家小吃店,畅销冰淇淋。此外,为了给爱吃西餐的教师提供方便,在工字厅西边古月堂旧址还开了个小西餐馆,以"古月"命名。我上过吴宓教授的课,吴师的《吴宓全集》完稿,每章都需要插图。有些是外文书的插图需要翻拍;有些是反映生活现状的图片需要现拍照,都请我担任。完成后请我到古月堂吃了一顿西餐。当时教授请学生还是很少见的,尤其是吴师向来以严肃闻名,这更加使我受宠若惊。

注十:当年外国文学系的王文显教授以研究莎士比亚学闻名国际,他在清华也的确培养出好几位一代剧作名家,如:李健吾、张骏详、万家宝(曹禺)等人。曹禺的《日出》和《雷雨》,都成为中国历史上划时代的不朽之作。王先生的夫人是外籍,住在北院,那是本校独有的、供外籍教授居住的高级住宅。当时校内常有李、张等几位编导的话剧在校内演出,我入校时本来读工程,又是个"叮叮敲敲"(刘半农语)的人。他们演剧时常找我负责大礼堂舞台的照明工作,于是就有机会去王先生家里参加研究讨论。那时排演了由李健吾翻译的、王尔德的话剧《少奶奶的扇子》，由一位教师的家属刘太太当主角，演出很受欢迎。

"九一八"事变后，城内有一进步剧团，来清华与我们的话剧团联合演出一场抗日话剧。曹禺在其中饰演一日寇军官，表演其残暴行为淋漓尽致，激起观众对敌人的愤怒，很有宣传效果。闭幕时天色很晚，城门已关，而且剧团的人员已被国民党特务盯梢，不能及时回去。曹禺就和我商量，送一位演员到我宿舍里过夜。我那时住在明斋315号，两人一间，我同屋正巧回家了，有空床。那位演员来后，我俩没有立刻睡去，而是开始畅聊。直到深夜，他才告诉我他名叫"许多"。我们渐渐谈到共产党，他问我对共产党有何看法。我告诉他，我在南开读预科时，有一同屋的人劝我加入他们的"克鲁包特金"组织，我知道这是个"无政府主义"者，对他们的主张很不赞成，但是我以前在上海做电影摄影时，与一些左翼作家有来往，因此对共产主义有些自己的理解。但因家庭关系，父亲是遗老，我从小没有进过小学，而是在家塾读四书五经，学孔孟之道。我这时猜想到：他可能是共产党员，才理解到曹禺为什么要他住到我屋。因为我在同学中被认为是个十足的不问政治、思想落后的"遗少"。宿舍的邻居也都不会去告密，就是同学中的国民党分子来搜查，也不会来我屋，是绝对保险的。第二天一早他就走了。半个月后，我偶然看到当天的《扫荡报》，头版整幅是密密麻麻的名单。细看原来这是最近一批步行南下、打着"停止内战"白旗、向蒋政府抗议的学生名单，他们竟都在南京雨花台被枪杀了。而后，我竟在名单中发现了"许多"的名字，才知道他也是南下的一员，也牺牲了！这令我非常痛惜。从此我校剧团因局势恶劣，未再演出。后来城里有个剧团编演了《最后的一幕》这出话剧,主要情节就是一剧团去西郊某大学演出被查抄,可能就借指此事。

注十一:1933年上学期,我在中文系的毕业班就读。因酷爱古诗,所以选了罗常培先生的《中国音韵沿革》课程,以为这就是诗韵的学问,谁知并不是那回事,这才开了音韵学的眼界。

罗先生当时指出:古今的音韵学家"考古之功多,审音之功浅",从而呼吁要进行"现代语音实验"。下学期我又选了王力先生的《语音学》,他刚从国外回来,讲的是最新的国际音标和语音实验方法,但那时候还没有仪器来实习。不过这已经勾起了我对语音实验的兴趣,所以投考了南京中央研究院历史语言研究所,师从赵元任先生从事方言调查和语音实验方面的研究,自此之后便干了这一行。我在中文系的几年中,读过朱自清先生的《古诗习作》,上过俞平伯先生的《词学》课,自己也学作了一些旧体诗词。我同时又选过吴宓先生的《西洋文学史》,他出版的诗集是我做的插图。吴先生在我校教师中是出名的性情古朴,而他的诗中却有不少对仗工整、缠绵悱恻、不减温李的律诗。是谓"真名士自风流",求之当代,恐乏其俦。

注十二:我1928年进清华园求学,1934年毕业,后留校在出版事务所任职一年,1935年离校,至今2008年,前后共八十年。其间除有二十年不在北京,每年的校庆大都能来参加,算来至少也有四五十次。今年以近百之年,再度参加校庆,恐怕同窗校友已经无几。今日还有幸再度同唱"西山苍苍"之老校歌,自强不息,期以共勉!

2008年校庆前夕,六级吴宗济,时年九十有九

推开中国语音科学走向世界的大门

——吴宗济先生往事钩沉

张家騄

我与吴宗济教授相识于1958年,那时他刚从欧洲游学归来。我们正在我的老师马大猷教授领导下,开展"语音打字机"(就是现在的自动语音识别)研究。马先生命我敦请吴先生来所,就教欧洲语音学现状及语音学相关问题。当时语言研究所就在中关村,也属于中国科学院。加之,20世纪30年代,马先生与罗常培教授在北京大学有师生之谊。马先生还曾经借用过罗先生的留声机,利用示波器和高速照相机,借助傅里叶级数来做语音分析。马先生与吕叔湘教授(时任语言所所长)也相熟,所以很快就与吴先生建立了联系。这种关系使我们在工作中不断接触,由公干到私交也就不断发展。长期以来,学术界文科和理科之间,有着一条看不见的鸿沟,相互之间很少来往。可是,马、吕二位领导高瞻远瞩,不囿于陈规陋习,都能够虚怀若谷,倡导文理之间相互学习交流。从而很早就开创了中国声学语音学研究,文理合作的先河。

初次见面,吴先生屈尊来到我们电子学研究所马先生的办公室。吴先生风度翩翩,一袭西装,头戴礼帽,足登欧式棉靴,显得十分年轻干练,给我留下深刻的印象。我们关心的是有关语图仪的问题。电子所图书馆有《可见言语》一书,看到绘出的语图很好,可就是订不到语图仪(对商品名 Sonagraph 的惯用译名,正名应为声谱仪;用语图仪画出的 Sonagram 也就称为语图了)。因为那时候美国对中国禁运,所以我们进行语音分析就很困难。吴先生在欧洲见过用语图仪进行语音分析,做了介绍。

声学仪器在电子所声学研究室,是国内最好的了。可是,做语音分析可用的,却只有丹麦 B&K 公司生产的频率分析器和频谱仪(1/3 和 1/1 倍频程带宽)。当时我们有两种规格的频率分析器,2107 和 2105。吴先生借去了 2105。随后吕叔湘所长还专派林茂灿先生到我们研究室来研制音高计;继而我又请来周殿福先生讲授语音学和接受国际音标训练(那时周先生正在录制国际音标唱片)。就这样在声学所(当时的电子所)和语言所,分别开始了利用现代设备(但不是专用仪器)的语音分析工作。吴先生专心致志勤奋工作,没过多久就取得了丰富的结果。他工作强度之大,以至于把 2105 频率分析器的电位器的线绕电阻丝都磨断了。这种业精于勤的精神,令我十分感动。我们最终则只能利用现有的 1/3 倍频程滤波器组来搭建一具汉语 10 个元音的自动语音识别装置。1959 年作为国庆献礼,摆进了中国科学院的展览室。

从此以后我们的交往日益频繁,吴先生谦虚谨慎平易近人的作风,更加深了我们之间的情谊。他本是我的师长,可他不以老师自居,对我总是以老友相待。1964 年中国物理学会声学专业委员会成立,设立了"语言、听觉和音乐声学组",吴先生是组长我是组员。1979 年北京大学中文系林焘教授创建语音学实验室,招收研究生并请来加州大学伯克利分校王士元教授做暑期语音学讲座。

这为实验语音学在大学中普及推广奠定了基础。同时,林焘先生还邀约吴先生和我,为研究生开语音学和声学语音学课。由于我们互相熟悉,所以讲课内容也就彼此默契。

最令人难忘的是,吴先生率领林茂灿先生和我参加第九届国际语音科学大会(1979年8月6—11日在丹麦哥本哈根召开)。会前我们分别提交了论文。因为是我国首次参加国际语音学大会,领导上很重视,决定由中国社会科学院组成中国语音学代表团(当时媒体报道的称呼),其实就是吴先生、林(茂灿)先生和我三人。一应出国手续和经费,均由社会科学院负责。由于大会主席丹麦语音学家 Eli Fischer-Jøgensen 与吴先生相识,所以对我们能参加大会,他们非常欢迎。可是,一开始就遇到了敏感问题。台湾同行文稿中出现了"中华民国"(Republic of China)的称谓。我们不敢怠慢,报告领导以后,经与大会交涉,都改成中国(China)了事。但是,这引起了各级外事人员的关注,弄得我们也很紧张。

另一件事说来惭愧,我们寄送的论文原稿,都是用老式打字机手打的。尽管我还特别请我们物理研究所("文化大革命"中空气声学和超声学并入物理所)图书馆的同志,选用电动打字机打的,那也不符合直接制版的要求。丹麦同行对我们十分照顾,他们又将我们的稿件,用他们的打字设备重打一遍,以便论文集照相制版印刷。这可是在百忙中要占用人家不少时间的呀!当时国际上普遍使用的已经是带有小量存储的球形打字机,打出来灰度均匀,而我们还没见到过。投影仪就更谈不上了,所以我们在会上就只能以传统方式宣读论文。

出国前社会科学院外事部门的领导,也是倍加重视,对我们耳提面命,同驻丹麦使馆也先打好了招呼。由于当时我国去欧洲的航班很少,我们便在 8 月 2 日启程,途径布加勒斯特和维也纳,才飞到哥本哈根。有使馆同志来接,就住在使馆里边。大使还亲自会见我们,开会期间晚上向他汇报情况,显然十分重视。当然这也让我们更加紧张,会议期间得处处小心才是。生活上我们更是克勤克俭倍加谨慎;出国期间我们连饭馆都没进过,尽管我身上有很多钱(责成我随身携带三个人的所有外汇,所幸那时国内外的社会治安颇好!),吃饭除了会议的大餐厅,就是使馆的食堂了。

会前尚有几天时间,使馆按照我们提出的要求,安排了参观访问。由于丹麦的声学仪器公司 B&K 的老板 Brüel 博士与马大猷教授交往很深,此前刚刚访问了中国。马先生宴请了他,我也作陪;因为我要去丹麦开会,先引见一下。因而,我们就先去访问他的公司。Brüel 先生十分热情,亲自驾驶他的专机(飞机不大,专供他在欧洲各地活动之用),来接我们,去他的岛上别墅。一番盛情招待并参观了他的在建新居,全太阳能照明取暖的绿色建筑以后,才去参观他的工厂和实验室。其间吴先生广博的知识更助谈兴,从早晨到晚上参观访问了一整天,很有收获。当时正是 Brüel 先生事业飞速发展的时候,B&K 的声学仪器,在世界上几乎占据了半壁江山。2005 年马大猷先生九十大寿时,他还专程来参加祝寿;可是他的公司却已有名无实了。此外,我们还访问了丹麦高等工业学校、F-J 言语声学仪器公司,还会见了丹麦资深的嗓音学家 Svend Smith 教授。他利用电机反转的吸尘器和两片橡皮膜制成的模拟嗓音声源,用来证明 Husson 的神经时值学说的不可信,令人印象深刻。

到了语音科学大会开幕，吴先生就遇见了许多二十年前的老朋友，自然是相见甚欢。首先，我们特别感谢了大会主席哥本哈根大学的 Eli Fischer-Jøgensen 教授，一位有着忠厚长者模样的笑容满面精明干练的女士（年纪仅比吴先生小两岁）。接着又见到了瑞典皇家理工学院 Fant 教授，他欢迎我们到他的实验室去参观访问。这当然令我们十分高兴。因为他是声学语音学的奠基人之一，他的实验室是世界上知名的语音学实验室。许多有名的语音科学家在他那里工作过。此外，许多外国同行对我们论文很感兴趣，因而还结识了一些新朋友。日本东京大学的藤崎博也（H. Fujisaki）教授就是那时候认识的，从此成为中国的好朋友。英国伦敦大学学院的 A. Fourcin 教授也是在会上认识的（见附照2），伦敦大学学院可算是现代语音学的一个摇篮。创建基准元音图的丹尼尔·琼斯（D. Jones）便是这所学校的；中国实验语音学的奠基人刘复，也是先到这所学校留学的；时任国际语音科学大会理事会主席 D. B. Fry 也是伦敦大学学院的。与美籍华人学者舒维都（Victor Zue）博士相会，大家在一起交谈甚欢，令我们非常高兴。因为在会上华人是很少的。可是另一位华人，胸前佩戴着青天白日的国民党徽，却使我们很紧张。我们尽量回避与他接触。

本次语音科学大会，恰逢理事会改选，吴先生当选为理事。这当然令我们十分高兴，真是受宠若惊。为了留下记录，在大会宣布时，吴先生还做了录音。回到使馆以后，立即向大使做了汇报。可是高兴之余，也使吴先生很紧张。当大会在哥本哈根市政厅，由市长主持餐会时，吴先生都没敢去参加。因为吴先生知道在餐会上，互相见面交谈的机会很多，怕遇到那位戴党徽的中国同行，不好处理。那次餐会,很隆重也很丰盛,可惜吴先生没能与会,只留下林先生和我(见附照1),自然更得小心翼翼少做交往。今日看起来似乎有些可笑,可是在当时却很自然。

经过驻丹麦使馆同意,并与驻瑞典使馆联络好,会后我们便乘火车由哥本哈根前往斯德哥尔摩,去访问 Fant 的实验室,瑞典皇家理工学院言语通讯和音乐声学系言语通讯实验室,这个国际著名的言语科学和言语技术中心。这是我们在会前,早就心向往之的地方。驻瑞典使馆同志,把我们接到商务处,那里是他们接待外来人员的地方。虽然住宿条件不怎么好,地点却在斯德哥尔摩的一个美丽的大岛(Lidingö)上。后来,1982 年,我到 Fant 实验室去合作研究汉语文语转换系统时,又住在这个岛的一家公寓里。皇家理工学院在城里,从岛上去城里要坐小火车,再换地铁,有相当一段距离。

使馆派车把我们送到皇家理工学院(KTH),Fant 教授亲自接待我们,与吴先生老友相见更是十分热情。领我们参观了实验室三个部分:语音、听觉和音乐声学,看到了他为完成经典著作《语音产生的声学理论》,做实验用的一些设备。还结识了 Risberg 博士(听觉部分负责人)和 Sundberg 博士(音乐声学部分负责人)。Fant 教授不但详细介绍整个实验室,还从口袋里掏出了他发明的小型 OVE-1 语音合成器(实际上是一个元音合成器)。他熟练地用手拖动一个连杆,在一个二维坐标(F_1-F_2)上一划,就发出了"How are you"的语句来。Fant 是名门出身,父亲曾是斯德哥尔摩市长,高大的身材和蔼可亲。他是学电机的,曾在爱立信(Ericsson)当工程师,所以动手能力很强。Fant 教授不只在他的实验室接待我们,还把我们介绍到他以前工作过的爱立信公司去参观。爱立信是仅次于美国 AT&T 的大公司。有了 Fant 的介绍,于是,次日便派来豪华的奔驰车到使馆来接我们。再加上当时正值邮电部要引进他们的程控交换机,所以就把我们当贵宾来接待。

正是由于这次访问,接下来便开辟出了一条学术交流的广阔通道。1981 年,Fant 的两位得意门生 R. Carlson 和 B. Granström 两博士,通过中国科学院和瑞典皇家工程科学院的合作项目,到中国科学院声学研究所来访问,着重介绍他们研究开发的多语种文语转换系统。同时参观访问了中国社会科学院语言研究所和南京大学物理系。归国后在瑞典皇家理工学院言语通讯和音乐声学系出版的季度研究报告(面向国际语音科学界广泛发行)上著文介绍声学所语音通讯实验室和中国的语音科学研究现状,进一步增加了国际同行对中国语音科学界的了解。继而,1982 年我前往瑞典,在皇家理工学院 Fant 实验室开展汉语文语转换系统的合作研究;在隆德大学语言学和语音学系与 Gårding 教授合作汉语语调研究。在我国语音合成工作还没有基础,只是研发声码器时,进行分析—合成语音质量评测研究。当时我们只有一台小得可怜的台式计算机,是无法开展语音合成领域中,文语转换这样前沿性工作的。八十年代初,汉语语调的实验研究,在国内也只有北大中文系沈炯刚开始工作。Gårding 教授建立的语调模型,灵活多变适应性强在国际上很有影响。这些合作大大地促进了我们的研究工作,使我们得以迎头赶上国际同行的步伐。

1984 年语言所的林其光经吴先生推荐,前往瑞典在 Fant 门下读博士,并很快成为 Fant 的得意门生。他毕业以后去了美国,又成为 Flanagan 教授的有力助手。1985 年 Fant 教授和 Gauffin 博士来华讲学,使两国间的学术交流与合作进一步不断深入发展。Fant 和 Gauffin 在声学所和语言所讲学期间,来自全国的听众有一百多人。他们还访问了南京大学、杭州大学、陕西师大应用声学研究所和上海中国科学院生理研究所听觉研究组。经中国科学院批准,Fant 教授成为中国科学院声学研究所学术委员会的名誉委员。1987 年 Fant 教授邀请我参加由他在第 11 届国际语音科学大会(在爱沙尼亚的塔林召开)上主持的嗓音声源和声道间的相互作用研讨会,会前到 Gårding 的实验室和 Fant 的实验室进行访问与准备,获益匪浅。此后,又有 Fant 实验室的 Risberg 博士到北京来参加声学所主办的第 14 届国际声学大会;Liljencrants 博士到杭州大学讲学。1995 年我再赴瑞典,参加由 Fant 实验室主办的第 13 届国际语音科学大会,并在皇家理工学院和隆德大学短暂停留做学术交流。

伦敦大学学院的 Fourcin 教授,自 1979 年在语音科学大会上相识以后,曾两度来华访问,并与声学所建立了密切的合作关系。他还曾两度赠送给声学所他所发明的两代产品——声门电导仪(Laryngograph)。在言语工程界,用声门电导仪直接测得的声带振动基频,已在言语工程界,作为各种语音基频提取算法的参考标准。在华期间,他特别对嗓音医学界和听力学与听力康复界做了多次学术报告。鉴于汉语是声调语言,声调在言语可懂度中起重要作用。他与声学所合作,在北京市耳鼻喉研究所邓元诚大夫的协助下,努力用他发明的基音助听器(SiVo aid),来帮助重度聋人改善听力,取得了可喜的结果。他培养了四名中国的博士生(其中一名为香港人);一名获得女王奖学金,一名获得伦敦大学校长奖学金。

由于日本是近邻,所以自 1979 年以后,东京大学的藤崎(Fujisaki)教授便经常来华访问,进行学术交流和合作,其领域也从言语科学和言语工程,拓展到电子学和信号处理方面。他不辞辛劳,常常一年到中国不止来一次。他不但成为吴先生的挚友,也是很多中国学者的好朋友。不少年轻学者成为他的研究生。他对中国语音科学的发展,所给予的帮助和产生的影响,是十分巨大的。诸多事例,不胜枚举。

由此可见,自从 1979 年吴宗济先生领着我们,参加第九届国际语音科学大会,推开了中国语音科学走向世界的大门以后,中国的语音科学发展便产生了质的飞跃。这是他对中国语音科学的一

附照 1　第 9 届国际语音科学大会晚宴前,吴宗济未出席

大贡献。以上事例只是仅就与个人密切相关者,略加概述。其他与中国社会科学院语言研究所和国内语音学界有关的事例尚多,定会另有方家论述。

今天吴宗济先生已驾鹤西行,"得大自在";他的学术成就和高尚人品,让我们永远怀念。

附照2 在第9届国际语音科学大会期间,与A. Foucin教授交谈
左起:A. Fourcin,吴宗济,张家骅,林茂灿,E. Abberton(Fourcin教授夫人)

深切怀念良师益友吴宗济先生

鲍怀翘

我是在 1959 年的初夏分配到语言所的语音组的,当时语音组已有四位先生:吴宗济先生、周殿福先生、林茂灿先生和负责设备管理的邢继禄同志。我记得到了语音组以后在吴先生的指导下学习掌握腭位照相、X 光照相和暗房技术;同时还开始了元音声学分析。当时使用的是丹麦 2105 型超外差频率分析仪,这种设备只能分析稳态的元音。为了分析音节中的元音,吴宗济先生利用现有的录音机改装成一台切音机,虽然手续很繁复,但还是比较可行的办法。为了将分析结果记录下来,吴先生巧妙地将国产浪纹计的马达进行了改装去驱动分析仪的转动速度,从而达到频率分析仪与记录仪同步。这样,一套由切音机、循环播放的录音机、频率分析仪和记录仪构成的元音频率分析设备成为 60 年代初期国内唯一的语音声学分析的仪器。大约花了两年时间(1961—1963 年)完成了普通话单元音和全部阴平调音节中主要元音的谱分析任务。

与此同时,吴宗济先生指导我学习语音学理论。他抱了一尺多高的英文版的书籍给我,我记得有:Chiba and Kajiyama 的"The vowel, its nature and structure"(照片版),国际语言学家第 8 次年会论文集"Proc. of 8th Inter. Cong. of linguists"（1958），Delattre 的 "The physiological interpretation of sound spectrograms"（照片版），Joos 的"Acoustic Phonetics"等一批他从捷克、丹麦和瑞典购买和照相带来的资料。他首先为我选定的是国际语言学家第 8 次年会论文集中的《声学语音学的新技术对语言学的贡献》"What can the new techniques of acoustic phonetics contribute to linguistics"（Fisher-Jørgensen，1958）。这篇文章总结了当时声学语音学研究的新成果，对元音和辅音的分析给出了详细的描述，从而成为我的语音学研究的启蒙老师。由于我的英文水平极低，又加上当时没有相应的专业术语词典，因此读这篇文章十分吃力。但很幸运的是得到吴先生的悉心指导，无论从英文词句翻译上，还是确定专有名词的中文定名及其概念的诠释方面，吴先生都不厌其烦地为我解释，甚至要弄明白一个名词，吴先生要去查阅很多文章，反复思考，确定译名及含义。我现在回想来最难忘的是共振峰的译名及其计算方法。现在大家知道，共振峰（formant）是元音和浊辅音最基本的声学特征，是元音音质（quality）及其生理舌位的声学映像。但在 1960 年，"formant"这个词应译成什么成为一大难题。Fisher-Jørgensen 的文章提到"大家知道元音的特性是能量集中在一定相对狭窄的频段内，这个频段称为 formant，而且这些 formant 的位置因元音的不同而不同"。在"formant"脚注中说道，"formant"这个词不仅表示语音声波的能量集中，而且也表示声道振动样式，两者是紧密关联的。由此吴先生确定"formant"译为"共振峰"，即是声道共鸣的结果。而"峰"的含义是指功率谱上元音几个谐波峰群之权重峰值位置。这个译名非常符合汉语的语义，因而得到声学界老前辈马大猷先生的肯定,从而成为今天声学术语和语音学术语的基本词汇。

接着问题又来了,从元音功率谱上的谐波峰上怎样去确定共振峰的位置。当时以为功率谱中最强谐波就是共振峰,但当我们分析了国际音标的[i][ɪ]时(周殿福先生发音),发现两者的 F1 最强谐波的频率位置是相同的,据此画在声学元音图上这两者处在相同的高度上。我们认为这既不符合听辨结果,也不符合国际音标元音图的位置。由此提出了怎样从谐波群中测量共振峰频率的问题。吴先生根据 Joos 的"Acoustic Phonetics"中一个谐波图上的一条包络线(虚线)的启示,确定共振峰应落在最强谐波和次强谐波之间的某一位置,即应处在谐波群中三条谱线组成的包络峰的重心上。原则确定后,吴先生着手具体测量方法的制定。这就是后来首先在第一届中国声学学会上发表的文章《普通话元音和辅音的频率分析及共振峰的测算》,正文发表在《声学学报》1 卷 1 期(1964),现收录在《吴宗济语言学论文集》中。此文详细地用图解和计算公式对国际音标元音和普通话元音,不论是男、女、童的发音(基频不同)分别给出了计算方法,都能测算得十分准确。这是一个创造,是中国语音学家对国际语音学的贡献。吴先生的这种创新精神贯彻在他五十年的语音学研究生涯中,如自主设计研制切音机、语音声谱分析、记录整套联动装置,还有腭位照相装置及腭位的三维分析方法(见《实验语音学概要》第 118 页)。在接近 90 岁高龄(1996)时还在汉语语调分析方面另辟蹊径,提出了"移调"或"转调"的方法,让我们有耳目一新、茅塞顿开之感。

1983年我开始研究声带振动机理研究,拍摄了不同音高条件下声带边缘的厚度变化,与此相应,记录了甲杓肌的肌电强度,发现在发音之前已出现肌电活动。我拿结果给吴先生看,他很兴奋地说,"对呀,这是一种'意在声先'现象"。吴先生的"意在声先"揭示了语音产生的过程,即先形成概念,继之是语言学和语音学符号转换为一系列神经脉冲编码,这些脉冲驱动肌肉的收紧或放松,从而形成一系列的发音器官动作。在这个过程中,声带振动意味着音高和元音的同步产生,但在意识的作用下甲杓肌等喉部肌肉先于元音发音动作开始紧张,出现了肌电活动,为声带振动做好准备。这就是"意在声先"的生理解释。现在我领会到,"意在声先"是贯穿发音的全过程,也是"协同发音"的成因。

在私交方面,吴先生一直是我的良师益友。记得我刚到实验室不久,将一个实验用的进口乳白灯泡(100W 110V)插到220V接口上,"嘭"地一声,灯泡炸得粉碎,当时在场人员都吓了一大跳。吴先生从另一房间走过来看到这一切,马上为我解释说,此灯泡是解放前北京大学语音乐律实验室留下来的,当下买不到了;并详细给我讲解了110V、220V两种电压的差别和各国使用的情况,并提醒我研究工作中要"形象思维少一点,逻辑思维多一点",给我这个学文出身、刚出校门毛手毛脚的人不仅上了一堂电学的基本知识课,也使我立志要学一点无线电及其他自然科学的基本知识,为我以后了解和掌握各类语音研究设备打下了基础;在各类实验中,他不厌其烦地为我讲解,使我进一步认识到对各种仪器设备及各种知识,不仅要动手能用,还要懂得其所以然,这些都为我的研究人生指明了方向,使我终生受益。

吴先生在解放后,经历了所有的政治运动,也受到许多不公正的对待。反右运动时恰值派往捷克、瑞典、丹麦考察语音学,"逃过了一劫",对此他念念不忘罗常培所长对他的"恩典"。在"文化大革命"中,他虽受到冲击,但他不悲观、不绝望,坚信终究是会被平反的。在这样的思想状态下,他白天挨斗,接受批判,下来后他会到后海转一圈,喝点小酒;星期天他会骑着自行车到颐和园、香山公园,在大自然中自我解忧。正因为他乐观人生和处事大度,全身心投入到研究中乐此不疲,是他活到百岁高龄的秘诀之一。他在2004年国际韵律学会议(东京)后续北京会议上(TAL)上回答长寿秘诀时诙谐地说"研究语音学会长寿,研究韵律学,会更长寿"。

吴先生待我如挚友,1986年我转到民族研究所从事少数民族语音实验研究后,我也经常到他家造访,向他汇报民族语言研究中的问题。他十分赞同"民族语言语音声学参数数据库"的做法,认为是语音声学研究向前推进了一步,是一家之作大家共享的好办法;对我在语音动态腭位方面的研究,更是关心备至。对腭位分区、协同发音等问题给予悉心指导,希望我能把普通话发音的动态研究(舌位、腭位、唇形)继续下去。现在,当我打开《语音学与言语前沿处理》(From Traditional Phonology to Modern Speech Processing)书中"Festchrift for Wu Zongji's 95th Birthday"单页上先生给我的题词"龙腾虎跃,鳳翥鸾翔;延年益寿,长乐永康。以此奉祝老战友怀翘同道并彼此共享,宗济2004,3,30",使我久久不能忘怀,更内疚于我没有完成先生对我的期望。

今天我们追思吴宗济先生之际,应该学习吴先生一生对生活的热爱和对科学的孜孜追求,活到老学到老、创新到老的精神,为推进我国语音学基本理论及其应用学科的发展而不懈努力。

2010 年 12 月 21 日

吴宗济先生与科大讯飞的言语工程音路历程

王仁华　刘庆峰　胡　郁

2010年7月30日晚，中国现代汉语语音学界实验语音学的创始人吴宗济先生永远的离开了我们。噩耗传来，中国科学技术大学和科大讯飞的全体语音研究工作者均感到无比悲痛，并表示沉痛哀悼。吴宗济先生不仅仅是中国语音学的开创者之一，和中国科学技术大学以及科大讯飞更有深厚的友谊和渊源，是科大讯飞从事智能语音技术的重要的精神支持之一。这里，谨代表科大讯飞撰文回忆吴宗济先生与科大讯飞相识、相知、相交的经历与情结，以表达我们对吴宗济先生的怀念之情。

1. 初识吴先生

吴宗济先生是现代汉语语音学界的前辈泰斗，也是我们年轻一辈的良师益友。我（王仁华）初识吴先生是在1990年日本召开的第一届口语处理国际会议（ICSLP 1990），大会主席日本东京大学的知名教授藤崎博也先生邀请吴先生、张家騄先生和我参加会议。藤崎教授还安排我和吴先生住在一个房间，我想藤崎教授的本意是希望我能照顾吴先生,因为当时吴先生已经是81岁高龄。但见到吴先生后发现他的身体和心态远较他的年龄要轻。我的第一印象这是一个睿智的学者,个子不高但非常精神,谈吐风趣且思维敏捷。他在语音学上的造诣,深不可测。然而他一点也没有大牌的架子,第一次见面就和我称兄道弟,想想我要比他小三十多岁,实在惭愧不已。这一次共同参加学术会议我们有很多时间交谈,会后又一起参观访问东京大学,实在是受益匪浅。特别是吴先生闻知我们准备做汉语语音合成时,主动给我介绍他在汉语语调方面的研究,我当时就说他的研究对我们非常有价值,他听后十分高兴,说如果对我们有用,一定全力提供帮助。由此我非常荣幸从20世纪90年代初起,和吴先生在汉语的声调和语调方面进行初步的接触。吴先生渊博的语音学知识,在研究和实验中一丝不苟的学风,对汉语语音事业发展的不懈追求,在后来都给我和我的学生们产生了深刻的影响。

2. 吴—王工程(WWE 工程)

和吴先生真正合作开始于从日本回来后,我们中国科学技术大学人机语音通信实验室(以下简称为中科大语音实验室)参加了中国科学院八五重大项目"人机语音对话系统工程",并承担汉语语音合成(TTS)子项目。

当时语音合成主流技术已是基于波形拼接的汉语语音合成系统,一般以音节为拼接单元,合成时简单地将各个音节的时域波形拼接起来,由于音节在语流中变化情况很多,必须制定一套韵律规则系统,根据这些规则来随时调节音节的韵律特征。中科大语音实验室在数字信号处理上有很强的优势,当时已很好地掌握了 PSOLA 算法(基音同步波形叠加算法),这是一种能够修改韵律特征参数又能保持较好音质的算法,PSOLA 算法的引入使得波形拼接方法这方面的水平上了一个较大的台阶。PSOLA 算法的缺陷在于对韵律参数调整能力较弱,以及难以处理协同发音现象。1995 年,为了使合成音质达到播音员原始发音水平,同时为了进一步简化合成器算法,中科大语音实验室以 LMA 语音合成器为分析-合成工具,提出基于听感量化的音库设计和数字串发音外推的韵律分层构造方法,将汉语语音合成技术又推进了一大步。但无论生成的原始语音波形如何好,参数调整的能力如何强,若没有一套完整的韵律规则,则仍然无法产生高质量的合成语音。而在汉语韵律分析方面吴先生是当之无愧的大家,自 20 世纪 50 年代吴先生就投身现代汉语实验语音学的研究,主要是现代语音实验方法及普通话语音的声学分析,80 年代起又专注于普通话声调和语调变调规则的研究。吴先生这段时间的研究成果主要包括"普通话语句中的声调变化"、"普通话三字组变调规律"、"汉语普通话语调的基本调型"和至今学术价值仍非常高的《实验语音学概要》。特别是吴先生继承并发展了赵元任先生提出的"大波浪加小波浪"理论,即字调相当于水波中的"小波浪",它调制于句调这一"大波浪"之上。吴先生先用连读变调的规则来解释字组中的声调变化,再根据句子的语气及重音等特征以字组为单位进行移调处理。这样的模型对汉语的句子的调型结构给出了较好的解释,能够很好地匹配和解决当时语音合成急需的协调发音和变调问题。

当我们寻找吴先生合作时,他非常高兴,表示他研究的成果只要我们能用上,一定通力合作帮助我们。他亲自将这一合作命名为 WWE 工程(WU—WANG ENGINEERING)。在此工程中吴先生特别提出:本课题的安排和一般同类研究不同,课题的要求为语调的高自然度,深知此项工程如由技术方面单干,固然不可;但如语音学方面仅处于被咨询的地位,而由于语音学工作者从未接触技术工程,所提供的信息既不免大而无当,又每成隔靴搔痒。因此一开始应让语音学的研究设计与技术工程连成整体、相互取经,使语音工作者能分段命题、上机实验、"解剖麻雀"、逐段推广。将实验室中所得的数据及建立的规则,及时在技术工程上验证。此类在信息处理领域的语音规则,不但在传统语音学中未曾涉及,即在现代实验语音学中,在当时也是具有相当超前性的。这些思路和设计,特别是针对汉语本身特点所得出的规律及其处理方法,在当时的国际同类文献中,仍然鲜有提出,是创新的、得到科学验证的。

吴先生的这一思想在当时语音界是开创性的。语音学家和工程技术结合所取得的成果也是巨大的,主要包括:

1) 提出普通话字调与语调分析的新方法
2) 提出语调处理新方法——移调
3) 多字短语连续变调的一些新规则
4) 普通话音段连续协同发音模式的简化
5) 语音标记文本的建立

在这些成果基础上,WWE 工程建立起了较完善的汉语韵律规则系统。当时正在中科大语音实验室攻读硕士学位的刘庆峰和吴先生一起在吴先生的家中不断推敲、实验,终于将这些汉语语音规律计算机工程化,为建立语音合成系统新的韵律体系建立了算法基础。运用这些规则,中科大语音实验室研制成功的 KD863 汉语文语转换系统,在 1998 年全国评测中名列前茅,是首次在自然度方面达到实用水平的系统。

WWE 工程开创了语音学和工程结合的新范例,对我们的语音之路影响极其深远。我还清楚记得 1995 年吴先生 86 岁高龄时冒着酷暑来中科大实验室给我们年轻的研究生讲课的情景。吴先生连续多次前来给中科大实验室的研究生教授汉语语音学的基础知识,特别是汉语连续语调变化方面的知识,帮助我们培养了一批兼具数字信号处理和语音学方面知识的专有人才,其中很大一部分人成长为科大讯飞的研究和技术骨干,对于中科大语音实验室和科大讯飞在语音合成、语音识别方面的研究发展起到了非常重要的支撑作用。

在 WWE 工程中,吴先生亲自进行音节拼接实验,整理实验结果和数据,不断将新的研究成果和我们交流。让我们印象最深刻的是,他通过语音波形图分析及听音实验,研究保持连续音色的范围内做切音处理的效果。例如单音节中去头实验,如何从量变到质变,不同程度的去头造成不同音色,"香"去头多了就听成"当";不同程度的去尾,造成不同的听音结果,"球"去尾去多了,就成"奇";多音节拼接时如何去头、去尾、抽芯处理达到自然音色的效果等。对我们完成的拼接合成语句,吴先生都会认真地听辨分析,提出改进意见:包括声调是否自然、塞擦音是否到位、协同发音和时长是否正确、多音节组中次字或末字的 F_0 降低问题等等。他亲自撰写、作图、打印、标记后发来的文档标号在短短的几年中从 WWE-1 一直标注到 WWE-20,无一不浸透吴先生的心血。除书信来往外我们每次去北京,都要去吴先生劲松小区的家中请教问题。吴先生耐心地与我们讨论,使我们受益良多。有时讨论晚了,他还会亲切地留我们吃饭。吴先生经常说,只要是讨论学术问题,通宵达旦都没有问题。要知道吴先生当时已是 80 多岁的高龄,他的亲力亲为推动 WWE 工程,使我们都非常感动。毫无疑问,WWE 工程对后来我国汉语语音合成的突破,起了非常重要的作用。

3. 讯飞情结

1999 年科大讯飞公司成立,吴先生非常高兴。他认为科大讯飞的成立,使中国有了自己专注语音技术的公司,汉语语音技术转化为实用性成果有可能在我们中国人手里率先实现。吴先生欣然接受科大讯飞的聘请,担任顾问,他为自己能出一份力而感到自豪。他在祝贺公司成立的同时勉励我们:目前竞争者日多,形势逼人,我们在忙于机构组织之时,对研究工作也不能不加紧。吴先生认为从改进自然度的目标出发,亟待研究解决的还有:短语之间的协同发音和变调的自然度改善的问题、语句的基调移调后的音色、如何保持稳定的问题、语调中语气变化等级规则如何设计的问题等。他还指出,汉语合成系统目前的发展情况是:录音拼接已取代参数合成,拼接法对单音节内部的音色、声调长度、辅—元过渡等,可以无须计算,确实有其优点。但因是声波拼接,语音的特性缺乏形象的分析,对音节间和短语间的连音变量及协同发音等变化的处理，计算就非常繁复，很难得到满意的自然度。因此如何在拼接的基础上，探索一种既简便又经济而自然度又可提高的方案，实为当务之急。由此吴先生提出面向拼接合成自然度的《单音节合成标字Ⅱ型》设计方案。目的是以目前的拼接合成方法为基础，设计出一套程序最简、成本最低的标字方案，能应用于任何普通话语音合成系统，在听感上达到近似于自然话语的水平。

鉴于当时我们正在探索基于大语料库的拼接合成技术，吴先生的这一方案具有非常重要的价值。我们将吴先生提出的针对每个音节的韵律处理方案与当时我们已经掌握的统计建模技术结合起来，建立了基于声学统计模型的听感量化单元拼接语音合成新方法，这不仅可以用于中文语音合成，而且进一步应用在英文语音合成上，取得了很好的效果。基于上述研究成果构建的英文语音合成系统，在有 IBM、微软、美国卡内基梅隆大学、英国爱丁堡大学、日本 ATR 等国际知名公司与研究机构参与的 Blizzard Challenge 国际语音合成大赛中，连续 5 年（2006—2010 年）获得自然度评测指标第一名，2008 年该英文参赛系统自然度得分达到 4.1 分，是迄今所有参赛单位中唯一自然度指标超过 4.0 分的系统。在后面的两届比赛中，该系统在英文自然度方面的得分均达到 4.2 分。

2010 年 4 月，作为曾经直接接受吴先生教诲的语音学弟子，科大讯飞刘庆峰博士和胡郁博士再次到吴先生家中拜访探望。吴先生仍然不忘关心我们在语音合成技术方面的最新进展。当听说我们利用在汉语合成合作中研究的技术获得国际英文合成大赛的冠军时，吴先生特别高兴，鼓励我们继续在研究方面深入和拓展，以期解决合成情感方面的问题。没有想到,此次一别,竟为永远的嘱托。

科大讯飞今天能在语音合成的研究和产业化方面有所成绩,是和吴宗济先生的大力支持和谆谆教诲分不开的。

4. 生命不息

吴先生在近 90 岁高龄时开始学习操作电脑,亲自上机分析和实验。科大讯飞给吴先生配置微机后,吴先生很快学习语音有关软件的使用,如制作语图、音调图等等。通过大量的数据分析,和年轻的研究人员不断交流,在培养年轻人的同时还提出了移调处理的思想。

1997 年,吴先生参加黄山学术会议,会上吴先生思维敏捷,谈吐活跃,我们和众多学者正好借这个机会给吴先生提前过了 90 岁生日。当时吴先生不要我们搀扶捷足登上黄山天都峰,那股精神与劲头,令人赞叹不已。

2007 年,中科大语音实验室和科大讯飞共同承办了第九届全国人机通讯学术会议(NCMMSC 2007)。吴先生已经 99 岁高龄,仍然希望可以到黄山参加会议。后虽因众人基于其身体原因的力劝下没有成行,但吴先生在北京亲笔给我们写下了情真意切的祝词,追忆了我们与他十几年来的合作经历与成绩,成为那次会议开幕式上最具深意的祝贺。

2008 年吴先生百年华诞庆贺在北京举行。有诸多来自世界各国的同行、专家、学者前来为吴先生祝寿,说明吴宗济先生不仅

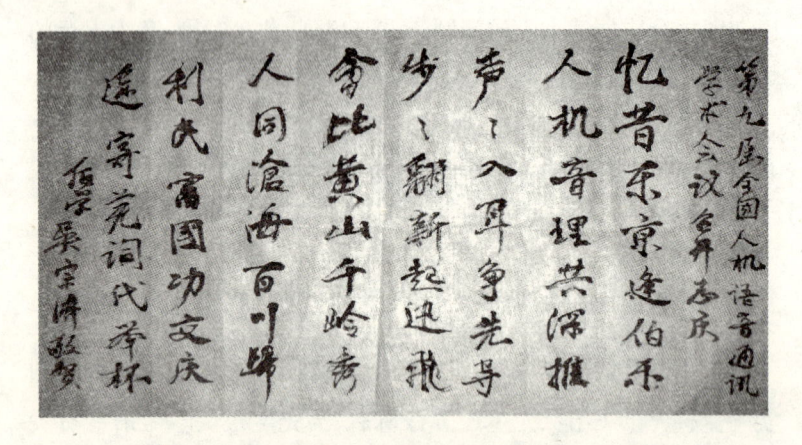

吴先生为第九届全国人机语音通讯学术会议所写祝词

在中国,在世界上也得到了学术界的认可和尊敬。当时科大讯飞将最新的产品和有关资料送给吴先生,吴先生说这是他所收到的最有价值的礼物,并亲自将他题词的纪念文集送给我们。

吴宗济先生已经走了,但是他在学术领域和精神领域为我们留下的财富是永恒的。吴先生通过实验语音学在语音学和计算机工程之间建立了一个沟通和发展的桥梁,而吴先生对做事为人的投入和执著,为当前仍然在这个方向努力和奋斗的研究工作者们树立了学习的榜样。我们将努力学习吴宗济先生治学严谨、永不言老、奋斗终生的精神,沿着吴先生的音路历程继续前进,为语音技术造福于人类贡献自己的力量。

薪尽火传　一树百获

——深切缅怀将毕生心血贡献给实验语音学事业的吴宗济先生

王理嘉

2010年8月1日清晨,电子邮件上惊现吴宗济先生于昨夜辞世的噩耗,虽然久已知悉先生身患重病,但仍然心头一震,心情霎时十分沉重。因为我在感情上不愿意一位为语言学、语音学事业做出重大贡献,培育了众多出色人才的导师离开人世。

2008年第八届中国现代语音学国际研讨会在北京蟹岛召开时,社科院语言研究所同时举办了庆贺吴宗济先生百年华诞的盛会。我曾送上贺词:"敬贺一代宗师吴宗济先生百龄华诞,敬祝先生在实验语音学学术舞台上永葆美妙青春,并在百岁寿辰后,进入佛家'无量寿'之最高境界。"这是我出自内心的最诚挚的祝愿。但是,天若有情天亦老,人生自古谁不老,主观愿望即使再真诚再深挚,毕竟脱离不了客观的自然规律,以至于哲学家只能冷静睿智地告诫世人:个体死亡是群体发展的必要条件;人如果不死,人类就不能进化。

这位西洋哲学家的话自然是千真万确的,但听起来终究有点冷酷。因为人类除了理智以外,也还具有丰富的感情世界。所以对照起来,中国民间习俗对生死的看法似乎更富于人性化。在中华传统文化中把符合自然规律的生存和死亡,都看作喜事,统称红白喜事。其含义是人之出生和人之死亡,对社会发展而言都是一种贡献,是喜庆的事。虽然过去是人生七十古来稀,如今八十不稀奇,但像吴先生那样高寿 101 岁,也毕竟是不多见的,自然更是喜丧了。如此一想,倒也有些释然,在沉痛中得到一点慰藉。多写一点吴先生在语言学语音学领域中所做出的贡献,也许是对他最好的悼念。

吴先生与北大的交往和情谊十分深厚。林焘先生在第七届中国语音学会学术年会(2006 年)结束后不久谢世,吴先生为林焘先生纪念文集——《燕园远去的笛声》所写的悼文《继往开来 哲人其萎》,其中提到了几个缘由:一是吴先生的几位导师和授业师,如罗常培、刘复、赵元任、李方桂、王力等均与北大有十分密切的关系;二是他和林焘先后师从李方桂先生,都是李方桂先生的亲授弟子,而李方桂先生虽然自美回国后,立即受聘于中央研究院历史语言研究所,但常与同为史语所研究员的罗常培、赵元任在北大、西南联大兼课、讲学,因而与北大的交往也是十分密切的;三是 20 世纪 70 年代,吴先生在帮助北大重建语音实验室后,又受聘为北大兼职教授,为研究生开设实验语音学课程,授课一年之久。这三个经历,吴先生在他所写的《我的音路历程》中都提到了,所以作为一个在北大求学,在燕园从教六十年的"北大人",我愿意追踪吴先生的音路历程,写一点从中得到的有益启示,以及吴先生为传统语音学与实验语音学的结合,为中国语音研究与国际接轨这两方面所做的贡献,作为对吴先生最深切的悼念。

名师出高徒:文理兼通　古今并晓　学贯中西

吴宗济先生是20世纪20年代末(1928年)进入国立清华大学的,在当时兼有文法理工各科的清华学堂,从本科到研究生,读了三个系,最后落脚在文科国学门。求学六年,毕业后就职于中央研究院历史语言研究所。从抗日战争到新中国成立,在这一段求学从业时期,他有幸得到现在均称之为学界泰斗名师的带领和指教,他们就是罗常培、赵元任、李方桂和王力。

当时,语言学是在清末民初西学东渐的浪潮中涌现出来有待开发创建的新兴学科。罗、赵、李、王以及刘复等"五四"精英都有一个共同的学术文化背景:书塾出身,西洋留学。因此,他们国学基础深厚,同时又精通当时在西方继历史语言学而发展起来的,但还方兴未艾的现代语言学、语音学。而其中的实验语音学更是处于有待开发的阶段,所以当初刘复、王力等赴法留学攻读博士学位,都选择了语言学中这一最前卫的学科。吴宗济先生追随这四位学术名师,从他后来的学术造诣和所取得的学术成就看,显然也体现了这个特点:博古通今,学贯中西。

吴宗济先生清末出生,幼年启蒙教育是从背诵四书五经,学作古文诗词起步的。进入清华大学后,从市政工程系转入化学系,读了许多物理、化学、数学、建筑的课程,而后又转入中国文学系。在中文系,他也兴趣广泛,文学和语言两方面的课程都听了不少,诗经楚辞、唐诗宋词,文字、音韵、训诂,各方面的知识,他都涉猎。这使人想起他与赵元任、李方桂两位先生的经历何其相似。赵元任先生是在美国从物理系转入语言学系的;李方桂先生是从医预系转入语言、语音研究的。他们不仅中西贯通而且文理结合,又通乐律。"五四"白话文运动时期,由实验语音学开路人刘复作词,现代语言学开拓者和奠基者赵元任谱曲,珠联璧合,一起谱写了《教我如何不想她》的歌曲。词写得婉丽情深,曲谱得幽雅舒淡,风靡一时,传播全国。而作为他们弟子的吴宗济先生也是如此,他能在当时史语所设在上海、南京、武汉、北平四个考场的众多考生中,脱颖而出,独占头魁,就因为他在通晓语音学、音韵学、能用国际音标听音记音以外,还独具听琴记谱的能力。这对属于口耳之学的语言田野调查工作,特别是在尚无文字的少数民族语言调查中,这一能力十分重要。后来,吴先生在《吕叔湘先生九十华诞纪念文集》中发表了一篇纯属乐律范围的文章:《阮啸新探》,这显然与他的古文和音乐修养密切有关。这篇奇文根据古籍关于竹林七贤中"嵇琴阮啸"的记载,从实验语音学声学和发音生理两方面入手,对吹奏"阮啸"的啸法及其发音功能,做了新的探讨。我想目前从事语音实验研究的专家学者,能有这种才能的人恐怕是很难找到了。也许有点夸张,但是我愿意说吴先生可以算得上是"天下之所谓难能而可贵者也"。

从 1935 年进入史语所到 1940 年这几年间,吴先生的主要工作是随导师李方桂先生调查少数民族语言壮语,同时学习语音学和泰语。之后,又随赵元任先生参加汉语方言调查,同时继续学习音韵学和语音实验仪器的应用。可见他的语音研究和语音实验工作都是从田野实际语言调查入手的,是紧密结合汉语方言和少数民族语言调查的。吴先生这一段时期的学术实践以及学术成果,其后在李方桂先生的巨著《台语比较手册》中,被赵元任先生称之为现代方言学开创之作的《湖北方言调查报告》中,都得到了反映。同时,也有吴先生自己的研究成果——《武鸣壮语中汉语借字的音韵系统》。正如吴先生在《我的音路历程》中所说的:"一下子来到了几乎全部美国制度的以及自由空气很浓厚的清华大学,真像到了'万花筒'世界。……我那时什么都想涉猎……到史语所后,总算收了心,只干一行了,但仍是兴趣太广,工作性质也比较分散,对专业也就浅尝辄止;不过对学问的门径,总算逐渐由杂而专、有了目标了。我的这一段经历是够复杂的。……初未料到,这些知识和经验却为后来开展实验语言学方面,打下了些在学校里学不到的基础。"

吴先生的这一段音路历程和他的这一番话,使我想起了与他同为李方桂先生指导的林焘先生在《浮生散记》中的一段叙述。在这段叙述中他写了当年(1944年)抗日战争时期,在成都跟随李方桂先生读研究生时的四件事:一是李方桂先生带他们读赵元任先生从美国语言学杂志剪下来的一篇讨论《切韵》重组的文章。原文是用德文写的,李先生逐句口译,随译随评,然后师生一起讨论。二是指定他们精读也是赵元任先生从美国寄来的一篇论文。这篇论文是哈忒门论述北京话音位系统的论文,这是当时结构主义描写语言学里颇负盛名的学术论文。因为在此之前,还没有用音位学理论系统讨论北京话语音的文章。三是李方桂先生让他随董同龢、周法高一起调查成都方言。四是训练他们不用方言调查字表,不查看高本汉的《中国音韵学研究》,直接从整句话入手记录广州话,归纳音系,为参加少数民族的语言调查做准备。如果现在让一个不知道这一段叙述背景的人,据此来推断这个学生是哪一个专业方向的研究生,是研究汉语音韵的、汉语方言的、少数民族语言的,还是现代语音学的,恐怕就很费心思了。

从吴宗济和林焘两位先生走过的求学路径和历练过程来看,当时对语言学研究生的培养,有一个共同的特点,那就是非常注意专业基础的广博扎实以及学术实践的训练。这对吴宗济先生后来在实验语音学领域内动手能力强,能沟通文理两个方面,并在言语工程、传统语音学、音系学乃至乐律、语病矫治等方面都能取得一定的学术成果,显然是密切有关的。反观现在,学科专业的划分和培养似乎过于精细,流于狭窄了。70年代后期,言路放宽,我曾屡次听到从20世纪30年代走过来的老一代的前辈学者说过:把少数民族语言研究跟社科院的语言研究所分开,而本民族的语言研究又各自分为现代的、古代的;又进一步分为汉语方言、语言理论、汉语史等等;而内部又分为语音、语法、词汇等等。高等院校也是如此,这对学术人才的培养,学科研究的发展,会带来一定的负面影响。当时,全面照搬苏联整套的教育模式,学科建制,乃至课程设置,那是过于死板了。这些意见应该说有一定的道理,并且值得我们在今后的人才培养、学术研究中加以注意,适当改进的。

著作等身:对汉语普通话语音特性系统深入的探究,为实验语音学的发展并与国际接轨奠定坚实的基础

中国实验语音学是由刘复、罗常培、赵元任等开创的,但当时由于实验仪器条件的限制,对汉语的声韵调的研究还不能深入开

展,仪器的使用通常还只是作为汉语方言或少数民族语言田野调查时的辅助手段。凭借精密仪器对语言本体进行系统深入的探究,并为普通话语音特性研究打下坚实基础的前驱者和奠基者是吴宗济先生。

我第一次见到吴先生,是他作为交流学者奉派去欧洲捷克、前东德、瑞典、丹麦等国考察进修实验语音学回国的那一年。当时,科学院的许多研究机构都设在与清华、北大毗邻的中关村东南,与两大名校构成一个后来被人称之为"黄金三角洲"的地区,至今中科院声学研究所还在那里,社科院的文学研究所和语言研究所当时也都在那里,跟北大中文系的交往十分密切。那一年,我作为院系调整后新北大中文系第一届语言研究生正在读一门由从法国留学归来的甘世福先生讲授的语音学课程。我们几个研究生得知吴宗济先生在语言所要做一次游学归来的学术报告,便相约一起去听。报告的时间是在晚上,好在语言所离北大很近,饭后散步,走走就到了。此事,时隔几十年,吴先生报告的内容自然记不清了,但报告中提到的一件小事我却至今都没有忘记。当时,吴先生说起:在捷克进修时,他学习用假腭做普通话声母发音部位特性的研究。实验之前订下了一天做四十个的计划。结果却发现,累得满头大汗,手忙脚乱,一天下来连四个都做不了。是那时候实验室设备落后,还是吴先生因初学技术生疏? 我并不清楚,但吴先生的积极奋勇,冲天干劲,却绝对是当时社会精神和他自己个性特征的反映。其后,无论在中国新社会发展的各种颠簸动荡中,我看到的吴先生在科学研究、学术攀登的道路上,他这种努力肯干,奋勇向前的精神面貌始终没有变过。

吴先生在《我的音路历程》中说:1940年后,因时局的影响,家庭的拖累,自己脱离了史语所,从此改行,转徙各地。在学路上当了"逃兵",成了"失路者"。而15年后,把他召回"归路"的,仍是当年帮他"择路"的恩师,时任社科院语言所首任所长的罗常培先生。

对吴先生来说,他在史语所工作研究时的导师是李方桂先生,但是把他引入实验语音学领域的启蒙老师却是罗常培先生。当年求学时,他在听罗先生讲授"中国音韵沿革"一课时(讲义1949年北大文科研究所语音乐律实验室出版时,书名改为《汉语音韵学导论》),罗先生有一段话使他如醍醐灌顶:

"辨章声韵,审音为先。前人操术弗精,工具不备,或蔽于成见,或囿于方音,每致考古功多,审音功浅。自近代语音学兴,而后分析音素,可用音标以济汉字之穷;解决积疑,可资实验以补听官之缺,据凡声韵现象,皆可以据物理生理讲明,庶几实事求是,信而有征矣。"

这一段话一定给吴宗济先生留下了极其深刻的印象,以致后来吴先生在自己的论文和专著,直至晚年自传体的《我的音路历程》的卷末,也屡屡引用。确实,罗常培先生在20世纪30年代讲授声韵学时就能发表这样振聋发聩的意见,至今读来,也可令人肃然起敬。而在当时对吴先生起了引路的作用也断然是确凿无疑的。但是,我们可以看到吴宗济先生在应罗先生之召回归语言所之初,也不是就此一头扎进了语音实验研究工作中去。他在当时的三大语文任务中,特别是"推普"工作中担负了许多任务,在北京和外地举办的"普通话语音训练班"中,编写教材,培训师资,讲授语音学知识以及方言和普通话的语音对应关系,等等。当时,在我们初出茅庐的年轻人的眼里,吴宗济先生是十分能干积极的。

前面说过,中国的实验语音学开创者当然是1920年由北大选派赴欧留学,在法国巴黎大学专攻实验语音学的刘半农先生。他回国后,在北大建立了全国最早的语音乐律实验室(1925年)。因为是处于起步阶段,刘先生在研制、改进语音实验仪器方面倾注了很多的精力。如重新设计研制出重量轻、易携带、造价低的"乙二声调推断尺",灵敏度高的"刘氏音鼓乙种",等等。这些简便实用的仪器,在汉语方言和少数民族语言调查中,都发挥了重要的辅助作用。此外,在中国乐律方面刘半农先生也有重要贡献。但是,对普通话(国语)音节结构中声调之外的两个基本要素——元音和辅音的生理、声学特性的研究,却是在50年代后期社科院语音研究室开始的。吴宗济先生在参与当时"推普"工作的同时,把从捷克、瑞典和丹麦等国外带回来的资料、实物及复制胶片等投入使用,展开了语音实验研究工作。1963年就与周殿福先生合作获得了在中国语音实验研究中开创性的学术成果,出版了《普通话发音图谱》(商务印书馆出版)。书中用腭位照相、X光照相和口型照相,显示了普通话全部辅音和元音发音时的唇形和舌位,并据此对辅音的发音部位,元音的唇形舌位做出了精确的定性描写,用国际音标加以标定。这本图谱为普通话最基本的语音单位——元音和辅音所做的发音生理方面的定性定位研究,提供了前所未有的口外、口内和正面、侧面最为完整的立体图形。为当时的全国"推普"工作和高校的语音教学提供了翔实的"信而有征"的客观资料。这样的发音图谱,当时在国际语音学界也是不多见的,今天已经成为非常宝贵的历史资料了。

如果不是此后十年动荡的阻隔,我相信吴先生对普通话元音辅音声学特性全面深入的研究一定会紧接着开展的。因为1964年他在《声学学报》(第1期)发表的一篇论文:《普通话元音和辅音的频谱分析及共振峰的测算》已经预示了语音实验研究的这一发展方向。吴宗济先生丰硕的学术成果绝大部分都是在"文革"结束后三十多年中积累起来的。

桃李满天下:高校文科语音实验研究的引路人,学术梯队的培养者

七十年代后期,学界万马齐喑局面结束,进入了万马奔腾的时期。吴宗济先生体内蕴涵的语音实验研究的潜能开始喷发出来。他除了对普通话的元音和辅音,字调和语调,以及普通话单音节做了全面系统的声学研究以外,还在为实验语音学与传统语音学的结合以及高校文科语音实验研究的发展及其人才的培养这两方面做出了卓越的贡献。

早在1979年他就以语言所语音研究室的名义发表了《实验语音学知识讲话》,通俗系统地介绍了当时在高校文科还很陌生的语言实验研究的基础知识。之后,又以《实验语音学和语言学》一文介绍了这两者之间的关系,打开了从事传统语音学研究者的眼界,促进了高校文科有关普通话的语音教学和语音研究。兹略举数例,以资证明。

在60年代前后编纂的现代汉语教科书中,对语音四要素中音

色的不同几乎都是从发音器官形状的不同或音波波纹的不同去解释的。这两种说法当然都不能说是错误的,但的确是把问题简单化了,实际上并没有真正地解决问题,也没有解释清楚音色的本质属性。因为人耳听辨不同音色的语音并不直接根据发音器官形状的变化,而是根据语音自身声学特征的不同。上面第一种解释恰恰把发音和听觉之间的声学联系跳过去了;第二种解释又回答不了何以事实上波形不同,音色不一定改变,而波形看起来极为相似,听觉上音色却可能相去甚远,甚至截然不同。但是,实验语音学为许多文科师生揭示了音色不同的奥秘,原来这是由音色各自的共振频率特性,基频以上的三个共振峰模式决定的。发音、声学特性与音色之间的关系应该表述为:声腔形状决定→语音共振峰频率特征表征→不同的音色。像这一类疑难问题,传统语音学在自身的范围内是解决不了的。

传统语音学历来根据发音部位和发音方法来确定辅音的音值,而实验语音学根据元音共振峰起始部分的走向却发现,辅音发音部位的声学特性,有一大部分其实是寄托在元音身上的。元音共振峰起始部分的过渡音征,是辅元结合时,听辨不同辅音不可缺少的声学特征。这一现在看来是十分普通的基本知识,当时却为我解决了一个在语音教学中多年来一直受到困惑,无法回答学生提出质疑的问题。辅音中的塞音是除阻时爆发成音的,而汉语中处于音节末尾的辅音,包括鼻辅音,都是只有持阻没有除阻,塞而不发的唯闭音,那听觉上又是如何分辨的?例如,粤语中的"湿"[sap]、"失"[sat]、"塞"[sak],其中的塞辅音都是不破裂成音的,为什么说粤方言的人却分辨得一清二楚?实验语音学用过渡音征给出了令人信服的回答。

此外,各种语言中极为常见的塞擦音,只有一个发音过程,音响上也浑然一体,究竟是一个单纯的辅音,还是一个数音连发的复辅音?语音教学中也常受到质疑,当时学界的意见也不一致。但实验语音学却用可见的图谱,清楚地显示塞擦音是由代表塞音爆破的冲直条和代表擦音摩擦成音的乱纹前后紧密相连组成的,确实是两种语音成分的结合。还有作为汉语字音必不可缺少的声调,上声的调形究竟是一个曲折型的降升调,还是呈马鞍形的降平升三折调?实验语音学也给出了不容置疑的回答。诸如此类的疑难问题,实验语音学由于有了可以分别显示音高、音强、音长、音色的语图仪,以及其他各种精密仪器,分别加以研究,甚至可以发现凭口耳无法察觉的瞬息之间的无声段,这种无声段有时也是识别语音的一种信息。这正如罗常培先生早在30年代所说的:实验可补听官之缺,用以解决积疑,庶几实事求是,信而有征矣。当时,受益于吴先生的教诲,后来我也写了一篇《实验语音学和传统语音学》的文章,响应吴先生的召唤,指出时至今日传统语音学若不结合语音实验研究,吸收实验语音学的研究成果,那么自身就没有多大的发展余地了。我们应该努力把这两方面紧密结合起来。今天,我们可以看到,吴先生当时的召唤,早已经实现了,现在高校文科从事语音教学和语音研究的已经鲜有不结合语音实验者矣。

身为社科院研究员的吴宗济先生,在高校文科实验语音学研究人才的培养方面也献出了很大的心血,厥功甚伟。而这一段历程又与他帮助北大重建语音实验室密切有关,为纪念吴宗济先生,作为当事人之一的我必须把它写出来，否则于心有愧。当时（1979年）林焘先生受到国际上实验语音学发展潮流的激励，跟我们商议决定重建刘半农先生在北大创建的中国最早的"语音乐律实验室"。20世纪20年代后期和30年代前期，这一实验室与后来赵元任先生在南京建立的，吴宗济先生曾经在那里工作过的史语所语音实验室，一南一北，为中国语音学开辟了通向现代化的道路，为汉语和汉语方言，以及少数民族的语言研究做出了许多贡献。但是在八年抗日战争，三年内战时期，两个实验室的研究工作被迫完全陷于停顿。新中国成立，1952年全国高校院系调整时，北大的语音实验室及其大部分设备仪器，连同标示名称的那块匾牌都划归了社科院语言研究所。中文系后来因教学需要又建立了一个设备极为简陋而且没有正式名称的实验室，"文革"期间却又因为无人管理，实验室的仪器大部分损毁，一台钢丝录音机甚至都被拆空。因此要把原来旧设备简陋，徒有虚名的实验室，重建为可以从事教学和科研的语音实验室，无异于筚路蓝缕，白手起家。

北大要重建语音实验室并用于教学和科研，必须做两方面的工作：一是仪器设备的购置，二是专业人才的培养。这两方面我们都得到了社科院语言所吴先生领导的语音研究室的大力帮助。在林茂灿、鲍怀翘还有中科院声学所张家騄、齐士钤、吕士楠等诸位先生热忱的支持帮助下，我们终于建立了当时高校文科第一个比较现代化的语音实验室。那台现在已经淘汰，但当时却是十分精密宝贵从美国进口的凯式语图仪，曾经吸引了许多高校文科中文系派教师来观摩学习。而我们也是从吴先生委派的颜景助先生那里学会了如何操作使用的。

在语音实验研究专业人才的培养方面,吴先生更是倾注全力亲自出马,担当起了这一事关千秋大业的重要任务。其时,吴先生已是古稀之年,可是他接受了北大兼职教授的聘请,每周一次来北大讲授实验语音学的课程,接连两个学期,为期一年。当时,还处于票证时代,特别是"浩劫"之后,物资匮乏、物质条件极差。连"面的"这一类简陋的出租车也还没有在京城出现,而堂堂北京大学的车库用车也极为困难,无法答应我们派车去接的要求。吴先生是这一时期的过来人当然十分理解我们的无能为力。他绝口不提任何要求,自己在讲课的前一天,从远在建国门外的永安里,骑两三个小时的自行车,先在与北大毗邻的清华大学他女儿家住下。这样,就可以保证第二天准时来北大授课,在我的记忆中他从没有过迟到缺课的记录,讲完课后他又直接骑车,回到建国门语言所继续工作。在吴先生写的《我的音路历程》,这一段经历他只是简单地提了一下来北大兼课的事,但对其中路途的艰辛颠簸,费时费力,却只字未提。而对我来说,让年已七十高龄的吴先生,每周往返几十里骑车来授课,于心不忍,却又无能为力。从此总是在心中留下了深深的愧疚。今天如不在悼念吴先生的纪念文集中写出来,内心的愧疚一定会变成对我良心永远的谴责。

当年吴先生在北大授课时,除了中文系自己的硕士生、博士生和青年教师外,还有校内外许多闻名而来听课的。当时,北大的沈炯、贺宁基、冯隆、王晶、金茂兵、高明明、王韫佳、焦瑛等,以及本系高年级的一些学生;人大的石锋、廖荣蓉等研究生,北师大的周同春等,都是班上听课的学生,再加上校内以及校外远道而来的旁听生,足有四五十人,济济一堂,人满为患。此后,我们又请到声学所语声组张家骅先生来授课;再加上此前北大又请来了国际知名学者实验语音学专家王士元教授,举办暑期实验语音学讲座,向国内许多高校发了邀请函,来听课的也有来自福建的。在这些专业人才培养工作中我们都得到了吴先生的鼎力相助。这些改革开放后成长起来的第一代专业人才,大部分都直接或间接受过吴先生的教益,此后大部分都在各自的教学、科研单位做出了贡献,并成为学术骨干、学术领军人物。转眼之间三十年过去了,如今他们培养的第二代语音实验研究人才也已经活跃在这一学术领域,把语音实验研究的学术成就推向更高的水平。饮水勿忘挖井人,追根溯源,70年代后期,语音实验研究这一学科得以在高校文科中建立并得到发展,其学术队伍能够很快成长壮大,并且使文理两科从事语音研究人才互相联结在一起等诸多方面,吴先生都在无形中起了极其重要的作用。吴先生待人处世,不张扬、不揽功,但他的事业功绩将永远留在我们的心头,并且载入史册,永存世间。

老骥伏枥　皓首耕耘:结出累累硕果　犹有远见卓识

实验语音学在国内70年代末开始崛起,方兴未艾之初,吴宗济先生和他所率领的社科院语音研究室团队,凭借可以对语音组成成分进行分层分析的动态声谱仪,紧紧结合汉语普通话,从最小的语音单位——声韵调入手,展开了全面深入的基础研究,迅速取得了丰硕的成果,发表了一系列使传统语音学获益匪浅的学术论文。如《普通话单元音分类的生理解释》(鲍怀翘),《北京话复合元音的实验研究》(曹剑芬、杨顺安),《普通话辅音声学特征的几个问题》(吴宗济、曹剑芬),《北京话擦音与塞擦音的研究》(吴宗济),《北京话辅音送气/不送气的实验研究》(吴宗济),《普通话声调的声学特征和感知征兆》(林茂灿),《连读变调与轻重对立》(曹剑芬),《北京话轻声的声学性质》(林茂灿、颜景助),《北京话两字组正常重音的初步试验》(林茂灿、颜景助、孙国华),《普通话音联的声学语音学特性》(许毅),《对汉语普通话正则标音系统的探索》(陈肖霞、祖漪清、李爱军),等等。

在吴宗济先生和社科院语音研究室的引领下,80年代前期,实验语音学大大地带动和促进了传统语音学对普通话语音的教学和学术研究。吴宗济先生等在高校文科播下的语音实验研究的种子,也迅速发芽成长,开花结果。在各类期刊杂志上有关普通话语音研究的文章犹如雨后春笋,不断显现。北大、北语、北师大、人大、南开、天津师范大学、华东师范大学等许多高校的文科教师都有优秀的论文发表。如《北京话语流中的声韵调的时长》(冯隆)、《北京话二合元音中的时间因素》(贺宁基)、《北京话声调的音域和语调》(沈炯)、《北京话儿化韵的听辨实验和声学分析》(王理嘉、贺宁基)、《实验语音学、生成音系学与汉语轻声音高的研究》(王嘉龄)、《北京话的声调格局》(石锋)、《汉语普通话 r 声母的音质》(廖荣蓉、石锋)、《北京话语调的实验探索》(贺阳、劲松)、《汉日语音对比实验研究》(朱川)、《舌叶韵母》(曹文),等等。这些采用语音实验手段,面向语言学的语音研究,加深了对汉语普通话的认识,为传统语音学的语音研究和语音教学,输入了大量新鲜血液,带来了新的面貌。这和吴宗济先生引领实验语音学的发展,对高校文科从事语音实验研究人才的培养,自然是分不开的。

当时,语音实验研究的开展还给中国现代语音学的发展带来一个新的变化。70年代前,中科院的声学研究所和心理研究所的语声研究,社科院语言研究所的语音研究,以及高校文科的语音研究,基本上是处于互不联系,各自为政的局面。但80年代起,作为综合学科的实验语音学却把这几方面的学术研究和学术队伍连接起来了,之所以能连接起来就是因为虽然各自的研究目标并不相同,但研究对象和研究手段(采用仪器)有相通的一面。这从当时声学所和心理所发表的许多论文中就可以看出来。如《汉语口语的语音学和语言学特征》(张家騄)、《超音段特征间的相互作用》(张家騄)、《汉语语音感知特征的群集分析》(张家騄、齐士钤、吕士楠)、《汉语辅音知觉混淆的多维分析》(吕士楠)、《元音和声调知觉》/《辅音特征和声调识别中的耳优势》/《关于词对音位知觉的影响的性质》(杨玉芳),等等。语音研究文理结合,横向联系的局面,大大地拓展了语言学、语音学的研究视野,从而获得了许多新的研究成果。吴先生推动了实验语音学在中国的发展,而实验语音学的发展又进一步促进了多方面的学科对中国语言的多维研究,并由研究走向应用。

90年代后期,随着国际语言语音研究的发展,中国国内的语音研究也同样由单纯的语音声学、生理和感知的实验研究走向言语工程学。研究内容由声韵调、音节、单词、复词而进到短语、整句,乃至成段的语篇;研究的性质也由音质、调高、调型、轻重音等,进入到各种语音单位的协同发音,整段成篇的语句韵律特征、韵律变量的探索,等等;而研究的目标也集中到合成、识别、文语转换等工程技术方面,其中语音变量的处理,合成自然度和识别准确度的提高,尤属重点。这一时期吴宗济先生紧跟学科发展的潮流,把科研工作转向技术应用,发表了许多论文。如《为改进合成普通话口语自然度所需韵律特征规则的设计》、《面向汉语口语文-语合成的"韵律标记文本"设计方案》、《普通话语音合成中协同发音变量的规正处理》、《试论普通话中韵律规则与其他学科中韵律规则的共性》、《普通话语音合成中有关自然度的韵律变量问题》,等等。从这些论文中,我们看到已是年过八旬迈向九五高龄的吴先生,在声学语音学的语音研究转向言语处理工程技术的道路上,他不仅仍然在奋勇迈进,而且还是一个开路先锋,甚至开创了汉语篇章的探索,剖析了汉语篇章的特点。他不仅是中国语音学的奠基人,而且还拓展了中国语音学研究与国际接轨的先河。

吴宗济先生在《我的音路历程》的卷末,曾有诗抒怀:
"未作'吾衰'叹,宁甘'伏枥'养;退居无三径,笔耕有沃壤。"

他老骥伏枥,皓首耕耘,结出累累硕果,犹有远见卓识,语重心长地指出:语音实验研究经过70年代的文理结合,近二十年又似乎趋向于文理分家了。这是因为"最近国际上在语音识别和合成方面,由于大规模语料库的建成,统计方法和建库学问的进展,成果的准确度和自然度越来越高,言语工程方面似乎已不太需要语音学的知识来帮忙了。这在科技发展的规律上是可喜的,也是必然的"。不过,"话虽如此,但语言音变的规律不是那样简单的,还有不少问题有待开发;何况语库的容量越大,就越需要语言学和语音学的新知识来设计、来管理;高等院校中的文科还是很需要在这方面多作课程的安排和人才的培养的。"

读了吴宗济先生这一段话，我心中顿时涌起一股难以抑制的激动，不禁眼热心酸，几乎潸然泪下。早在70年代，他就在《实验语音学知识讲话》、《实验语音学和语言学》等文章中屡屡谈到语音实验的设计、数据的分析都离不开语音学和语言学的知识。如果缺乏足够的这两方面的知识，即使有了先进的精密的仪器，也往往很难取得令人满意的成果。现在，三十年过去了，吴先生在已近百岁高龄之时，仍在《中国音韵学和语音学在汉语言语合成中的应用》、《我的音路历程》中，恳切真诚地提醒我们：实验语音学的发展，语音的实验研究始终是与语言学和语音学密切相关的；高校文科要继续注意新一代的语音实验研究人才的培养。吴先生一生始终关注着实验语音学学术事业的发展，学术人才的培养。他的谆谆嘱咐，值得学界永远铭记在心。

在《我的音路历程》的结束语中，吴先生还用屈原在《离骚》中的话："路漫漫其修远兮，吾将上下而求索"来勉励自己，表示语音研究的学术之路是漫长而遥远的，他虽然不能留住"羲和的太阳之车"，已是年近百岁的暮年之人，却仍然不愿辍笔，"但能耕一尺一寸就有一尺一寸的收获，还是值得不断地去上下探索的"。吴先生一生殚精竭虑，把毕生心血都倾注于语音实验研究的学术事业，真是已经到了"春蚕到死丝方尽"的境界。

吴先生在社科院举办的为他庆贺百年华诞的盛会上，虽然已经重病在身，但仍然谈笑风生，富有活力。去年（2009年）在社科院召开的纪念他的恩师，我的太老师罗常培先生诞辰110周年的大会上，我见到的吴先生也仍然是健康、开朗、安详而又乐观的。之后，我一直没有机会再见到他，所以吴先生在我心中留下的音容笑貌将永远是十分美好的。

愿先生在宁静的天国安详地俯视大地,欣赏实验语音学在言语工程的开发创建中,在 21 世纪学术精英的努力耕耘下,开出灿烂的奇葩,结出丰硕的成果,以此告慰先生的在天之灵。

(2010 年 12 月岁末,于北京大学智学苑,时年即将八旬)

音路漫漫,难忘领路人

吕士楠

去年开完第九届现代语音学学术会议,回京的路上曹剑芬带引吴洁敏、朱维彬等我们几个到海军医院看望了病榻上的吴先生。每次见到吴先生,他总是精神焕发,神采奕奕,饶有兴趣地给我们讲他最近的研究心得。一位百岁老人,仍有如此旺盛的精力,让人敬佩不已,他说讨论语音学能使人长寿,我们也乐在其中。吴先生生活在大革命、大变动时期,一生坎坷,但他从语音学找到乐趣,在漫漫的音路上遨游,成绩斐然,桃李满天下。这次虽然不能像以前那样讲那么多,但思维依然敏捷,手握上去还是那样有力。想不到两个月后,吴先生离开了我们,良师长辞情未了,吴先生永远活在我们心中,指引我们在漫漫的音路上探索、寻觅语音的真谛。

吴先生致力于语音学研究,但对语音工程技术十分关心。我从阅读他的著作和聆听他的讲演中受益良多。吴先生在论文中说:"对于汉语,汉字的声调和由字组成的词或词组中的连读变调是汉语语调的基本单元,即使在语句中也不会有太大变化。给出基本单元的基本模式和变调规律,写出简明的规则,就可以达到构建语句基本语调的目标。"这种独辟蹊径的语调观和汉语合成语调控制方案,确实是为解决汉语合成语音中的自然度问题提供了基础,在初敏和我研制的语音合成系统中达到了立竿见影的效果。吴先生的语调研究是一步一个脚印,他在不同时期,给出了双音节词、三音节词、四音节词,到多音节词的不同声调组合的音高、音长变化的规律。这些工作都是在实验语音学测量手段还不完备的条件下完成的。敬佩吴先生的事必躬亲,刻苦耐劳的精神。同时对吴先生的悟性,语音认知的天赋赞叹不已,因为他在六七十年代得到的结果,是与现在可以用基于大规模语料库的语音参数测量和统计方法重复的。孔江平和我,以及邓丹、石锋和我在词调上的一些研究,都是在吴先生的基础上完成的。

前年我带几位捷通华声语音技术公司的年轻工程师和技术员去拜访吴先生,他正在给喷墨打印机灌墨水。毕竟是年近百岁的老人了,手脚不是十分灵便,年轻人要帮他,他不许,最后还是自己把打印机拾掇好了。打印机边上放了一寸多厚的语图和音高图,这是他为语言所老年基金课题准备的结题报告的一部分。忙完打印机,他对照语图和音高图,侃侃而谈他在这个基金研究中的体会,告诉我们除词调以外,语调控制中的要领。两个小时热烈的讨论在不知不觉中度过,吴先生高兴,我们满载而归。在公司,经常听到员工抱怨语音分析太麻烦,弄得眼花耳聋。这次见到了吴先生,他们再也不说什么了。后来吴先生给我寄来了他的结题报告,沉甸甸的,凝聚着老人的心血,充满着对年轻人的期望。这册结题报告是我家里最珍贵的文献资料,陈列在书柜里,是一盏音路上的指路明灯。

但将万绿看人间*
——深切缅怀吴宗济先生

石 锋

2010年7月30日,我在美国明德大学讲学。打开电脑邮箱,屏幕显示出:敬爱的吴宗济先生永远地离开了我们!我顿时大脑一片空白。以至随后给美国的研究生讲语言理论课的时候竟然不知所云……

很长一段时间里,吴先生那熟悉的身影和音容笑貌时时浮现在眼前,似在循循讲授,似在孜孜求索,似在侃侃述怀,似在谆谆叮咛,似在殷殷期盼。日前回到南开整理旧物时,找到吴先生的多封信件,重新捧读,无限怆然。往事历历,犹如昨日。

一、言传身教启蒙路

我的学术生涯是跟吴先生紧紧联系在一起的。三十一年前,我在人民大学读书,导师胡明扬先生亲自把我和同学廖荣蓉两人托付给吴先生,请他指导语音实验的学习。从此开启了我们的音路历程。

1979年,吴先生应北京大学林焘先生之邀为语音学研究生讲授语音课程,我们闻讯都去听讲,结果成为一个有十人左右的研究生班。当时有三门课:林焘先生讲汉语语音研究;张家骅先生讲言语声学;吴先生讲的是实验语音学。吴先生不辞辛苦,每周骑车往返几十里路,从北京东南部劲松地区的家中到位于西北部的北京大学来讲课。我们都很喜欢听吴先生的课。他讲课轻松自如,旁征博引,循循善诱,把深奥的语音学原理讲解得浅显易懂,还常常加入自己的亲身体验和最新的前沿动态,引领我们踏上语音学的学术旅程。

从秋天开学讲到严寒的冬天,每次吴先生都正点到达,准时上课。有一次,天气突然变化,北风呼啸,气温骤降,我们都为吴先生担心,希望他这次不要来了。可是就在上课之前,吴先生骑着自行车,跟往常一样准时来讲课了。要知道为了给我们上课,年已古稀的吴先生骑自行车迎着怒吼的北风,从东南到西北穿越了整个北京城!大家都深受感动,上前问候。吴先生走上讲台,打开讲义侃侃而讲,只字未提一路的艰难。当时的情景一直深深留在我的心中。这就是吴先生对待工作对待学生的认真执著,这就是身正为范的无声教导。我们从吴先生那里不仅学到如何做学问,更学到了怎样做人。

上学的时候,我们经常到吴先生家中登门求教,大约一两周去拜访一次。吴先生平易亲和,对我们十分热情。我们两个初学者提出的那些幼稚无知的问题,他都会一一给予耐心详细的解答,帮助我们解决了一个又一个学习中的疑难。我们就这样成了吴先生家中的常客。最后我们都分别顺利地完成了苏州方言的声调和塞音声母的实验分析工作,写出了毕业论文。我们从乍入语音学之门到能初步进行实验研究,这其中凝结着多少先生的心血!

二、亦师亦友忝忘年

吴先生在《语音丛稿》序言中写道,我们"谊属师友",这其中蕴涵着无数温馨美好的回忆。

毕业之后,我回到天津当了老师,到北京时常常会去看望吴先生,一年至少总要有五六次。其间还有几次我亲身经历的学术活动,值得记录下来。

1984年黄伯荣先生在庐山举办现代汉语讲习班,邀吴先生讲学。我也去参加了,还受命照顾吴先生,一直护送回京。(图1) 1986年,南开大学跟语言所合办首届全国语音学讲习班,吴先生来南开讲学,当时听讲者近两百人,堪称一时之盛。后又屡赴南开讲学。(图2—图4)1991年在法国参加第十二届国际语音学大会,吴先生不仅用精彩的发言与各国学者交流,还在联欢会上跟外国友人一起跳舞。我拍下了珍贵的照片。后来吴先生在会议报告里讲中国参会的五人,提到我的名字。(图5,图6)

我到北京去看望吴先生,一般是先打好电话,早上到北京,上午去办事,下午就去吴先生家中。先生以语音为己任;以语音为乐趣,讲他最近的研究进展、读书体会、交流信息。常常是跟我讲过的内容不久以后就写成文章发表出来。如:塞音清浊的三种定义、塞擦音的共时发音、连调的跳板规则等。我很高兴能先"闻"为快。坐在他的书房里听他兴致盎然地侃侃讲述,艰深繁难的学术研究变得那么情趣盎然、引人入胜。我每次去看吴先生都是这样至少几个小时的学术升华,精神充电。

跟先生在一起总是有说不完的话题:日僧空海①、嵇琴阮啸、怀素狂草、写意山水,以至雷琴演奏②、含灯鼓词③。有时候谈到很晚,我们就共进晚餐。先生总会摆上精致的餐具,取出珍藏的红酒。饭后再接着讲,一直到深夜。我就睡在他的书房。我习惯晚上十二点一定睡觉,而先生通常凌晨三四点才睡。由于我占据书房,他转到卧室继续看书。第二天,再跟先生共进早餐。先生家的早餐很有特点。他教小保姆做西式煎蛋,只煎一面。先生告诉我,他当年在考入清华之前,先到南开去念了一年的预科。这样算来,我还可以跟先生攀上校友。

有一年春天,我去日本讲学前到先生家告别,恰逢他的生日。正巧我带有一台新买的日本相机,便送给先生祝寿。先生当时十分高兴,说:"以前什么样的相机都玩过,对这些新东西倒落伍了。"跟我讲起他的照相经历:他从小喜好摄影,上学时参加摄影社团,技艺超人,誉满校园。我知道1957年先生访欧时,曾把大量的珍贵文献资料一页一页地拍照复制,带回国再一张一张地放大冲洗出来,装订成册。我在语言所资料室里查阅过的,清晰整齐,在当时条件下,已臻极致。

先生曾从朱自清先生学诗,从俞平伯先生学词,入室亲炙,深有功底。写诗填词,挥洒自如。遣词用典,极富文采。有《咏语图仪》诗,把语音仪器写得妙趣横生,饶有兴味。末尾"语言今可见,不待听斯聪"两句,我还在讲课和文章里多次引用过。(图7)

先生酷爱猫头鹰,嗜好收藏。我曾先后从国外给先生带来三个：贝壳的、玉石的、水晶的。他为猫头鹰正名的诗《癣鹏行》，以鸟自况，寓意深远。内有"人弃我偏取；群趋我莫逐。风物放眼量，百年亦云忽。"并录"人同天地春；室有山林乐"入诗。正是：诗言其志，文如其人。

先生善作诗，也喜读诗，对放翁《示友》④情有独钟。先生爱其豪气磅礴，生机盎然，多次引用。我见到三处：一是 1988 年自述治学之道的《知从实处来》篇首全引为通篇之纲以自励；二是 1993 年《语音丛稿》序末全引与我们后辈共勉；三是 1999 年《赵元任语言学论文集》序中引"凌空一鹗上，赴海百川东"二句，颂赵先生之博大精深。

三、遍采百花成一家

吴宗济先生是中国语言学的百年宗师。他是中国现代语言学自始至终的参与者，也是中国现代语言学历史最权威的见证人。

"国宝"、"大师"、"语言学泰斗"，这些称号对于吴先生是名副其实、恰如其分的，然而吴先生对于这些虚名却毫无兴趣。他数十年如一日地埋头苦干，辛勤耕耘，在新中国的土地上重新奠基并发展了一个新的学科——语音学，这对于中国语言学至关存废兴衰的重大意义，将会随着时间的流逝而日益彰显在世人面前。

吴先生早年师从罗常培、王力先生，跟随赵元任、李方桂先生，得到四位中国语言学巨匠亲炙，后来成就中国语音学承前启后、继往开来之功，绝非偶然。

吴先生兴趣广泛，喜欢唱歌，爱好摄影。中学就加入摄影社团,在大学参加军乐团和管弦乐队。他在清华大学先是在工程系,后转化学系,最后到中文系。兼有文、理、工的基础。文包括语言和文学,文学又兼修中国文学和西洋文学。吴先生具备了语言学相关学科的全面知识。

当时的清华大学名师如林。有梁启超、王国维、陈寅恪、赵元任、刘半农、杨树达、刘盼遂、闻一多诸先生先后执教。吴先生跟罗常培、王力先生学习音韵学;跟朱自清、俞平伯先生学习古诗词;选吴宓先生西洋文学史;听闻一多先生先秦文学;与刘半农先生请教摄影等。可谓得天独厚。

吴先生从小既学古文又学英文,功底深厚。考入中央研究院之后,"汉语语言学之父"赵元任先生就把实验室的仪器全部交给吴先生,锻炼了他语音实验的能力。后随赵先生调查湖南方言,又跟"非汉语语言学之父"李方桂先生调查壮语,直接得到语言学田野调查的严格训练。参加整理湖南方言和湖北方言调查报告,是中国汉语方言的开创之作。前面的得天独厚加上后面的田野锤炼,真正是:天地灵气钟于一身。吴先生自己也称"非常幸运"。

吴先生个人的历程反映了中国语言学的历程。他的一生是中国语言学艰难起步的真实写照。吴先生代表了中国语言学曲折发展的一个时代。

1956年,时任中国科学院语言研究所所长的罗常培先生专函从上海调吴先生到所委以重任,重建中国语音学。罗先生当年给赵元任先生的信中就曾问到吴先生工作情况如何,赵回信非常满意。罗先生慧眼识人,其实早有所瞩。吴先生不负重托。奉派遍访捷克、丹麦、瑞典、前东德和前苏联五国,有国外同行学者帮助,得到先进的语音实验技术以及很多珍贵文献和技术资料。此行犹如唐僧取经西天,意义深远。

回国后,先生立即筹划研制和购置仪器以及研究规划的安排。如制作音高显示器测试汉语声调;设计腭位照相仪研究汉语元音和辅音。并由邮电研究院试制语图仪。(后来我和同学廖荣蓉就是用这台语图仪工作三个月,完成了我们的毕业实验。留下又一段师生缘。)吴先生费尽心血,组织力量先后完成《普通话发音图谱》(1963)、《汉语普通话单音节语图册》(1986)和《实验语音学概要》(1989)。为中国已成空白的语音研究奠定了发展的基础,使赵、罗等前辈开启的事业重新起航。

吴先生在学术上可谓自成一派——实验派。他继承了赵元任先生的事业,同时在实验探索中又有发展和创新。吴先生的学术贡献可以概述为以下几个方面:

首先,吴先生对于汉语普通话的声母和韵母在生理、物理方面的基本特性做实验考察,对声母韵母之间的协同发音也做了深入的探讨。奠定汉语语音研究的基础,追上国际学术发展的步伐。

其次,吴先生分析普通话的声调变化,从两字组、三字组到四字组。连读变调的研究是为研究语调打基础。他把连读组的调型作为语调单元,是汉语语调理论的创新。在语调单元的变化规则中,吴先生多有新的发现。

同时,吴先生的研究从"人际"语音学开拓到"人—机"语音学。亲身实践,引领潮流,与中国科技大学、清华大学等机构合作,把语音研究跟语言工程结合在一起,为提高语音合成自然度做出重要贡献,令人瞩目。

另外,吴先生通古博今,用现代科学手段刷新对传统音韵学的阐述和理解。还积极探索从文学与艺术等其他学科的韵律规则跟普通话韵律之间的共性,提出书话同源。

吴先生历尽劫难,始终如一。在生活中,在思想上,时时把握学术的方向,将与语音联系的各领域的内容挖掘出来,使中国语音学从无到有,再次起飞,方兴未艾。

"赚得彩鸾心醉,身付与,寝馈难休。"⑤吴先生曾用"凌空一鹗上,赴海百川东"来评赞赵元任先生,这诗句同样也是吴先生自己的追求和写照。

四、尊师爱业赤子心

吴先生淡泊名利,尊师爱业。这是我从他的言传身教中得益最深的。他的尊师,正如他说赵先生的"予欲无言"⑥;他的爱业,岂止一句"事业心"所能涵盖。

吴先生讲:"惠我至厚,影响至深"的有罗常培先生和赵元任先生。罗先生清华启蒙,屡召归队,拔人于"亡羊歧路"⑦之中。赵先生招考取录,亲聆指教,相马于"牝牡骊黄"⑧之外。吴先生一生有两个三分之二:其一是先生的全部论文有三分之二是在八十岁以后完成并发表出来的。这可以说是先生不负罗师当年三顾召归所付厚望,用一生孜孜不倦的努力,实现了先生重托。我没有听到先生讲过一句回报罗先生的言语,却看到他奉"解决积疑,可资实验以补听官之缺"(罗先生语)为座右铭,为书房取名"补听缺斋"。爱业即爱国,先生以身许国,最后一篇文章写于2010年春节,住院前不久。

其二是先生的全部论文中有三分之二是研究汉语韵律和语调问题的。这可以说是先生师承赵先生的学术思想,继续发扬光大。主编赵先生的文集,先生亲自审定全部稿件,细致认真负责,还把几篇国际音标的论文转译为英文,并写了序言。赵先生的评传都是吴先生亲自作序。只要是老师的事情,吴先生都是全力以赴,忘我投入。最后一篇文章就是为最新一部赵元任评传写的序言。其中还提到随赵先生出游,那种"浴乎沂,风乎舞雩,咏而归"⑨的感受。对于恩师如沐春风,拳拳之心,跃然纸上。

有一次吴先生来南开讲学,我在家里设便宴欢迎。席间有人问吴先生,您这么高寿,身体这么好,有什么养生秘诀啊?吴先生称自己"无心无肺,顺其自然"。一语道出情无限。先生在"文革"中不失生活的勇气,劫难里坚守事业的信念。看似瘦弱的身体中,有着无比强大的精神。先生的人生中折射了国家的足迹,代表了时代的历程,发人深省,给我启迪。

先生 85 岁开始让孙子教他学习电脑,上网、画图、写文章、发邮件,样样都会,常常两台电脑同时操作。"荧屏敲字省蝇头"⑩。在科学研究中,先生从不畏惧攀登高峰,跨越难关;一向爱好学习新的事物,打开新的领域。

1998 年春天,先生于望九之年写诗:"覆瓿文章,雕虫学问;堕甑事业,伏骥心情。"⑪前三句是自谦,也是先生永无止境的一贯精神。最后一句抒发先生志在千里的报国豪情。他把 95 岁当成 59 岁。到百岁寿辰时,还是风采依然。

"吴先生一生对语音学研究始终有着一种执著追求的精神,

因此才能够乐此不疲,乐而忘老。"(林焘语)

五、笔谈抒怀添情趣

2006年第七届全国语音会在北京大学召开。吴先生已经九十七岁,仍然兴致勃勃参加会议。在会场见到先生,我非常高兴,先生也对我特别亲切,他像往常见面一样有很多话要对我说。于是我们一起坐在会场的侧面,一边听各位发言人轮流报告论文,一边用笔在小纸条上写字笔谈。有的是对于发言内容的评论和阐发,有的是讲研究的经验和心得。这种边听边写的笔谈方式别有情趣,先生越写越高兴,到散会时已积有很多字条。先生随手要丢进废纸篓,我赶忙请求留给我回去再好好琢磨理解。先生答应了。如今我手捧这些字条,好像又回到当年的会场,又坐在先生身旁,不禁热泪盈眶。

以下就是10月21日吴先生笔谈时所写字条的内容。(图8)每个Δ表示是一张字条。全部内容可以分为四个方面,四个标题是我所拟。因我当时写的字条已经丢弃,方括号中是我加的注释说明。

(1)理念与方法问题

Δ 杨振宁:现代物理的基本目标就是追究"为什么"?为什么会有这许多的变量?必有原因。我的目标就是问原因。"事出有因"。(图8)

[语言学的发展是:规定性-描写性-解释性。解释性是现代科学的共同追求。]

△ 人类一生只做两件事：归纳与演绎。对别人的意见先演绎再归纳，最后就杀了他。（图8）

［先生写完这句，跟我相视而笑。这里的"杀"当然是指理论上的扬弃。］

△ 分析仪器越精密越害人不浅，最后是都成了疯子。牛角尖（不能钻）。

△ 牛角尖可以钻，但别钻迷糊了。不揣其本，而齐其末。方寸之木，可使高于岑楼。（孟子）

［先生曾多次告诫：盲目孤立地钻语音，会搞出精神病。离经叛道，自以为独出心裁。他就遇到过几个。我后来也遇到了几个。因此一定要有正确的理论。］

△ 数据库可以具备微观与宏观两种规格的符号。学术研究要微观，工程上不必太细。因为单音节的数据已够了。

△ 我有一段时间是专为合成方面找省劲的门道，而不是搞烦琐。

［文武之道，一张一弛。既要钻得进去，又要跳得出来。先生曾多次讲过：尽信书不如无书；尽信实验不如不实验。道出此中真谛。］

（2）声调和轻重音

△ 我的结论是：1. 语音要加重，调值必升高。2. 调值升高，语音不一定重。

△ 将来如有时间，似可用专文来谈这个问题。

［音高跟音强之间是一种非可逆的关系。说话如此，唱歌则不然。先生的研究计划理应由我们来完成。］

△ 他们文章说：听觉上的调差用于工程合成不合适？当然，工程上给的公式是线性频率坐标，当然不会相等。如改为半音，就不会有差别。

［音乐上的半音跟听觉是对应的。乐律：八度音程是十二个半音，在频率上则是增加一倍的关系。应使用公式把频率数据从赫兹单位换算为半音数据。］

△ 重音的坐标，他们用什么坐标？dB？mel？其他？

△ 我在 57 年左右做过，想法有稿，未发表。轻声的无量纲"计量"用"求积仪"数。相对关系。（图 8）

［我跟先生说：我们对于音强首先采用幅度积的办法计算振幅在时间上的乘积，然后再得出不同单位之间幅度积的比值，称为音量比。其实先生早已有稿而未发，竟跟先生不谋而合。］

(3) 介音问题

△ 在语图上介音的长度最短。

△ 试发普通话的"于"，舌位起点动作过程如何？有无过程？与 ia 的起点有无相似之处？（注意"于"的口形起始与到位，有无活动？）"于"是单元音，还是复元音？讨论焦点：起始如有 i 的过程，并不算有介音？

［发言人讲到介音分析。先生观察之细，令人钦佩。提出的问题实质是要考虑如何把握语音研究的"度"。我们是在具体的系统中研究语音。既要看到毫厘之微，又要理入系统之位。］

(4) 塞擦音和擦音

△ 语图只能表达有声（包括不带音与带音）波的过程，不能表示舌尖的动作，所以塞擦的塞不明显。塞擦与无塞的擦音明显不

同,在语图是能表现的,即,塞擦的擦,前沿一刀切。纯擦的擦,是起点高无[而之笔误]乱,然后渐正规。

△ s 散 sh 聚   定义:集中在 1k 的谱。

[发言人讲到如何区辨塞擦音和擦音。先生早年对此曾多方实验考察,写有数篇论文,颇有心得。]

△ 生理上发擦音时,如用高速 X 光照相,可看出舌尖先打到离齿龈几乎接触(但不顶死),然后迅速离开到能发出摩擦的位置。塞擦则是舌尖一塞即离到位。用电腭位图可显示。

△ 塞擦[先生画了示意图]前有 gap,擦[画了示意图](没有。)发擦音时先紧一下再到位。(图8)

[在讲用不同方法显示的二者差异。语图中塞擦前的间隙 gap 是塞音的闭塞造成,上文的"前沿一刀切"则是塞音的爆发造成。擦音自然就没有这两项表现。]

△ 一般方言清塞有送气、不送气。浊塞无送气。少数民族则有浊塞送气?

[我告诉先生,目前我国未发现有明显送气浊塞音成为单独音类的。印度有浊塞音送气和不送气的分类。我在日本时曾请印度学者录制发音留存。]

六、语调宏论勤研习

有一次给我印象极深,吴先生讲到应该写一部语法语音学,把所有语法现象从语音的角度进行描写,并且列举出从词语调群到语调韵律的各项内容。吴先生期待的目光使我深感这是对我们后辈学人的嘱托。就是从那时起,我跟一批又一批学生逐步开展了汉语语调的分析。每次到吴先生家里,话题更集中在语调问题,有了更多的共同语言。

汉语语调的难点在字调和句调如何区分。赵元任先生开创汉语语调研究,他的"代数和"等比喻,学界多有引用。当时有学者提出质疑。我也跟吴先生请教过。吴先生看过赵先生的全部论著,把他对于汉语语调的认识分为三阶段,逐步深入,趋于完善:一、早年调查吴语时,注意到字调跟语调的问题,暂时无法平均,保留记录。二、提出代数和的比喻,后又几次补充。加上橡皮带、小波加大浪等说明。三、最后把汉语语调的变化归于基调问题。发前人所未发,是给了我们一把开门的钥匙。听了吴先生的讲述,给我很大启发,赵先生的语调论述不再只是字句,而是一个动态发展的过程。我回来就根据吴先生的启示按图索骥,把赵先生的有关论述按照年代简要摘录如下。

1929《北平语调的研究》"耳朵听到的总语调是那一处地方特别的中性语调加上比较的普通一点的口气语调的代数和"。1932《英语语调(附美语变体)与汉语对应语调初探》"汉语的语调实际上是词的或固有的字调和语调本身的代数和"。1933《汉语的字调跟语调》"同时叠加的形式是:(a)↑音高水平整个提高(b)↓音高水平整个降低(c)↕音高范围扩大(d)∗音高范围缩小"。1935《国语语调》"假如你在一块拉紧了一半的橡皮上画了阴阳上去的曲线"。1959《语言问题》"字调在语调上,就仿佛小波在大浪上似的,都可以并存的"。1979《汉语口语语法》(《中国话的文法》)"汉语只是基调(key)的差别,而不是像英语那样上升或下降的曲线"。其中贯穿一致的整体思想:字调格式在语调起伏盈缩中保持稳定。

我从中体会到吴先生对老师的尊重。不是胶柱鼓瑟,弃本求末;而是探骊取珠,得其精髓。认真梳理赵先生的论述,找到了理论的核心——基调的变化。吴先生(1996)依据大量实验,并参照赵先生理论,总结出实用的方案。从实质上:字调的变化在调型(曲线);语调的变化在调阶。从功能上:字调作用在辨义;语调作用在表情。从处理上:短语变调在调型;语调变调在调域。这是真正继承和发展了赵先生对汉语语调的研究。

吴先生发展汉语语调的研究成果很多,最重要的是语调单元的思想。把连读组作为语调单元,分析二字组、三字组和四字组的声调变化规律,为语调研究奠定基础。语调单元在句子中用基调的移调方法进行处理。这是把赵先生的理论更进一步发展,这是吴先生对汉语语调研究的重大贡献。

根据吴先生嘱托,我们正在进行中的语调格局探索就是以赵先生理论为基础,吸取中外学者的成果,结合了吴先生的语调单元思想和沈炯学长的声调音域方法。吴先生的语调单元思想是语调格局探索的主要源头之一。

七、语音格局寄厚望

吴先生是最早支持我们进行语音格局研究的,可以说语音格局的探索从一开始就有吴先生站台的。

1986年我在一篇论文中提出声调的T值计算方法,同时就在酝酿和考虑语音层次的观念和声调格局的认识。我对提出声调格局的概念还没有十分的把握,就写信给吴先生征询他的意见,他很快就回信表示支持和赞许:"格"就是格式,每个声调有什么样的表现形式;"局"就是布局,各声调的分布,相互之间的关系。声调格局可以概括勾画出一种语言(或方言)的"调貌",类似于地理学中对于不同地质区使用"地貌"的意义。这样我就增强了信心,在我的博士论文中分析了一系列汉语方言和侗傣语言声调格局的共性和个性特征。我的博士生导师邢公畹先生认为是走出了一条新路。其实这多有赖吴先生在背后的有力支持。

后来在探索元音格局和辅音格局的过程中,我们也得到吴先生多次鼓励。先生曾两次当面叮嘱:"在学术上抓住一个东西不容易。现在你们已经抓住了格局。一定要紧紧抓住,不能轻易放掉。"

2006年10月在北京大学的语音学会议上,有一个晚上的沙龙由我主讲语音格局,97岁的吴先生竟亲临会场听我讲完,之后站起来做了热情洋溢的长篇讲评(录音整理稿参见《语音格局》序后)。他用生动的比喻阐述了语音格局的观念和意义,最后讲道:"我祝贺你们的成功。"这是对我们莫大的鼓舞。真是:一言之助,胜千斤之益。

《语音格局》商定在商务印书馆出版后,就想请吴先生作序。考虑到先生的年事,我们提议用2006年的讲话录音整理作为序言,但先生不同意,执意要"重新写一个"。我知道这是为了表达出这本书在先生心中的分量。在2007年春节前一日,先生将序言用电脑打出来寄给我们。这是已经98岁的老人字斟句酌、炉火纯青的力作。序言非常精练,堪称典范。首先用234个字回顾了中外语音研究的千年历程。这是言简意赅的大手笔。然后阐发语音格局的意义:人与人之间的对话,要"框架"不差,这个"框架"就称为"格局"。先生思路清晰、一语中的。进而讲到得出"框架"的不容易。肯定"此举在今日同类文献中是付出大量的劳动而有创新意义的"。最后语重心长地提出殷切希望:"作者如能在此基础上,在不久的将来为汉语语句多变的韵律梳理出'格局',更有望焉。"这本书的扉页印着:"献给吴宗济先生百年华诞 一代宗师",正是在先生百年华诞的庆祝会前出版。我在会上把书献给了先生。

为不负先生期望,我们决定集中全力研究汉语语调。我告诉吴先生这个消息,他兴奋地站起来,说:"你们这样做太好了!我要到天津去,跟你们一起干!这比给我吃什么药都灵!"考虑到先生的身体,我们没有接先生到天津,而是来到先生家中。十余位南开的师生自带板凳坐在客厅里,听先生讲了近两个小时汉语语调研究的方法。最后先生跟我们共勉:"永无止境"。(图9,图10)

原计划每月听讲一次,后来改为向他汇报我们的进展。再后来因先生的身体原因中断了。汉语语调研究是先生一直念念不忘的课题,最后他把自己完成的社科院老年课题的全部资料和今后研究的设想计划都交给我们,叮嘱我们继续做下去。

"西游愿、于今得遂,不枉探求。"[12]吴先生心中有一个梦,有一个目标,有一个愿景,等着我们去实现。这就是:汉语语调格局。我们要牢记住先生所怀"薪传南北,莫负春秋"[13];不辜负先生所盼"更有望焉"。

八、海军医院成永诀

今年春天在北京外国语大学开会时见到赵金铭先生,跟他谈起吴先生的人品学问,倍觉亲切。我告诉他这次会后就打算要去吴先生家中看望,赵先生却想起这正是周末吴先生家人团聚的日子。我因此就没有去潘家园看望,唯恐打扰吴先生和家人的天伦之乐。

我在南开正准备到美国去讲学的日子里,从鲍怀翘老师的电话中知道吴先生住院了。于是我急忙坐火车专程赶到北京海军总医院看望。经过多方奔走问询,来到先生的病房。只见先生仰卧在病榻上正在输液,一个输液瓶吊在床头。我看到吴先生双目微闭,神态安详,可是脸色憔悴,瘦弱了许多,两颊已经凹陷,我心中非常难过。

保姆认识我,趴在耳边告诉先生:"南开的石锋老师来了。"他睁开眼睛,看着我微微点头,对我轻轻讲道:"浑身很难受。没有胃口。不想吃东西。我已经活了一百多岁。够了。满足了。希望早点儿离开。"言语之间已失去了往日的神采和心情。我知道先生正在经受着巨大的身体和精神的痛苦。我忍住悲伤,告诉先生:"您已经为中国语音学贡献了全部力量,请放心好好休养。尽量多吃一些东西,当作任务来完成。"听了我的话,先生同意喝果汁了,选择了橙汁。我把吸管放进吴先生口中,他喝了几口,一会儿就停下了。我说:"您身体难受,可以听听音乐,减轻痛苦。"吴先生同意试一试。我请保姆拿出 MP3,对好音乐,把耳机给先生放好,先生就闭着眼睛,听着音乐,神情自然,慢慢睡去了。

我嘱咐保姆把我带来的西洋参熬汤给先生喝。保姆告诉我，吴先生身体一直还可以，只是最近感到肚子痛。到医院来看病时还是自己走进来的。我静静地坐在先生床边，陪了先生一个小时，临走的时候也不忍打扰，默默地不舍地离开了。

我回天津后，想到可以请医院开一些杜冷丁给吴先生减轻痛苦，就赶快打电话给鲍老师，请他帮助转告解决。

我到美国后一直担心挂念先生，希望回国再来探望。不想在7月30日接到电子邮件，得知先生已驾鹤仙逝。那次探望成为我和先生最后的永诀。

百年宗师，一代哲人。逝者如斯，生者永怀。因学先生为元任先生作颂之步，为先生颂曰：

先生之学，论音五洋；先生之业，无界无荒；
先生之教，桃李芬芳；先生之风，历久绵长！

2010年10月数次涌泪易稿于国庆假中，21日午夜改定。

注

* 见先生词《浣溪纱·乙亥岁首退居遣兴，并以答见讯养身之道诸友》：析韵调音兴未阑，生涯喜值泰平天。小窗晴暖思联翩。三万六千余几许，赤橙黄紫又青蓝，但将万绿看人间。

① 日僧空海著《文镜秘府论》，有"四声论"一文。

② 雷琴，拉弦乐器。比二胡琴杆长、琴筒大，音色柔和圆润，可拟人声说唱。

③ 一种民间曲艺形式。演员演唱时,口中含一横柄,上置圆盘有数支点燃的蜡烛。

④ 陆游《示友》:道在虚中得,文从实处工。凌空一鹗上,赴海百川东。气骨真当勉,规模不尽同。人生易衰老,君等勿匆匆!

⑤ 见先生词《凤凰台上忆吹箫·寄怀北大实验语音学讲习班结业诸君,用易安韵》:宽聚谐峰;窄分调浪,绘声仪器班头。似书家狂草,铁画银勾。赚得彩鸾心醉,身付与、寝馈难休。西游愿、于今得遂,不枉探求。归休。学成致用,喜执新问故、理实兼收。算雪泥鸿爪、图在音留。最是机前纸上,多少遍、耳目穷搜。须记取:薪传南北,莫负春秋。彩鸾:即鸾鸟,传说中的神鸟。或谓传说中的仙女。雪泥鸿爪:雪地上偶然留下的鸿雁爪印。比喻往事遗留的痕迹。也指人生际遇不定,踪迹无常。

⑥ 见《论语·阳货》:子曰:"予欲无言。"子贡曰:"子如不言,则小子何述焉?"子曰:"天何言哉?四时行焉,百物生焉,天何言哉?"

⑦ 见《列子·说符》杨子之邻人亡羊,既率其党,又请杨子之竖追之。杨子曰:"嘻!亡一羊,何追之者众?"邻人曰:"多歧路。"既反,问:"获羊乎?"曰:"亡之矣。"曰:"奚亡之?"曰:"歧路之中又有歧焉,吾不知所之,所以反也。"杨子戚然变容,不言者移时,不笑者竟日。

⑧ 牝牡骊黄:指相骏马不必拘泥于外貌及性别。牝牡,雌雄。骊,黑色。

⑨ 见《论语·先进》子曰:"何伤乎?亦各言其志也。"曰:"莫春者,春服既成,冠者五六人,童子六七人,浴乎沂,风乎舞雩,咏而归。"夫子喟然叹曰:"吾与点也!"

⑩ 见先生诗《乙亥立秋前一日闲居,偶得"电鼎、荧屏"二句,以为有新意,足成一律,不觉其为蛇足。"倒倾"、"耽坐",亦即事也》:楼高难借树阴稠,夜永行看宿梦幽。电鼎烹茶翻蟹眼;荧屏敲字省蝇头。倒倾酒瓮叩余沥;耽坐书城淡俗谋。窗外忽听过街雨,今宵簟(diàn)枕好迎秋。

⑪ 先生诗《戊寅春日自嘲》。覆瓿:喻著作毫无价值或不被人重视。亦用以表示自谦。堕甑:谓错谬已铸,后悔无益;或事已过去,不值得置意。

⑫ 同⑤

⑬ 同⑤

附记:文稿完成后不久,接到我指导的第一名研究生焦立为(目前在美国宾州大学任教)发来邮件,并附有吴先生的一封信。兹追加在此。2010年11月10日。

石老师,您好!

您发的信及附件我都看了,非常感动。我知道吴先生对您的支持以及您对吴先生的尊敬。大概2001年或2002年的时候,有一段时间我常去吴先生家,甚至还吃过三四次饭。那时候我是按您的嘱托去给吴先生安装您的软件。吴先生跟我聊了很多,包括关于您的,当然都是欣赏的态度了。

我对吴先生也非常敬仰,因此也帮吴先生买了一些书,主要是关于刘复的,例如刘半农著的中国第一本摄影专著《半农谈影》,我见到之后就马上为吴先生买了。我也送过吴先生一些猫头鹰,包括草编的、成对儿的等。当然,如果我有问题的时候,也向吴先生请教,下面就是吴先生对我一次请教的回复,是关于调声的,非常详细,很有价值。

吴先生的这封信是2007年写的,那时他已经99岁了,期颐老人为我写了长达1300多字的回信,让人难以想象!还有,都是用电脑打的,并且没有手误(肯定检查过),这是何等的精神和人格啊!

吴先生的去世真的是语音学界的巨大损失。我是通过您得知吴先生逝世的消息的,但是最终没有表示什么,因为毕竟辈分相差太悬殊了。但是我内心是很悲伤的,我一直把吴先生作为健康、向上的人格的楷模,也是语言学界的杰出代表。

现在吴先生去了,您的哀伤我能理解。请您节哀!

学生小焦上

（以下为原始邮件）

立为同学：

今日收到你寄来的画册，精美极了！真谢谢你！难为你还记得我的生日。本来这种小生日不必年年兴师动众。可是,同行们觉得我这年纪还能跟大家一起说笑活动,也是乐事。不过我是欠大家的情太多了。无以为报,好在精力还如常,只好多出点成果来报答了。

也真有这样的巧事。你的信和石锋的信同时收到。他的关于语音格局的文集将要出版,我给他写的序。他来信致谢。你们都有成就,而且青出于蓝。使我既高兴又自愧。

你对我的评价过高了。我们这一行目前已与言语工程挂钩,有了经济效益,又有新生力量的努力,研究的阵容、内容和质量已经大大超越前一代了。我自觉已是跟不上时代了。回顾我的研究过程,差不多是和上世纪的实验语音学发展的过程同步。我从上世纪三十年代起,应用的录音工具由唱片灌音、钢丝录音到磁带录音;分析仪器由渐变音高管、浪纹计、到 X 光照相、阴极示波器、到电声仪器、声级记录仪、频谱仪、语图仪、到计算机。我们分析语音的水平从传统的理论——传统的实验到现代的实验——到现代的理论。这些理论到头了吗？现在的课题已不只是满足于"语音"的实验研究,而是向"自然话语"的实验研究进军了。"行百里者半九十",今后要达成理想的成果,恐怕要再搭上一二十年。

你提出的问题非常有趣,并且非常重要。要研究下去,恐怕要牵涉到好几个学科。

所谓"调聋",要先考虑几个问题:第一、先查他是否是个"音乐盲"。他对音阶的辨别如何。是否如俗话所谓是个"五音不全"的人。第二、如果他对音乐感和唱歌都正常,而只是学他母语以外的汉语声调有问题,那也可能只是练习方面的问题。

我前些年曾在语言学院旁听过几次外国学生学普通话的课。有的德国学生读汉字的声调还不错,读两字还可以,一到三字以上,其后面的字就都成降调(母语习惯)。

还有一位中国教师在日本教汉语,一读句子声调就乱了。她来信求教。我用我的二字组、三字组的连读变调材料,让她的学生只管读多少遍,不必考虑是什么调,这样下来,果然有效。遇到调同而字不同的字,他们也会类推地去读了。还有一个例子:我以前和一个同事是邻居。他是广东人,他把三岁的男孩接来,进了幼儿园。这孩子一句普通话都不会说,但是几个月后,我听他竟说得很好;而且使我吃惊的是,他把两上连读的前上都会读成阳平调。他并不是每个字都学过,而是有了"以类相从"的本事了。

你说、这是什么缘故?这就可能带来第三个问题。如果他是没有"字调"的民族,那么,他学说汉语的声调是否就比有字调的民族学得困难?这就提出一个新问题:是否民族基因中还有一种有无"辨调功能因子"的差别?

今天正好我去同仁医院找耳鼻科的张华主任修理助听器,他很爱研究语音学知识,曾听过我的课。我把你提的问题告诉他,他很感兴趣。愿意在"调聋"患者中做实验。共同探讨此问题。将来你的文章出来,可给他研究研究。

昨日商务印书馆方面告诉我,我的文集已销罄,要再版。我立刻感到又高兴、又内疚。心想我的书 6 千册卖完,说明此书对这许多语音学者派了用场,是好事;但出版后才发现其中有一些错误,这就要影响几千个读者,这是犯罪。我只有在再版中力求改正了。

你的 E-MAIL 不知还适用否? 此信姑且发出试试。

顺祝 新春纳福

宗济 2007,3,30。

前日按你的网址发一信,被退回。今日收到你的信,始知网址改了。现再发试试。

07,04,02.

图1　在庐山现代汉语讲习班(1984)

图2　南开语音学讲习班(1986)

图3 南开现代语言学讲习班(1987)

图4 南开现代语言学讲习班(1987)

图 5　第 12 届国际语音学会议上(1991)

图 6　第 12 届国际语音学会议上(1991)

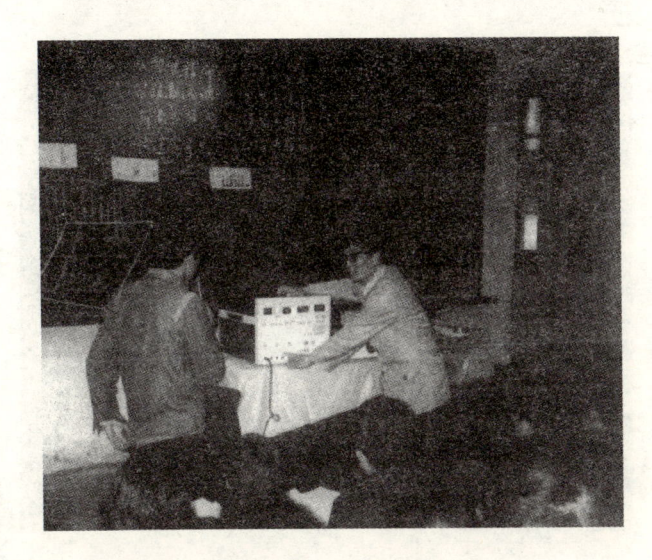

图7　南开现代语言学讲习班(1987)

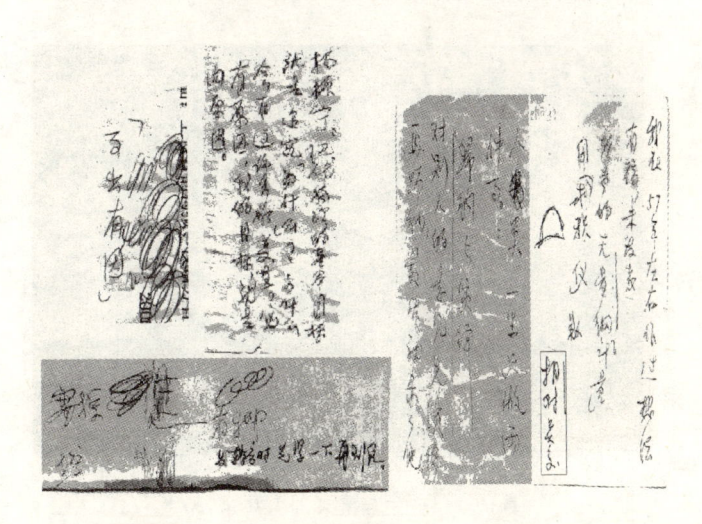

图8　第七届全国语音会上笔谈手稿(2006)

图 9　南开师生在吴先生家中(2008)

图 10　吴先生与南开师生共勉(2008)

南去镫传赖有人

朱 川

我们敬爱的导师吴宗济先生永远离开了我们,但是他留给了我们无价的财富:那就是他的奋进精神,他对事业的忠贞,他对学生的关怀和爱护。

千里拜师

有幸成为吴宗济先生的学生,要感谢我的恩师复旦大学中文系的张世禄教授。那是1978年,十年浩劫刚刚过去,百废待兴,大学恢复招生,学术活动开始复苏的春天;因为"文化大革命"推迟了职称评定,因而在上海华东师大中文系做了十七年助教的我刚刚"荣升"了讲师;也刚刚选定了语音学作为我的专业方向。有一天张世禄先生通知我,他有一位好朋友吴宗济先生应邀来母校做学术报告。他还告诉我,吴宗济先生是当时恢复研究生招生后全国唯一招收实验语音学研究生的导师。我欣喜万分,借用了一台当时还算先进的卡式录音机前往。到了现场我自然要先征求吴先生的同意才能够录音;在张世禄先生引见下,我第一次见到了吴宗济先生。可能因为忐忑不安;当时感觉吴宗济先生非常严厉;好在他微微点头允许我把机器搁在讲台上录音,我也就赶快落座听讲。

那一次讲座似乎在我眼前打开了一扇窗户;向来被认为是"口耳之学"的语音居然有客观的实验可以佐证;除了录音机,还有那么多的仪器可以为我所用;还有那么多的实验手段是我闻所未闻的。我简直像是进入了阿里巴巴的藏宝洞;四周的宝藏美不胜收,目不暇给。

讲座结束,我去取回录音机时吴宗济先生忽然叫住了我,问道:"你把我的话录下来做什么呢?"我告诉他,我会反复听,我还会让我的学生听,吴宗济先生似乎有些疑惑地问:"你们对语音学这么有兴趣?"我点点头。这次讲座让我下定决心,要拜吴宗济先生做老师!

回到学校,我就要求到北京语言研究所进修;华东师大出面为我申请,却被婉拒。那时我才知道,北京中国社会科学院语言研究所从来就不招收进修生;但是我不死心,决定"曲线拜师"。当时语言研究所还在四道口(地院),就在语言学院(北京语言大学的前身)的隔壁;那时我正在学习日语,于是我毛遂自荐联络语言学院,希望跟他们合作研究日本学生学习汉语的语音偏误和教学方法。语言学院表示欢迎,并且给我免费提供了宿舍。这样一来,我在北京有了落脚点,而且就在语言所的隔壁。我将我的研究题目定为《汉日语音对比实验研究》。运用实验语音学的方法来分析日本学生学习汉语过程中产生的语音偏误并且做出教学方法的建议。这样就能够把进修实验语音学跟研究课题结合起来。两年之后,这篇论文《汉日语音对比实验研究》在语言学院学报上发表了,算是对语言学院有了个交代,此是后话。

1979年春天,我住进语言学院宿舍,安顿好了之后便直奔语言研究所语音研究室求见吴宗济先生。当时,我面对着的是吴先生那张不苟言笑的脸,他问我:"你走了一千里路来找我,是为了什么?"我告诉他我仰慕他的学问,但是,这门学问太高深了,我的学生们连最低一级的阶梯也够不着。我已经四十岁了,我知道这个年龄来学一门新的学问已经太迟;我今后也不可能有多少成就;但是,我愿意当一架人梯,让我的学生们能够进入实验语音学的殿堂。他当时就说:"为了你这番话,你这个学生我收了!"

苦乐研读

在北京一年半的研读是很艰苦的。大量的英文文献资料需要阅读;其中不少内容是翻成中文我也不理解的专业知识;因此,我又决定先编写一份实验语音学名词解释和一份实验语音学基础必读参考书目,然后才着手攻读文献。在研究方面也不能马虎,我不能对不起语言学院哪!于是选发音人;做实验;听课及个别观察交谈;录音对比分析;设计及检验各种教学方法。时间不够分配,只能熬夜加班;直到有一天感觉四周一片模糊,一检查才发现原来双眼均患白内障,可是当时我才四十一岁呀!我真会失明,真的不能继续我的事业了吗?

是吴宗济先生的关心和鼓励帮助我渡过了难关:他联络了医生给我详细解释;使我明白了白内障并不可怕,手术之后能够复明;从而使我克服了恐惧心理,坚持我的研读;他还写诗谆谆教诲我：

"文章学问岂天成？不赋闲居赋北征。问字每窥休沐暇，停机总被客心惊；

弦歌风谊兼师友，锦瑟年华付语声；莫学鉴真还病废，好因弘愿护双睛！"

先生的诗句鼓励我保持乐观开朗的心情；果然在十年后，经过手术，我重新有了一双视力1.5的眼睛。80年代初在中国做白内障手术是用手工进行的；因此，必须等待白内障晶体"成熟"才能动手术，而在这个过程中视力已经严重下降到了接近失明的地步。这是最痛苦的一段经历。我要深深感谢吴先生，在他的鼓励和开导下，我才能始终保持着乐观开朗的情绪，正常进行了十年教学科研工作。这十年，在校园里，我常常遭遇这样的尴尬：明明看见对面来人，就是看不见面目，不知道他是谁；这时，同行的世桢就会小声提醒"是某老师"，然后我就满面笑容地打招呼。没有人同行的时候，我就按照"礼多人不怪"的原则主动点头打招呼；当然有时也会闹个把笑话，因为对方完全不认识我。十年中，居然没有人发觉我眼睛有病，以至于后来有朋友听说我眼睛动手术进医院时，还以为我去割双眼皮呢。

先生当初说："为了你这番话，你这个学生我收了！"为了兑现这个承诺，先生付出了太多太多——为了帮我补上实验语音学的基础他不得不为我加课——常常在星期天，在永安里他那个与人合住的朝北斗室中，先生坐在书桌旁讲课，我坐在门边听课，身后是先生自制的那个书架；偶尔我会走神——怕那个不堪重负的书架在我头顶崩溃！

我不会忘记那间朝北的小房间,那是集卧室、书房、餐厅、客厅于一室的小房间。最里边是一张床;床前一边是书桌,另一边是餐桌;这就已经到了门边。剩下的空间已经放不下一个书架;于是先生自己动手做了一个。书架和房门之间勉强挤进了一把椅子,这就是客人的位置了。

我还记得,有一次我一进门就看见师母蜷缩在床上。看见我就说,"朱川,带我回上海吧!"原来她实在受不了朝北房间的阴冷。先生不说话,我听了感到心酸。1979年冬天,是我护送师母回上海的。

就是在这样一个空间里,先生乐呵呵地生活工作着。我没有听到过一声抱怨,没有听到过一声叹息;我明白,那是因为先生所思所想远远不是这四堵墙所能够拘束得了的。

吴先生一向视弟子如子女;他搬到劲松之后,朝北的小屋里常常汇聚了学生和子女,其乐融融;宽厚的大姐蔷珠做了她拿手的蒸鱼来款待我们;吴先生还介绍我认识了佑之;当时他正跟上海的医院合作研制附摄像机的X光机;经过佑之的热心帮助,我们才得以制作了上海方言的动态X光发音摄像。

除了吴先生,和蔼可亲的师长林焘先生对我也十分关心,允许我列席北大举办的所有实验语音学学术讲座。我因此有幸多次聆听勒黑斯特(Lehiste)教授、王士元先生这样国际语音学大师的教诲;研究室的工程师颜景助先生是我的实验指导,那时使用的语图仪比较复杂,我还记得,制图的鼓是竖在机器上的,转动时用马达带动,使用开关简直像扳道工扳道岔似的,制图时声音很响,有些吓人;颜景助先生十分耐心细致地指导我;友善的师姐剑芬、热心的师兄杨顺安、任宏谟都比我年轻,但是他们的学术辈分都比我高。是我的师姐、师兄。在大家的关心下我的研读多了不少乐趣;记得最有趣的是做腭位图生理实验时的故事。过去没有电子腭位仪器,做腭位图要用增色剂涂在舌头表面;发音时一部分涂料会沾在上颚;这时再用一面镜子伸入口中,对面设置照相机将镜面反映的上颚图像摄下。当时使用的增色剂是写字用的黑墨,但是我的日本学生发音人受不了。尽管加上了矫味剂,他还是一闻就反胃;而且听说要把写字的黑墨吃进嘴里,他怎么也不肯接受。眼看实验做不下去,我着急万分。先生便告诉我,可以查找文献,寻求其他的方法,终于我在一份文献中查到,爱丁堡大学在腭位实验中是使用可可粉作为增色剂的,如果嫌可可粉颜色太浅,还可以加入碳粉。于是,从此我就改用可可粉加碳粉的方法。这个配方,发音人不会反胃,碳粉充其量只有一些轻微的止泻功能,入口无碍健康。发音人能够接受。做出来的腭位图也很漂亮。唯一的麻烦是国内没有现成的碳粉买,必须每一次都请医生开方从药房购买止泻用的碳片再用手工研磨成碳粉使用。

先生一向给人不苟言笑的感觉,其实他是一位乐观开朗的慈祥长者;记得在一个炎热的下午,我买了个西瓜去看他;小时候夏天吃西瓜时父亲总会选择小而圆的西瓜在瓜皮上雕出花纹;吃完了瓜瓤;插上蜡烛,光线从花纹里透出,就成了一只瓜灯;想到这儿,我也就顺手在西瓜上雕刻了一些花纹,这只是小小的游戏之作;想不到第二天先生交给我一张纸,打开一看,竟是一首风趣的词作:

踏莎行　西瓜灯

镂碧雕琼,穿花斗草,游鱼睡鸭兼飞鸟,映来红烛恁空明,一灯喜夺天公巧。

齿颊甘留,芸编朗照,囊萤映雪输他好;青灯有味胜儿时;斋中坐对应忘老!

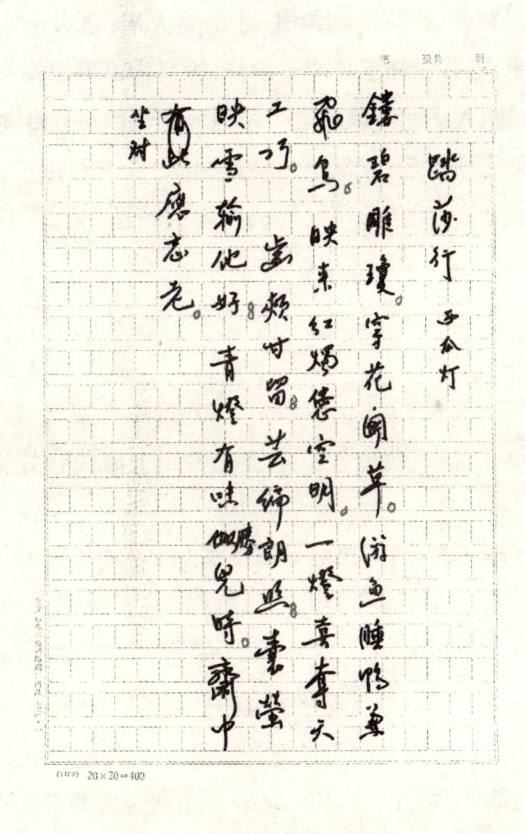

先生手书:踏莎行　西瓜灯

我如获至宝,三十年珍藏至今;这不仅仅是先生的手迹,更是热爱生活的乐观精神;这是我要记取、学习和仿效的。细细品味,先生把"似儿时"改为"胜儿时";把"有此"改为"坐对"不是为了调平仄;是使作品更生动更形象了。联想起我第一次到语音室时见到墙上镜框中挂着的图片,像是大海的波浪,还以为是哪位印象派大师的作品呢;后来才知道是窄带语图加工而成的;联想起吴先生的诗句:"宽叠谐峰;窄翻调浪"才恍然大悟;原来是他老人家看语图入了迷,把共振峰想象成了山峰;把窄带语谱想象成了翻滚的海浪。真是叫人不能不佩服老一辈语言学家的热爱专业和多才多艺!后来又读到他老人家对于"书话同源"的有趣论述;竟是在语音中找到了书法的韵味;我觉得从中读到的是先生对语音专业的无比热爱!

艰辛镫传

1980年5月末,我告别吴宗济先生回上海;临别之时先生赠我诗句:

珍重临歧语再伸,莫因陵谷碍青云;西来风物常新眼;南去镫传赖有人。

茫茫学海千仞深,万勺还争一勺勤,忘年相长谊断金,会看佳木自成荫。

镫传,佛家语,就是薪传的意思。我知道先生对我寄予厚望;他希望我能够实践自己的诺言,培养更多研究实验语音学的学生;希望学生们佳木成荫;今天重读先生的诗句,才恍然我后来的赴美进修,建立实验语音室等等,先生早已为我规划。

回到华东师大,我就开始筹建语音实验室;此时恰逢世界银行贷款下达,终于得以列入计划;想不到刚见到曙光,又生波折;世界银行宣布,只贷给理科,不贷给文科;先生又为我出主意,因为语音实验也可以为心理研究所用,可以游说心理系"收留"我们,列入理科实验室建设计划;这样,最终才得以实现建立语音实验室的愿望;在此期间,先生经常关心我校实验室的进展;甚至在探亲休假时都拨冗为我的学生做学术报告。使我们万分感动。

在建立语音实验室的过程中,也发生过一件趣事,为了减少噪音,我向学校设备处申请购买地毯;得到的回复是:地毯是奢侈品,只能够把外宾接待室淘汰下来的调拨给我,不许买新的。但是那又脏又旧满是灰尘的地毯根本就不能用。我无计可施,求教于先生,请问他是怎样解决的。先生问我是怎样申请的,我据实以告,先生笑着说,你得换个说法。他们说地毯是奢侈品,你就申请"防震隔音软垫"好了。我说,这不是糊弄人吗?先生说不是糊弄人,是启发他们懂得地毯对于语音实验室的必要性。我照此办理,居然迎刃而解。这使我对先生的智慧佩服得五体投地!

与此同时,我在华东师大中文系开设了选修课《实验语音学基础》,编著了这门课的教材并由华东师大出版社出版。应我的请求,吴先生为这本小书作序。在序中他写道:

昔人曾以"驷马难追"喻语音之速,足见但凭口耳以猎语音之难。近日语音实验技术多门;固亦各有局限,视听之间,或生凿枘;

物唯人役；非物役人。况索解未周，尚难尽信。然而实验之理不外用仪器将连续之音流，析成离散之单体；由此从动取静，已静观动。—犹先哲所谓："飞鸟之景未尝动也"之义。近代语音学家亦主张将万变之语音，设法"钉住"（pinned down）以资分析研究，此理俱同。今兹实验语音学于人类语音既能驻形于瞬息，更可探迹于声先；且更为现代语言学创立新领域，提出新课题，发展前途正未有艾。国人之奋起直追者日众，已大胜往昔矣！

华东师大朱川同志近年来锐志于斯，尝从予游。每苦索一题，寝馈俱忘，一有所诣，辄有出谷迁莺之乐。鉴于斯道之不徒于语言研究、通讯工程、语病矫治、人工智能等方面日益重要，而于语音教学尤具析疑抉隐之长，惜至今尚无入门之书以供讲授。爰本其历年教学研究中之积疑，参考传统与近代之学说，应用可得之实验手段，列证申理，成此教材。事例兼赅，图文并瞻，用力綦勤，嘉惠初学。囊以稿寄予，乞为补正。予既钦其有成，乐为校订而归之，更知其将以此为篑土跬步之端，而志于九层千里也。

现在重读这篇序言，先生的嘉许使我惭愧；先生的鞭策催我奋进；先生的谆谆教诲是我永远不敢忘怀的。

负笈海外

1986年，吴先生推荐我赴美国康涅狄格州立大学语言学系进修实验语音学。该校的阿勃洛姆孙（Abramson）教授是著名的实验语音学专家。我在那儿修读了由阿教授亲自开设的语言调查课程；并且在他指导之下进行了上海方言音系的实验研究。

到达美国不久就进入了新英格兰漫长的冬天,远离祖国和亲人,在滴水成冰,积雪盈尺的异国他乡生活实在不是一件令人高兴的事。在那些日子里,写信向先生报告和等待先生的来信指导成了我最愉快的事。

1987年我转入麻州州立大学担任教学和研究工作,在此期间,和吴先生有过一次短暂的见面;那年吴先生应邀赴美学术访问,当时在美国的先生弟子们便发起了邀请先生环游的活动。记得当时在麻州州立大学的还有沈同。于是桃李满天下的吴先生便由学生接力传递似的从美西到美东一站一站游过来。

大家争着向先生报告自己的学习和研究心得;都希望拉着先生参观一下自己工作的地方;看看自己的校园。记得在那一个暮春季节的下午,先生在大家的簇拥之下畅游麻大校园。在小河边和我们一起逗着天鹅;他笑得那么欣慰和松弛,是我认识先生以来从来不曾见过的。

1988年,我履行承诺,按时归国。回国途中访问东京的藤崎教授,他是吴先生的好友,他在东京设宴盛情招待,十分热情。

回国后,和毛世桢、叶军及研究生一起承担国家汉办研究课题,研究不同语种的外国留学生汉语语音学习中的中介语语音特点;制作成音档,然后进行分析实验;提出不同的对策,编成《外国学生汉语语音学习对策》一书。该书后来被北京语言大学选作对外汉语研究生必读参考书,也被台湾师范大学选作实验语音学教材。

在北京进修期间,我听说研究室在北京友谊医院专设了病床,与医生合作研究失语症病人的语言康复问题。当时我很感好奇,向先生询问。先生告诉我,实验语音学是一门边缘学科,它和物理学、医学结合,可以解决许多问题;因此我们应该发展和这些学科专家的横向联系。语言所和声学所的专家一直在共同研究语音合成、人工智能,语言所和北京友谊医院医学专家联合可以在研究失语症的康复方面发挥各自的专长。获得较好的成果。

先生的话开拓了我的视野;回到上海之后,我们跟多个医院的颌面外科医学专家联合进行了术后语音康复训练研究,还联合发表唇腭裂病人语音清晰度评价标准和评量字表的论文,与医院联合建立语音康复训练中心。为自己开辟了实验语音学研究的一片新天地。

播 火 传 薪

1983 年春天,彼得·拉第福基德(Peter Ladefoged)来华访问并且演示他设计的一种语音实验仪器。运用测量食道所受到的气压变化来测量发音时气管的气压变化。吴先生告诉我他将陪同彼得·拉第福基德访问我校,当时,我真有些受宠若惊的感觉。像我们那样名不见经传的小小实验室,怎么能够接待这样一位大师级有名的学者呢?吴先生鼓励我说不必妄自菲薄,我们运用实验进行教学的各种成果也可以展示。记得那天我们是在当时校内最漂亮的办公楼会议室接待客人的。我们中文系的系主任和教授都出席了。彼得·拉第福基德为我们做了一个学术报告;回答了大家的提问;又饶有兴趣地聆听了我们的发言,参观了我们的展示;然后介绍他设计的那台发音气压测量仪器。这台仪器的基本原理是在生理实验中想要测量发音时声门以下气管中的气压;但是又不可能直接把测量仪器送到气管之中;考虑到气管和食道仅仅是"一板之隔",如果在食道安置仪器,测量食道内的气压,那么就可以间接得到所需要的气管中的气压数据了。这台测量仪器最关键的部分是一根塑料管;末端连接着一个可以测量气压的小球。实验操作时,就像安装鼻饲管一样,要从鼻孔送进去;一面往里送,一面还要不停地做吞咽的动作来配合,才能够把塑料管送进食道,到达一定的深度。在实验中,接受测试的人是要吃点苦头的。我记得彼得·拉第福基德刚刚介绍完毕,世桢立即走上前去表示愿意接受测试。拉第福基德边拿起塑料管为世桢测量边做讲解;实验进行得非常顺利。所得到的资料也十分清晰准确。这次接待拉第福基德的访问彼此都十分愉快;拉第福基德的谦虚和大家风范给我们留下了深刻印象。

1983年吴先生陪同彼得·拉第福基德访问在上海华东师大留影
左起:史存直教授,彼得·拉第福基德,吴宗济先生,朱川

回顾三十多年来吴先生对我的教诲,感到吴先生对我们的教导是全方位的,我们所走的每一步都有他的关怀和扶持:不只是在实验语音学专业方面,还有教育方面;也就是他一直强调的"薪传"。(早在先生在海外进修时,他就特别注意语音学研究和教育并重的问题;后来他身体力行,到北大任教,同样是属于这方面的考虑;)当年先生收了我这个编外的学生,是因为希望我实践自己的诺言,为语音学培养学生吧!那年,世祯还在读大三;叶军还是高中生。临回上海时先生赠我"南去镫传赖有人"的题词,是先生对打开南方一片天地的希望;也是先生对我的鞭策;后来世祯留校成了我的助手;我们一起建立了语音实验室;再后来,叶军成了我的研究生,和我一起发表了《外国学生汉语语音学习对策》。现在他们都是教授了。他们两人带着研究生也发表了不少实验语音学的著作。我们总算没有辜负先生的期望。

我的母校复旦大学早已准备建立语音实验室,也具备充分的条件,中文系任念祺师弟、平悦铃师妹由于我的关系认识了吴先生,也算是吴先生在南方培育的另一支薪传队伍了。任念祺师弟到康州州立大学攻读语音学博士学位是吴先生推荐的;他获得了语音学博士学位,可惜后来并未回国效力;却放弃了专业;改行去唱歌剧,不久之后便不幸病逝了;平悦铃师妹在攻读博士学位期间曾经听过我为她"专设"的实验语音学课程;这算是我对母校和恩师的回报!现在平悦铃师妹在母校担任吴方言的研究工作,也建立了语音实验室。母校在实验语音方面获得成果,是不应该忘记吴先生的。

1998年,我应香港教育学院的聘请,赴香港担任教师进修的教学工作。起初我觉得自己已经退休,做点儿教学工作不过是兴趣而已;学术研究也与我无缘了。然而,回想当年我拜师时先生已经76岁高龄;先生年过百岁尚且退而不休;我怎敢懈怠?虽然我现在的教学工作以普通话为主,难道普通话教学就不需要研究了吗?于是我提出了运用语音理论指导普通话教学的问题,对普通话教学中的问题进行实验研究;2009年还在台湾的华语文教学研讨会上发表了论文《普通话自然度实验研究》。无论身在何处,我都要把先生交托的"镫传"进行下去。

2008年9月,我得知吴先生身患重病,专程从香港到北京探望。9月18日,是我最后一次见到先生的日子。临别前,我想给先生拍几张照片;但是换了几个角度都不理想。

后来,我们的话题转到了最近的学术研究动向。先生跟剑芬

吴先生与曹剑芬在计算机前

走到计算机前,剑芬坐下,先生在计算机前指点着,讨论起问题来。这时我忽然发现先生神采飞扬;他不像重病在身的病人,倒像是一位运筹帷幄指挥战斗的将军!我赶紧拿起相机拍下。这是先生最后的留影,也是他要告诉我们的话:

只要能够火传,薪尽又有何妨?

怀念恩师吴宗济先生

吴洁敏

哲人仙逝,悲从中来。8月2号接到剑芬老师来函,得悉噩耗。没想到天津会议结束,和士楠老师、剑芬老师等去医院探望,竟成永诀。记得那天先生精神尚可,不但认出我们,还用上海话对我说"侬阿是从杭州来咯?"我默默祈祷着会有奇迹出现,不料先生还是乘鹤远去。寿星陨落,潘家园的家,空了。

从第一次见面的敬畏,到无话不谈的随意聊天,他是我心目中敬佩的恩师与慈父般的前辈。尤其在韵律研究的崎岖小路上走出的每一步,都有着先生的指点和教诲。在我的书桌上,还留着他亲笔写的信件和批阅过的书稿,有他题签的著作和文集……

奖掖后学 不遗余力

虽然我不是吴先生的入门子弟,但20年来一直得到先生的指点和关照。1991年的春天,王均先生让我在中央语音培训班做一次讲座。当时汉语节奏规律才写成初稿,我告诉王先生,这次赴京,还希望能通过语音实验来说明汉语节奏的周期与层次。王先生说自己不熟悉实验语音学,让我去找吴宗济先生,吴先生是这方面的权威。看我有些犹豫,又说:吴先生会欢迎你的。还给了我地址。

次日清早,我坐公交到他家门口还不到 7 点,在外面溜达了半个多小时再去敲门。吴老听说有人从杭州来,很快起身出来。我递上拙文《汉语节奏的周期及层次》,向他汇报了语言节奏的定义、周期、形式等。文中多处引用刘勰《文心雕龙·声律篇》和刘大櫆《论文偶记》,他听了饶有兴趣地说:"现在青年人写文章只用国外理论,不用传统文化。你能继承古代文论中的精华,这一点很可取。"接着,他列数了沈约《答陆厥书》和"四声八病说",及日僧空海的《文镜秘府论》,一直讲到由刘复和赵元任先生开创用实验方法分析汉语调值。说着说着都过了 10 点,谈兴正浓,忘了吃早饭,也没要停下来的样子。我只能请先生先用餐,等看了拙文再去他家。次日就接到电话,叫我去取。在稿子首尾写了不少评语,鞭辟入里、句句中的,还对拙文做了概括:"全文事实上是分析:词、短语、篇章,在连续语言中的对立与统一。它们在语音上的特征有音色的、音高的、音强的和音长的,以及音节组合的。其关系只是'同'或'异'的单元组合。无'同'则不流畅,无'异'则太单调。一切还都要服从一个主题,即表达和区别意义的功能,中间还被生理气流、五官动作、声音的明暗、社会集团的约定,以及个人风尚所调制。再加上个人的文化修养(读书与借鉴)从而形成一定风格的修辞(斐然成章)。"对有学者认为现代汉语发展成以双音节词占优势的原因"是单音节的活动受限制,结果倾向于扩充为双音节",吴老认为"不是活动受限制。①是表达事物功能的需要,如-酒、-茶等。②是音步的调节需要。"一语破的。临走,再三关照文中自定的"节奏"、"周期"概念，都已被用作专门定义，对此两词的特定意义需要加注，以免引起误解。这些意见和建议，给我日后的研究以极大的启迪。我在北大召开的第一届语音学学术会议上宣读的论文，就是根据吴老意见修改的，后来在《中国语文》上发表了。

1999年春节前，吴老寄来了《汉语节律学·序》，信中说："你这本书脉络是清楚的，一是替'节律学'树旗帜，二是强调应用。"并对我最早设计的"九宫"调模图用"±"表示调域的四个极端提出异议。先生指出："±用于特征前表示"是/非"，用于特征后是定量的增/减"。后来，我改成了+Aa，+Ac，+Cc，+Ca。吴先生对我们进行的韵律应用实践非常重视。甚至认为"强调学双语者要同时学节律所收到的效果，这倒是本书的重点，不知道全书中如何安排，如果有些实例（这也就是语音实验，不一定用仪器，用研究对象——人也是实验），例如何时、何地、何人（可用代名或A、B），如何安排学习材料，有何进展，有何结果，这才是真正的自己的东西。国外著作中不乏这种连篇累牍的案例，也如同医学书刊中病例，心理学著作中的个案。都是宝贵资料，并不嫌辞费。"可惜当时只注重结果，不关心过程。许多宝贵例子，没有详细记下实验前后的韵律变化数据，现在回忆起来就觉得非常可惜。

2001年12月初在"语文现代化与汉语拼音方案国际学术研讨会"上，遇见社科院副院长江蓝生老师，她告诉我，吴宗济先生对她说"吴洁敏发表在《中国社会科学》上的这篇论文（指《汉语奇偶句调型的组合规律》）可惜××人看不懂，要是看懂了，他们的语音合成将上一个台阶。"此话在吴先生家里，我也听他说过。当时我以为那只是先生对我的鼓励,也并不太在意其作用。最近才发现那实际上是汉语散文节奏之所在。先生对语言现象的灵敏度是如今的中青年都远远比不上的。一次我去他家,先生正好在处理"四字格"连读变调问题,高兴地告诉我,用节奏规律调整之后的四字格,读来顺口得多。

先生看到拙文引用他的大作,就多次寄来新作。还说:"我的旧作,多承引用。同道中已不多,但我对此道不敢自满,也是现买现卖的货色……近来我虽退休,因还要培训研究生,又与一大学合作攻语调合成—识别,因此反而比前几年更忙些,况经边学边用,渐知过去有些说法不免肤浅,必有昨非今是之处,当以后作为凭。兹先寄去二文……对语调特征有了补充,以前拙文多只谈语调与声调的关系,现在通过上机实验及运用等考验,已明确如搞语调而不全面地搞通韵律特征的相互关系,则语调的鼎足等于三缺二,是得不出其真相的。"

执著做学问　不同凡响

吴老在为拙著写的序言中引用了沈约《答陆厥书》中的一段话,来说明韵律的复杂:"宫商之声有五,文字之别累万,以累万之繁,配五声之约,高下低昂,非思力所**举**,又非止若斯而已也。"当时我们查遍现有的文论专著,这里的"举"都作"学"字,包括郭绍虞主编的《中国历代文论选》所载《答陆厥书》。实际上无论从内容解读还是版本优劣来看,吴老所引用的更为妥帖。因吴老据以引用的是根据上海古籍社和上海书店合编的《二十五史》(经查

《四库全书·南齐书》亦写"攀"字)。其他版本则是根据严可均所辑《全上古三代秦汉三国六朝文·全梁文》卷二十八,写作"學"字(商务版严可均所辑《全梁文·答陆厥书》亦作"学")。我们依据时文擅把"举"改为"学",吴老看了校样再三责问"根据什么版本修改?"现经多次查证,两者比较再三,孰优孰劣就很清楚了。吴老对传统文化的学养之深,由此可见一斑。

吴先生看到我对高慢基调所举的例子,是"文革"期间××去高校的讲话。他语重心长地指出"科研论文举例,切记忌用政治性例句,何况还要提'文革'、提'××',想到其后果乎?也许我有些胆小,是不是?不过这种并无必要的引用,以避免为是"。这回他真的生气了。可谓苦口婆心。后来在他家里还提起此事。我却强调那个例子非常典型,凡经历过"文革"、听过其人报告的,一看就会明白那种特殊的韵律特征,表达了说话人的特殊身份。我舍不得删掉那个有案可稽(从书里摘来)的例子,就开玩笑似的对先生说:"您是怕抓小辫子吧?"他听了倒没有生气,反而笑答:"我可是维吾尔族姑娘,辫子多着呢!"

2007年12月26日,去看望吴先生。看他精神很好,我带了《气韵朗读的韵律特征及其功能》初稿,向他汇报正在研究感情语调。他一看语图就严肃地说"怎么没有坐标?不加坐标没有数据能说明什么?"还问我为什么用"气韵"?我告诉他,朗读带感情信息的文本首先要读者自己受感动,才能在朗读前"因情求气"获得带感情信息的"气韵",那样的朗读才能产生感情语调的韵律特征。这种朗读就叫做"气韵朗读"。先生一听就说:把"气韵"改为"情韵"。我问什么是"情韵"?吴老脱口而出:"情韵就是感情韵律特征的简称。"当时我心里还在想"气韵"和"情韵"不就是一种因果关系么，而且"气韵"是因，"情韵"是果。直到探索感情语调的形成过程，发现光有"气韵"而不通过朗读，就无法产生情韵特征，也不可能传递感情信息。才感到先生把"气韵"改为"情韵"犹如点睛，更敬佩这位百岁大师对语言感知的极端敏感。

当先生听了我举例分析了表达不同感情的几种朗读模式后，很是兴奋。说这正好和他归纳思维行为的三种模式一致。视听触觉都有**连绵**、**映衬**、**错综**这三种形式。语音是思维的媒体之一，我国传统艺术，如书画的笔法、音乐歌舞和诗歌格律都是思维媒体，都属于汉语思维体系，彼此有一定共性。我所举的感情语调表达模式，正可说明这一理论。叫我回去写文章。还高兴地说自己想出了这三种模式的英译，走到写字台前，特地用红色圆珠笔把术语和译文写在了我的笔记本上：**连绵** Continuation，**映带**（相成）Corresponding，**错综**（相反）Opposition。他是一心扑在了学问上，谁也不会想到，病魔已侵袭到他的机体。

养生乃养心　不二法门

"宗济者，宗法济公也。"这是 1995 年 5 月，在陪同吴老游览杭州净寺时，对我说的一句话。据说，因儿时体弱多病，他母亲曾把他许愿给济公作弟子，因而取名宗济。净寺在雷峰塔对面，游人较少，比较安静，原想可稍事休息。不想宗济师游兴大发。那天有小雨，地上很湿，但空气特别清新。吴老高兴得像孩子似的，背着两架相机，不用搀扶，自个儿照相。看到一口大钟，寺里和尚说可以一撞,只要功德钱10元,他立即取出钱,让我们每人撞了三下。钟声特洪亮,他说比北京天坛大钟要响得多,庙宇空谷回声,仿佛在祝愿老人家万福长寿。听了净寺那口运木井的故事:传说当年建寺从海上运来的木头,是济公设法从井中取出的。估计造寺木料够了,只听得济公叫"停!"那根木头就留在了井里,现在还看得见浮出水面的一端。他还要走去看井里留着的木头,迟迟不肯离去。一路走去,看到小卖部有济公塑像,就要请一尊回家。还说这是他过了95大寿后来杭游览的最大收获。在杭三日,吴老先后游览了植物园、玉泉、灵隐寺和雷峰塔。对飞来峰一线天边上的济公睡过的石凳和烧肉熏黑的石灶,兴致极高。乘坐电梯登上雷峰塔顶,西湖全景便尽收眼底。坐观光车游览了半个西湖,还是游兴不减。我和他的保姆都觉得累了,而耄耋之年的吴老还说不累。看来他对杭州有一种特别的感情,不仅因为祖籍浙江。去年春天来信中说:"我现在身体很正常,一点也不妨碍工作。近来在电视中看到介绍西湖夜景,美极了。回忆我在大学时,因病回上海修养(大概1931年)那年正值'西湖博览会'开幕,我去了,足足玩了一周。那几夜湖光灯影,处处笙歌,至今犹在忆中。你们一生能做杭州人,真够福气!"所以,庆祝百岁华诞那天,在门口遇到先生,他还念念不忘,对我说自己还想再去一次杭州。

吴先生说他从来不吃补品、保健品,每天只喝少许酒,什么酒都喝,近来以绍兴花雕为多。有外国友人问他养生之道,他说了两句话:

养生者养心也:任凭逆境顺境心态要好,良心要平。

> 养身者养适也：无论何事都要量力而行，掌握适度。

心态好是他长寿的最大秘诀。去年，他已经知道自己病了，但在电话中却说："你们不讲，我也知道了。但是我照吃照睡。你想，我都一百岁了，不得病又怎么样呢？""我已经超额完成一生的使命了。"今年3月28日来信："癌症不能消除，不发展就不错了。我与一般病友不同的是，我精神未有损伤。作息时间也稳定。"还说，"大概故乡有这样的风俗，好像人一过百岁，就是社会上难得的事了。以后每多活一年，就是白捡来的幸福。我现在就是这种心情。一切听其自然。照吃照睡，不问明天。"

每次聆听先生教诲，拜读先生文札，哪怕片言只语，也是金玉良言，总会增添一种奋进的勇气。每当遇到困难而想退却的时候，碰到难题像背着纤要过险滩的时候，先生的形象就会给我以力量，觉得自己没有理由停下脚步。先生的乐观通达，更是无形的精神财富，是我们修身养性的途径和榜样。但到现在，他所期待的与汉语思维行为相一致的三种朗读模式的文章，至今还没来得及写出来，心里总有说不出的歉疚。

2010 年 12 月 28 日

热心呵护晚辈　无私提携后学
——从新年贺卡看吴宗济先生的高德

冯　隆

吴老已乘黄鹤去,弟子佳节倍思念。曾经连续多年,在圣诞、元旦到春节之间,我都会收到吴宗济老先生精心制作的贺年卡。头几年,当然是作为学生和晚辈的我先给先生寄去一张贺卡。先生年事已高,本来是可以不回复的,而且我的贺卡往往相当简朴,后几年为了省钱干脆不再寄卡,只是托人代为问候,或发一个电子贺卡,而这些年居然也都收到了吴老的精美贺卡。电子信在国内流行以后,吴老已经眼神不济,后又罹患大病,仍坚持封封回复我的电子信件,并于年节期间寄赠精美贺卡。吴老德高望重,学问博大精深,而我只是吴老的一个不肖弟子罢了。吴老如此呵护晚辈后学,实在令人敬仰。

我做吴老的学生,开始于1980年,我们北大中文系的三个研究生和一些本科生上吴老的实验语音学课。之前我虽然听过王士元的实验语音学讲座,但不甚了了,导师林焘先生又刚好赴美进行合作研究,所以我正式学习实验语音学应该说是跟吴老学的。吴老的课,内容有深度、有广度,介绍国外理论具体准确详尽(得益于先生在国外实地研修),讲国学旁征博引精辟深入(后来得知先生曾师从国学大师赵元任等）。我深为钦佩的是，先生明确提到要把历史音韵学和最新科技研究有机结合起来，并给出许多精彩的例子。吴老当时年已古稀，但讲课时精神抖擞，声音洪亮，认真细致，循循善诱。先生的课，为我们的研究奠定了良好基础。说来有些不好意思，北大一些师生包括我在内，曾经有过科学院和社科院的老研究员善于研究而教学不如北大教师的错觉，听了吴先生的课，才知那是夜郎自大，完全错误，起码是以偏概全的。我做论文时，先生也不断进行指导。后来，论文答辩，虽然朱德熙先生是主席，但因为朱先生并不以语音研究为主，而且是本校的，所以实际上吴老是主要的评审者，吴老对我的论文加以肯定的同时，也对我的取样过大提出质疑，先生的评审令我心服口服受益很深。

我再次听吴老的课是在 1984 年了。兰州大学黄伯荣先生在庐山举办全国现代汉语教师讲习班，吴老被聘为客座教授上山讲课。因为听课的教师多数没有专门的语音学训练，吴老讲课时便深入浅出，使用很多贴近生活的例子。例如，讲到语音相似度的时候，用《红楼梦》的例子来说明。那是 33 回"手足耽耽小动唇舌，不肖种种大承笞挞"里边的，贾宝玉因为泡小旦即将挨打急找通风报信的，抓住一个老嬷嬷连喊"要紧"，老嬷嬷却听成了"跳井"。其例说明前后鼻音韵尾极易相混。学员们本来以为语音学枯燥，吴老一讲竟听得津津有味，听后深受启发。遗憾的是，吴老看得起我，先让我讲讲这个例子，偏偏吴老点我时我正走神，没有反应过来，呆若木鸡，讲不出来，至今感到十分羞愧。

我做硕士论文，采用大数据统计，制作大量语图，用直尺一点一点测量，用小计算器和卡片计算，到完成时已经疲惫不堪，论文答辩后兴奋不到五分钟,就精神松懈疲软了。在送吴先生回家的路上,我说以后再也不读学位(博士)了。先生立即正颜批我,告诫我说话不能太绝对。果然,十年后,我做了隆德大学布鲁斯教授的博士研究生。吴老的先见之明,来自于吴老的丰富人生经历。此后,我再不敢说绝对的话了。

在语言学院工作期间,我有时去看吴老。每向吴老请教,吴老总是耐心指导。如我对北京话的上上相连变阳平是发音困难所致的看法,始终不理解。我曾几次向吴老讲述张家口北郊话的高平调上声在常用词中两两相连前上变平声的现象,吴老都戴着助听器认真听取,并指导我探讨历史音韵的根由,使我茅塞顿开。实际上,不仅对大的问题,就是对小的毛病,吴老也热心帮助我。比如有一次我读错了"鹄",吴老立即予以纠正,使我感受到了先生的爱护,其情其景至今历历在目。

那些年,我申办实验室受挫,生活上则无住房而窃居于教学楼,心情郁闷。吴老为了鼓舞我,给我讲了他在国外的艰辛和拼搏。另一次,吴老讲了他登泰山的故事。那年吴老攀登泰山,遇到一帮青壮年半途而废,中途而返,看到吴老,年已古稀,仍在向上攀登,大受鼓舞,便掉转头跟着吴老继续登山了。吴老的故事给了我在逆境中奋斗的力量。

出国之后,外语不济,没有收入,备尝中年留学的酸咸苦辣。但是吴先生在国外努力研究的事迹鼓励着我。当年吴先生在国外为了国家而努力调研,用相机拍了语音实验仪器的大量照片,据说我国试制的第一台语图仪(东方红牌)根据的就是吴先生的照片。吴先生的精神鼓励着我经常夜战,充分利用国外的有利条件,学到不少新的东西。但是,非常遗憾的是,正当我学业和经济刚刚好转之时,"自费公派"被改为"自动离职",断了归路。为了生存,我终于离开了语音学研究,真正成了不肖弟子。

虽然如此,吴老和恩师林焘先生一样,体谅我的处境,一直没有嫌弃之意。几年来,只要我去拜访吴老,到吴老家中,不论带上哪个晚辈后学甚至亲戚,吴老都热情接待,热诚指点。更让我感动的是,逢年过节,吴老依旧给我寄送精美的贺卡。

远在海外,每当收到吴老的贺卡和书信,总是心中温暖,心情激动,非常感激。现在,先生走了,看看这些精美的贺卡,先生的音容笑貌就呈现眼前;读读这些电子信,就仿佛看到先生趴在桌子上摁着键盘吃力地选字。于是更觉先生可亲可敬了。

现把其中的几个贺卡和电邮抄录如下。吴老的贺卡都很精美,有的还是亲手制作的,贺卡上的书法苍劲有力,堪称艺术品,故将原件照片附后。

1997年元旦贺卡(见照片1),封面是庄重典雅的故宫全景。吴先生在内页写道:

冯隆贤弟:

多谢你的贺卡。现在你已能定居,并继续教学,我为你高兴。顷检阅到你前年的来信,提到那里设备很全。近来研究分析语音的仪器,比以前更先进得多了。我们所里因有课题承担,故实验室比以前也充实多了。我现在退休后自由多了,可以和别的单位合作些题目,借以娱老,也是一乐。好在身体还可活动活动,无事干反而不好。

代我向哥定教授致意并祝你们新年快乐！

宗济 1997.元.7.

冯注:哥定教授即隆德大学 Eva Gårding,吴先生的老朋友,是布鲁斯教授(Gösta Bruse)的导师。

2009年得知先生患病,心中不安,中秋前夕利用参观生物博物馆时拍摄的几张猫头鹰照片,发去电子信委婉问询,先生立即用电子信回复:

冯隆同志:

久违了,非常谢谢你的关怀！我从前年下半年腹泻,后来查出是直肠癌。年纪太大,不能手术。吃了中西药,现已不发展,但不能断根了。好在我与其他同病者都不同。除了直肠,其他全身都没有病。血压、心脏、大脑都正常。现仍每天照常写作。饮食也与多年来一样。大概就是"带病延年"了。

发来的猫头鹰非常好,多谢了！我现在的收藏可以搞个博物馆了。最近本单位和清华校友会都考虑过,"不久的将来"可能搞个陈列室来纪念。这个"不久",按我的年纪,应该是倒计时了！哈哈。

不尽怀念,即祝　学祺！

宗济 09,06,10

我没想到吴老在百岁患病后还如此乐观！特别是结尾的"倒计时"和"哈哈",我揪紧的心放松了。吴老常说他之所以能够长寿就是因为淡泊名利,心想这次的癌症也会因先生的淡定和乐观而被战胜,起码被镇住不再发展。于是立即发电:"吴老:值此中秋佳节之际,学生祝您节日快乐,身体持续健康!"

吴先生当天就给我复信,写道:

冯隆老弟:

接到你的贺电,非常高兴,你还惦记我。我当即回电。

昨日曹文同赵金铭来看我,说起我未复你信,可能我复信的地址有错。(由于我眼力有差,常会出错)

我现在心脏、血压都如五六十岁的人,脑力也好,写读照常,走路也方便,就是消化系统差些,因年纪太大,直肠癌不能动手术。就这样能保持不再发展,已经满意了。照我这年纪的友人中,比我小的、如同级毕业的季羡林,小我三岁,今年也走了。

我有时仍去单位走走。可喜的是、现在我的下一代和两代,如现在的语音室主任(杨顺安的学生)李爱军,她们和他们,都干得很有成就,比我当时强多了。这门学问在国内的发展已今非昔比,在国际上也有了一定的地位了。

不过,我有时还会回忆到过去我们一起干的时代,此门无人重视,当时在单位中,跟"语法学"和"传统音韵学"是不能比的。随着国家的改革开放,再加上我们和生产结合,有了空前的效益,这门学科才有了转机。在今日的专科中,已成为主修的课程了。

国内目前的进展已是日新月异,你如看了国庆六十周年的广播,就可知今日的突飞猛进,是已被世界所瞩目和肯定了。

何时回国探亲?如有机会来京,望能欢聚几天。

此复,即祝　　一切顺遂!

宗济　09,10,07

从信中可以看到,吴老对李爱军"她们和他们"的肯定、夸奖,显示吴老对晚辈后学的器重爱护无私提携。吴老的这一高尚品德,还体现在吴老对我的学生曹文的关爱和器重上。吴老患病后,我引荐曹文协助吴老整理文稿,也是为了让他利用这一机会向吴老好好学习学习,以弥补我这个不称职老师的不足。

2000年,吴老给我寄来的贺卡(见照片2)很特别,有题词还有照片,说明吴老贺年的郑重。封面是大鹏展翅飞翔,题字"云天万里"好像是吴老手写的。在贺卡内页上半部先生写道:

冯隆兄,千禧好!

你介绍的曹文同志已联系数次,并有一篇英文稿请他试译。他很认真推敲,并指出一些问题值得改正。我觉得他为人诚恳,程度也不差,而且他是真心地求教,于是我打算与他建立合作关系,就和他商量,不但译稿,还把我的文集事宜交他经手整校,他也欣然答应。等他假期回来,就可着手进行。兹特奉告,并感谢你的引荐!

宗济 2000.新正

贺卡内页下半部贴有吴老在猫头鹰工艺品前的照片一张,写道:

1999,90岁生日摄于癖鹏斋,不免玩物丧志之诮。

2004年元旦的贺卡(见照片3—照片5),就更加珍贵了。吴老把数页装订成册,类似一本小册子。捧着这本贺卡,我感动得直掉泪。吴老花费了多少心力呀!我知道。吴老深知亲手制作的贺卡比买的格式化的更珍贵!我也知道,吴老深知国内贺卡对一个海外孤鸿有多大的意义!贺卡其中第一页写道:

冯隆同志:

　　谢谢你发的电信。不久前我从焦君处听到你的近况,大概不久你会回国,企予望之。

　　我的近况一切如常。最近我们研究室换了班底,我搞的一些题目,纳入计划了,因此忙了些,所幸身体照常。今年三月底所里将为我的生日邀请一些同行聚聚,届时你在国内,就更好了。祝一切如意!

宗济2004,元旦

第二页和第三页都贴有先生的照片和照片说明。并写道:

　　再者,曹文同志很帮我的忙。我的文集由他整理,并担任英译汉。已交商务,三月份可出版。

从 2000 年和 2004 年的贺卡中可以看出,吴老很欣赏我的学生曹文,这令我相当欣慰和自豪,也再次显示了吴先生乐于提携奖掖后学晚辈的高尚品德。

2010 年元月,我和曹文以及他的两个研究生赵咪和魏伟同去看望吴先生。先生仍然精神矍铄,看到我们特别是那两个青春焕发的女研究生,十分高兴,认认真真地在她们带来的吴老著作上签字,兴奋地向我们展示猫头鹰工艺品。一时间,先生家里四世同堂,笑声连连。我给他们在"补听缺斋"门匾下拍照一张。(见照片 6)赵、魏二人笑颜如花,吴老神态安详,我和曹文对吴老的身体当时非常放心,加之看到吴老奋斗终生的语音学后继者众,高高兴兴地向吴老告别了。岂料这竟是和先生的最后会面了!

2 月,我把元月合照寄给吴先生,数周没有收到回复,这是十几年来我和吴先生信息往来的第一次,我心知不妙,不敢打问。6 月,布鲁斯教授逝世了,年仅 63 岁。我和曹文刚刚祭奠过他,就得到吴老离开我们的噩耗,十分伤心。但转念一想,吴老百岁高寿有余,较之布鲁斯教授等人,应该说已是超享天年了,我们是大可释怀的。

2010 年秋到今年年初,我正在广西。广西是吴先生开始语言学研究进行壮语调查的地方。缅怀吴先生,我觉得,我应该抓紧时间搞点语音研究了,以不辜负吴先生和林焘先生等恩师的栽培和呵护。

冯隆 2011 年 2 月 3 日于瑞典隆德

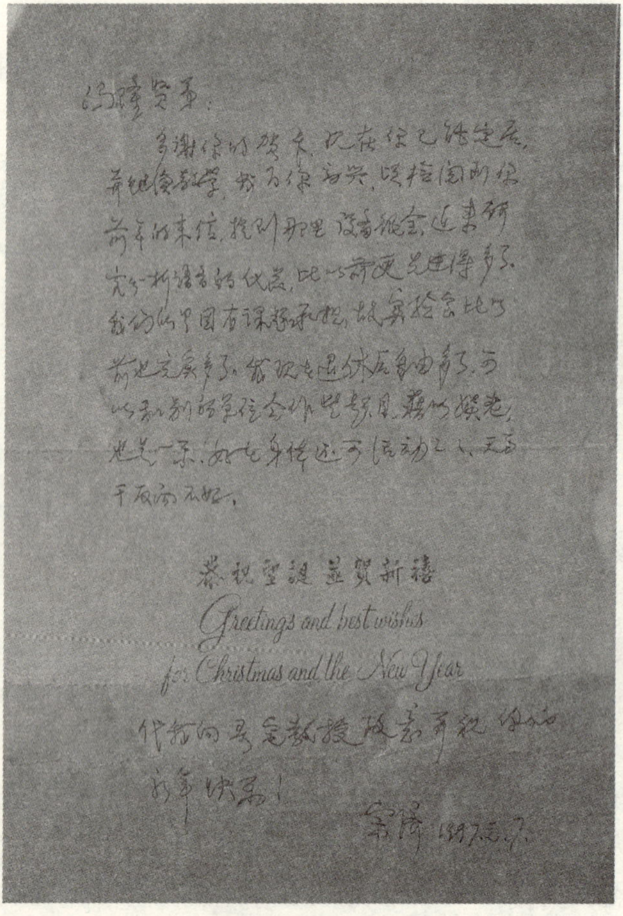
恭祝聖誕 並賀新禧
Greetings and best wishes
for Christmas and the New Year
新年快乐！
宗济 1997.1.7.

照片 1 1997 年贺卡

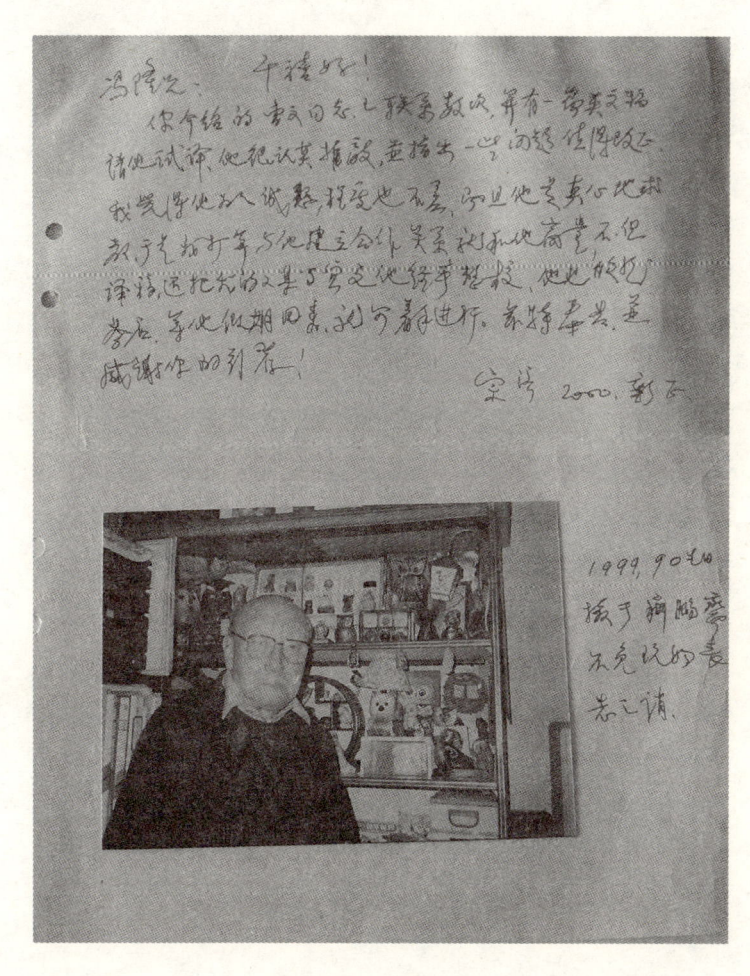

热心呵护晚辈　无私提携后学 | 153

照片2　2000年贺卡

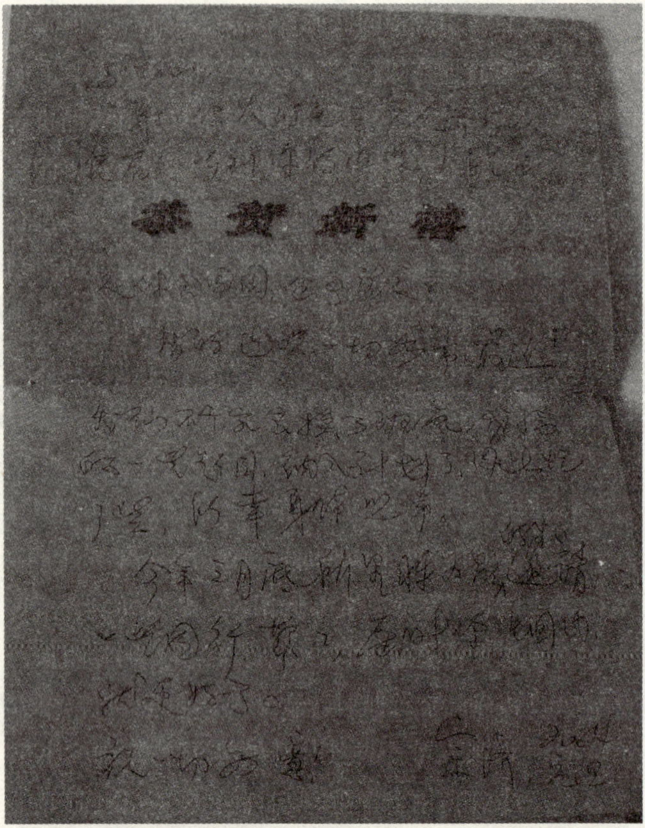

照片3　2004年贺卡第1页

热心呵护晚辈　无私提携后学 | 155

照片4　2004年贺卡第2页

照片5　2004年贺卡第3页

照片6　吴老和青年在补听缺斋

照片7　我们的合影（左起：曹文、冯隆、吴先生、李爱军）

补听缺斋渐去的韵谱音声

——怀念吴宗济先生

孔江平

  第一次知道吴先生的名字是在 1981 年,那时刚从大学毕业在郑州工学院做英语老师。当时的大学处于恢复阶段,对学术知之甚少,一次在食堂吃饭说起上研究生的事,大家基本上都是毕业后才听说还可以上研究生,这对年轻教师们来说有一种莫名的好奇和兴奋。后来我查了上一年全国招收研究生的目录,竟然还真有单位招收语音学的硕士,导师就是中国社会科学院语言所的吴宗济老师。我喜欢语音学主要是在读大学时遇到了一位美国老师,他有英美文学和语言学两个博士学位,他讲的莎士比亚十四行诗中语音韵步的音乐美给我留下了深刻的印象,从此我便开始学习语音学和语言学。当时由于找不到语音学的书籍,我给吴先生写信请教了怎样学习语音学,他告诉我北京图书馆有几本英文的书籍,并鼓励我学习这个学科,为了学习语音学我每个暑假都来北京图书馆看书。后来几年语言所一直没有招收研究生,直到 1985 年社科院民族所招收语音学硕士,我才考进了社科院研究生院,来到北京见到了吴宗济先生。

虽然吴先生和我没有师生的缘分，但他却是我的启蒙老师之一。在学术上，对我影响最大的是他的《普通话发音图谱》（与周殿福合作）和《汉语普通话单音节语图册》这两本书。在读硕士期间我就认真研读了《普通话发音图谱》这本书，并有幸倾听过吴先生的教诲，这本书发表的比较早，可以说是中国语音学研究较早的、有系统的研究专著，由于是通过 X 光照相得到口腔的发音部位，因此具有非常高的科学性，极具研究价值，它包含了汉语普通话发音的所有基本信息，即使到了信号处理技术发达的今天，在汉语普通话发音研究方面，这本图谱也还是最有价值的书籍。吴先生曾经说过最好能出版一本汉语普通话的动态发音图谱，他的这句话令我记忆深刻。另一本书是《汉语普通话单音节语图册》，这本书出版得比较晚，是我在上研究生期间，但这本书印刷的质量不是很好，语图都很暗，看不太清楚。我曾经问过吴先生是否能将共振峰和基频的数据测量出来？由于在当时刚刚可以做语图，所有的数据只能从图上测量出来，基频要从窄带图获得，共振峰要从宽带图获得，工作量非常大，要提出实际的数据，确非易事，提到此事吴先生一直很遗憾，这两件事在我后来的研究中产生了很大的影响。2003 年我调入北大工作，民族所的鲍怀翘教授将他拍摄的汉语普通话动态 X 光录像拿出来让我们处理，虽然信号处理和标记工作非常困难和麻烦，我们还是坚持做了这件事，历经了几年的工作，有了一些初步结果。2007 年，当我带着经过处理的汉语普通话声道线条动态录像征求吴先生的意见时，他很激动，当时一边看录像一边就讨论了不同发音器官在发音时目标位置在时域上并不统一这一基本性质,同时也对发音和声学参数的关系以及出版形式进行了讨论。时至今日,5年已去,我们的《汉语普通话动态发音及声学图谱》还没有出版,每每想起此事总觉得十分愧疚。

吴先生对我的学术影响比较大的另一个方面是他在汉语普通话双音节声调和三音节声调的研究,如,"普通话语句中的声调变化"、"普通话三字组变调规律"、"汉语普通话语调的基本调型"等文章。其中,吴先生的研究中汉语普通话双音节声调的研究对我影响最大,特别是他提出关于"汉语普通话双音节连续变调模型镜像规则"。关于这一点吴先生曾经对我说过双音节声调在语流中倾向于向单音节声调变化,为什么这样,这一点我想了很长时间,直到很久以后,在我接触了大量的民族语言的声调和进行了声调的感知研究后,才逐渐明白,单音节声调和双音节声调的趋同性和分布的镜像性要从大脑对声调的感知空间上进行研究,最终才有可能找到答案。为此,我在吕士楠老师的指导下,用矢量量化研究了汉语普通话双音节调位的类型;在香港学习期间,用喉头仪研究了普通话双音节的嗓音模式;后来用逆滤波的方法研究普通话双音节声调的声源特性和模式。这几年一直在研究藏语声调的起源,发现语言中音调模式向声调模式演变时,镜像分布是一个具有普遍性的原则。但要解释为什么还是十分困难,现在如能和吴先生再讨论一下该有多好。

在2007年,语音学会准备编辑出版《中国语音学报》第一辑时,受学会的委托,我去找吴先生为学报的创刊题词。去之前我就在想,什么样的题词适合中国语音学报呢?自己想了几个方面,但都很难概括和达意。在吴先生家我说明了来意,谁知吴先生略加思索,出口即成,在补听缺斋用毛笔写下了"明音辨韵,北斗南针"八个字。写完后吴先生笑着征求我的意见说"明音辨韵"是办学报的学术宗旨,"北斗南针"是学报的目的,见我十分喜欢,吴先生另取了一张纸,写下了:

奉贺　中国语音学报创刊
　　明音辨韵　北斗南针
　　二零零七年七月吴宗济于补听缺斋　时年九十有八

寥寥八字精确地概括了我们编辑出版《中国语音学报》的学术宗旨和目的,当时的情景,每每想起总觉历历在目。回家后仔细品味,发现自己更喜欢"补听缺斋"和"时年九十有八"。吴先生是研究声韵的一代宗师,但他却用"补听缺"来命名自己的书房。认识吴先生的人都知道,吴先生具有深厚的国学功底,他爱音乐、懂摄影、能跳舞,为人豁达。在学术上,他投入了无限的热情,即使年高近百,还不断进取,如同少年。同时,无论是年长还是年幼,学术无论是高深还是初学,他都童叟无欺,一视同仁。他的这种人生观,时时刻刻在感染和鼓励着他周围的每一个人。这可能就是我更喜欢这两句的原因吧。

借用吴先生为《中国语音学报》题词中的一句,做不成韵律的小诗"声韵情"一首,以怀念吴先生的仙逝。

明音辨韵百年情,

童叟识谱皆知音。
韵谱音声依旧在,
补听缺斋无故人。

吴宗济先生虽然已经离我们而去,但他给我们留下了丰厚的学术财富,他的音容笑貌、豁达健谈以及积极快乐的人生观,会永远伴随着他的老友和童友,他的新友和旧友,伴随着他相识的每一个人。补听缺斋那渐渐远去的音声韵谱将永远留在我们的记忆里。

二零一一年一月三十日于北大静园五院

吴先生为《中国语音学报》题词

作者与吴先生合影

我写吴宗济

崔枢华

我正在整理吴宗济先生的口述史《我的百年人生》。在纪念吴先生逝世一周年的日子里,我愿意借此机会把这项工作的源起、拜访吴先生的情况、对写吴宗济口述史的设想和我的一些想法,向关心吴先生、关心这项工作的朋友们做一汇报,以期得到大家的指正和帮助。

源 起

一般写口述史或传记的人,传主与撰写者在从事这项工作之前,大多有着相当密切的关系,或者是亲属,或者是师生,或者是领导者和助手、秘书等,在长期共同生活、共同工作中彼此有充分的了解和信任。这样的组合具有很多先天的优势。

我们的情况与大多数写口述史的人的情况不大一样。2009年1月20日,我第一次拜见了吴先生。在此之前,我与吴先生之间从来没有过任何接触。除了知道吴先生是一位研究实验语音学的前辈学者,在他的研究领域取得了相当可观的成就之外,就是我的老师鲁国尧教授从网上发给我的他与吴先生那一段时间的几次通信。

鲁先生主编《南大语言学》,他做事,总要力求有"特色",他治学,总要力求"创新"。他要把《南大语言学》办成有特色的刊物,除了各语言学刊物都有的"论文"以外,他还设立了一个栏目,叫"史林",这是其他语言学刊物所没有的。这个栏目发表中国近百年的语言学人的回忆录、口述史。清末民初的仁人志士说:"欲灭其国者,必先灭其史:国可灭,而史不可灭。"这种重视历史的传统对鲁先生很有影响。他忧虑,随着时间的流逝,许多宝贵的史料已经丧失,或者将要丧失,因此他对中国20世纪的语言学者的历史,非常关心,在《南大语言学》上发表了魏建功、林焘、赵振铎等前辈学者所写的史料性文章多篇。他又约请了百岁老人吴宗济先生写回忆录,得到了吴先生的同意。但考虑到吴先生年迈,何时成功很难说,特别在他得知吴先生患了癌症的时候,非常着急,他要抢救"国史",因而物色到我。

在给我的信中,鲁先生极力强调为吴先生写口述史的重大意义,而在给吴先生的信中,又举荐我是帮助吴先生写口述史的最佳人选。可以说,吴先生与我的合作,完全是鲁先生一力促成的。

在元月八日给我的信中,鲁先生写道:

"我建议您做一件伟大的事业,就是请吴宗济先生口述历史,您录音、记录、撰写、成文、成书。吴先生101岁了,他本身就是一部百年史,我们后生不抓紧,这部历史不记下来,就对不住世人。

我考虑的结果,只有您最适合做这事……

这是抢救国宝啊。

请您同意。具体，我们再商量。"

收到鲁先生的信，我心里很矛盾：

退休以后，我对自己生活的大致计划是，不再做什么大题目，只把平时考虑得比较成熟的、自己比较感兴趣的几个问题写一写，余下的时间，可以放松放松，发展发展业余爱好，享受享受天伦之乐，对做这件事一点儿思想准备也没有。其次，我的专业是古代汉语，一辈子泡在音韵训诂里，只对相关问题留意较多，而对历史，特别是近、现代史关心不够，对如何从历史的角度把握要写的人物缺乏信心。再其次，除专业的论文之外，别的文体虽然不是完全没有碰过，但都不过是兴之所至，偶一为之而已。写人物传记的事，想都没有想过，更没有尝试过。以我当时的心情、当时的条件，为一位几乎完全陌生的长者写口述史，简直是不可想象的事。

但是我不能拒绝鲁先生，因为他是我的恩师，在我身处困境的时候，鲁先生慨然帮助过我，多年来给过我很多重要的指导和帮助。这样的老师，这样恳切的要求，我怎么能够拒绝呢？

我不能拒绝鲁先生还有一个重要原因：据鲁先生说，吴先生当时已经查出患了直肠癌，帮助这样一位老先生写口述史，真的具有抢救国宝的性质。

但是这一项任务对我来说确实难度很大，能不能做，心里没底儿。我只能抱着试一试的态度来应对这件事。我相信缘分，人与人之间相处到什么程度，要看缘分。所以元月9日，我给鲁先生写信，表示希望拜见吴先生后，看看彼此是不是投缘，再考虑下面的事。

拜访吴宗济

就是在这样的情况之下,我到吴先生家,第一次拜访了这位世纪老人。没有带任何礼物,没有带录音设备,甚至连纸和笔也没有带。

第一次见面,吴先生给我留下深刻而美好的印象。

吴先生思维敏捷,语速快而流畅,用词相当准确;动作灵活,翻找资料时,腰部向前弯得很低,头部也垂得很低——这样的动作即使是六七十岁,甚至更年轻的人都做不到或不敢做,而吴先生这样做的时候,显得轻松自如,让人无论如何也难以相信这是一位百岁老人。

吴先生襟怀坦白。第一次见面,大约谈了一小时四十分钟,吴先生几乎把自己的家庭背景、主要经历等都谈到了。除了送给我他的大作《吴宗济语言学论文集》之外,还把一些资料借给了我。这些资料不但有他的主要经历、亲属关系,甚至还有他在历次运动中,包括"文革"中写的"交代材料"。吴先生说:自己无事不可对人言。又亲笔写下:"但使文章能寿世,不求闻达以骄人",这表现了一位百岁老人愿意把自己的一生坦白地告诉世人,希望对在生的人们能有所帮助的真诚愿望。

在这一次接触中,特别让我感兴趣的主要有三点,一是吴先生复杂的家庭背景、曲折的人生经历,二是他多彩的人生、多样的爱好,三是吴先生对待名利的达观态度。我觉得这三者集中在一个人的身上具有不可多得的典型意义,是造就今日吴宗济的最基本的条件。我感觉到这位老人家与我有些缘分,因此倾向于把这件事做下去。

我对吴先生的正式拜访,可以分为两个阶段:从 2009 年 2 月 5 日,到 2010 年 4 月 30 日,为第一阶段。在这一年多的时间里,差不多每周一次,我驾车到吴先生潘家园附近的家里去拜访这位世纪老人。遇有需要变更访问时间的情况,或当时议定下一次见面的时间,或通过 E-mail 另行沟通。这一阶段共录音 48 次,每次平均两小时左右。此外,还有两次活动也录了音,一次是 2009 年 5 月 16 日鲁国尧先生来京,我陪同鲁先生一起去拜望了吴先生;另一次是 2009 年 7 月 2 日吴先生与阿姨小胡应邀一起来我家做客。今年 5 月初,吴先生病情恶化之后为第二阶段。我到海军总医院去看望吴先生,并录了音。入院时吴先生对自己的健康状况很乐观,仍念念不忘讲述的事,甚至还带了计划讲述的有关材料。但事实上吴先生的病情已经相当严重,起初时而清醒,时而昏睡,到后来多数时间都是在昏睡中。在这种情况下谈话的质量当然不能和此前正常访问的时候相比,但也谈到些过去没有谈过的事。

工作以来给我的感觉是,吴先生对写口述史的事有设想、有准备,是非常认真的。每次到吴先生家,都看到吴先生拿出一个一个事先预备的本子,上面记着要讲的内容。常常听到阿姨小胡说:今天知道你来,他三四点钟就起来了。

工作的时候,主要是吴先生讲述,偶尔有一些对话。吴先生的讲述先从自己的身世说起,以后大体上以时间的先后为顺序,从 1909 年在济南出生讲起,将百年人生逐次讲下来,重点是自己求学的过程和离开学术研究队伍后近二十年的复杂经历。此后,又着重谈了两方面的内容,一是结合自己的经历回忆了一些人物,再是介绍了自己的兴趣和爱好。讲述的内容有时会有些重复,在重复中有时又会有些新内容;有时会遇到些一时回忆不起来的事情,什么时候想起来,再予补充。吴先生讲述的时候,我一面录音,一面记笔记,偶尔问些问题。

个别时段(例如反右以后到"文革"之前)能回忆起来的东西不多。我曾通过 E-mail 把这一段时间国际、国内发生的大事,提供给吴先生,希望能帮助吴先生回忆起自己经历的事情,但效果不明显。

吴宗济口述史的写法

在工作过程中,曾就《吴宗济口述史》的写法与吴先生交换过看法。为了做好我们的工作,我们阅读了近几年出版的一些口述史、传记之类书籍,参考不同人写的不同人物的口述史,结合吴先生人生经历的特点,讨论怎样写才更适合表现吴先生的百年人生,表现那一段历史,讨论我们对这项工作的设想和追求。除了当面讨论之外,也通过 E-mail 表达各自的看法。

在 2009 年 2 月 29 日吴先生给我的信中说:

> "我与君交虽不久,已感相见恨晚。今后无论是在文字上、或学问上,都有许多默契,反觉写传已居其次了。……
> 近日看了些别人的传记,使我有点具体的想法。有人是

把当时的事迹和思想并重,而且发挥得太多,以及把别人的事也扯了一大堆,我觉得这样写,以我百年的经历,就写三年都完成不了。我自思我的特点是,由于身世及遭遇,在脱离学界,干了多种不同性质的行业,又加多次生死关头的考验,和义利之间的取舍,我大都是以'平常心'来应付,而苟免于难了。这些经历,如果不是幼年的家庭教育,和读圣贤书,是不能做到的。(如果我有过去的劣迹隐瞒,是绝对过不了'文革'这一关的。因为'文革'结束后,有一专案调查我的同志对我说:'我为了你的问题,跑了好几千里,到了好些单位,在重庆市政府找到你的特字国民党证,和军事机关找到你的上校科员证据,说明你的交代是真实的。'这对我还是个好事。)

我从1956年由中科院语言所罗常培所长调我来京,定职5级副研。后来由于种种干扰,40年未升一级(从无二例),到今日这个地位,是彻底平反了。这是出我意料的。因此以前的遭败不馁,现在的遇胜不骄,我都有了切身体会。这些经历和当时的思想活动,倒也是有话可说的。

我的历史是够复杂的,如何梳理,只能步步为营了。"

3月2日我给吴先生复信说:

"可能是经过了这几个星期的磨合,我觉得我与您之间已经有了较多的默契:您的很多看法,都和我的想法非常一致。比如您对您自身特点的认识(百年以来干了多种行业,经历了许多奇事、险事,对待义与利、取与舍的态度,坦白真诚、实事求是的品质以及遭败不馁、遇胜不骄,凡事都以平常心对待的人生哲学等),和我对您的观察了解都是完全一样的。我认为,写您的口述史,就要写出真实的您,写出您的真实经历、真实思想、真实情感,真实品质、真实信仰、真实见解,甚至真实的遗憾。只要真,就有价值;也只有真,才有真正的价值。我觉得从您身上能够看到一种人生的大智慧,如果能把它挖掘出来,相信对于今天的人,特别是年轻人将是十分宝贵的财富。"

针对吴先生的健康状况和口述的实际情况,渐渐明确了工作的重点和大致的工作步骤:首先是录好音,并保存好录音资料,这些资料是吴先生百年人生最后阶段留给世人的宝贵财富,是借以形成书面文字的主要依据;其次是在记录稿和录音资料的基础上整理初稿,查阅相关资料,以完成修改稿。我所做的工作主要是组织、剪裁,以及文字上的加工。不片面追求"原汁原味",也不做太多的修饰,要在忠实于口述资料、保证真实的基础上,做到清顺可读。

我和吴先生的关系单纯而明确:合作完成吴宗济口述史,由吴先生口述,由我整理成文。

吴先生对自己的工作有很好的理解。在访谈的过程中,我感觉到,吴先生总是主动地坦诚地想让我了解他,理解他。吴先生很明确地从写口述史的角度,把自己能回忆起来的、值得谈、应该谈和可以谈的东西基本上都谈了。

为了力求真实客观,避免受个人情感的影响,在与吴先生相处的时候,我始终注意保持一种较为理性的态度,维持我们之间的"工作关系"。在交往的过程中,虽然免不了"礼尚往来",但都是尽量淡化。甚至我给吴先生的信,也是自始至终抬头一律称"吴先生……",落款一律称"后学……"。我曾经想,论年资、论学问、论人品,对我来说吴先生都是当之无愧的师辈;不仅如此,在访谈的过程中,我确实从吴先生身上学到了不少东西,因此如用"老师"或"吴老"等更能表示敬意的称呼来称吴先生,可能更好些。但我觉得不改变称呼,保持彼此之间的距离,更有利于把握住一个真实的吴宗济。

吴先生所从事的实验语音学的研究,专业性很强,不易得其门径,为此吴先生特意推荐了一两种同行人写的介绍材料,计划与《年谱》等文字一起,编入附录。

总的想法是,以吴先生的经历为主,围绕着吴先生的家庭背景、成长经历、遭遇的各种事情、交往的各类人物、从事的各种活动等展开,适当兼顾不同历史时期的时代背景,在叙事的过程中,注意挖掘和展示吴先生的内心世界。

我所知道的吴宗济

吴先生的父亲吴永是曾国藩长公子曾纪泽的女婿,庚子之乱时因接驾有功,受到慈禧太后的宠信,从七品县令提拔为四品道台,进入民国后,仍然长期担任道员之类的地方官员;吴先生的生母是清末洋务运动中举足轻重的人物盛宣怀的堂妹,吴先生十一岁时,这位母亲去世,吴先生在上海外婆家生活了三四年的时间。

旧的传统教育和对新潮事物的敏感,对吴先生的一生都有重要影响。

吴先生自己从小体弱多病,在家念过私塾,读过上海南洋中学,北京成达学校,考入清华大学后,念过市政工程系、化学系、中文系,后又考入史语所,先后师从过罗常培、王力、赵元任、李方桂等先生,学习语言学,从事方言调查研究活动;曾在联华影业公司拍过电影,讲授过摄影术;抗战期间曾在四川担任过军委会运输统制局的科员,管理仓库,享受上校的薪金待遇;又在桂林担任"全国节约建国储蓄劝储委员会"(简称"劝储会",是国民政府在抗战期间向民间筹集资金的一个机构)广西省分会主任干事;抗战胜利后,国民党政府为了扼制"劫收大员"们哄夺敌产,派刘攻芸到上海任敌伪产业处理局局长,吴先生随刘调到上海,任该局科长,办理敌产的申请发还事宜;该局扩大为苏浙皖区敌伪产业处理局后,改任专员;解放前期,受中共地下党暗示,没有随国民党撤退到台湾,建国后办过公司,经营过电台,搞过进出口,直到1956年才应罗常培先生之邀,回到老本行,在中国科学院语言研究所从事语音学研究。吴先生不像一般学者那样,一辈子埋头钻研书本,他的经历要丰富复杂得多。

由于经历复杂,吴先生的社交范围比一般的学者也广得多。除了语言学界一些师友之外,与其他各界一些人物也有所交往。其中有政界、军界的人物,如李济琛、上官云湘、刘攻芸,有学界的人物,如傅斯年、俞平伯、张子高,有文艺界的人物,如聂耳、白杨,有市井商人,也有我党地下工作者。在波澜壮阔的历史舞台上,吴先生扮演着自己的角色,也见证着历史。

在1949年后的历次政治运动中,吴先生几乎都不可避免地要接受审查,受到冲击;在十年浩劫中,吴先生当然也未能超然幸免,也曾被批斗、被下放到干校劳动改造。值得庆幸的是,吴先生平安地渡过了这一场场的劫难。不仅如此,"文革"结束时,吴先生虽已年过花甲,身体不但未被摧垮,反而较前更加结实,精神较前更加健旺。吴先生抓住了改革开放的大好时机,凭借着自己坚实的根底,厚积薄发,在实验语音学的研究中脱颖而出,取得了一个个令世人瞩目的重要成果,并带领着他的团队登上语音科学研究的国际舞台。

吴先生从小喜欢自己动手,新买来的装有发条的玩具,要拆开来看看,结果弄坏了玩具,打破了纸糊的顶棚,并因此受到责罚,却仍然是好奇心盛,知"错"不改。爱好音乐,小时候在家里玩,上大学后参加清华校乐队,考史语所时,颇得益于音乐的爱好,归队以后,论音析调,音乐的功底也帮了自己不小的忙。喜欢摄影,几岁大的时候,舅父送给吴先生一架照相机,很早就学会了自己照相、自己冲洗;上大学后,与人结社,切磋交流摄影的经验和体会,摄影技术达到相当的水平。这一爱好与以后从事影音工作,从事仪器设备进口工作等,都有直接的关系,对养成关心新技术、注重利用新的技术手段进行科学研究,也有积极的影响。了解了吴先生自幼养成的追求新事物的性格特点,对这位百岁老人能熟练地操作电脑,能自如地上网,利用网络搜集资料,利用电邮与人交流,能利用打印机自行打印资料,在你面前炫耀新添置的新款照相机……大约就不会觉得奇怪了。

吴先生喜欢诗歌创作。他虽不以诗人名世,但无论是古、近体诗还是词曲歌诀,都合于体式,协于韵律;无论是年轻时的浪漫诗篇,还是进入老年之后沉郁深刻的诗作,都能见其才情,见其志向,显示出吴先生丰富的内心世界。

吴先生喜欢收藏。吴先生父亲在世时收藏了很多古董,父亲去世后,兄弟分家,吴先生名下分得不少名人字画、善本图书和精美的印章等,有些字画、印章深受吴先生喜爱,经常把它们带在身边。可惜这些珍贵的藏品未能躲过兵荒马乱的劫难,抗战胜利后除了几本旧书之外,其他的东西几乎都荡然无存了。

中年以后,吴先生的收藏主要是书籍和各种质地、各种造型的猫头鹰。吴先生爱买书,是一些书店的常客,选购的书籍以专业书为主,又结合自己的爱好买了不少杂书,诸如佛教禅宗、文艺美术、人物传记等各种书籍。这些图书或藏于书柜,或置于案头,吴先生置身其间,享受一种坐拥书城的生活。

在各种艺术品中,吴先生对猫头鹰造型的小艺术品情有独钟。在收藏到两百多件"猫头鹰"之后,吴先生给自己取了个新的室名——皕鹏书屋,"现在我的'猫头鹰'已经超过三百个了",说这话时这位百岁老人像一个天真的孩子。对这类艺术品的钟爱实际上源于对猫头鹰这种动物的感情。猫头鹰是一种益鸟,是人类忠实的朋友,但在中国,在相当长的一段历史时期里,它却被人误会、遭人嫌恶,被认为是不祥之鸟。这让吴先生觉得很不公平。"生平论行藏,与尔差仿佛"(《癖鹏行七十四韵》),在这种鸟儿身上,吴先生看到了自己。他创作的这首古体诗是对猫头鹰的评价,也是对自己坎坷遭遇的感叹,更是对自己人生价值的自信。

关于婚姻、家庭和感情生活,吴先生也谈了不少。吴先生有幼年时期父母包办的娃娃亲,又有少年时代耳鬓厮磨、情投意合的小表妹。在这两者之间,吴先生是如何选择的?为什么?结婚之后,在清华读书期间,和女同学之间有没有什么浪漫故事?在战火纷飞的年代,在奔赴大西南的途程中,吴先生的结发妻子怎样与他同甘共苦、共患难?妻子对吴先生的学业、事业以及面临重要抉择时有哪些影响?吴先生在什么情况下续娶了第二位妻子?主要是因为什么原因,虽然又结了婚,却长期过着名有家室,实近鳏居的生活?吴先生都坦诚地告诉了我们。处理这些问题的态度,从一个侧面反映出吴先生的性格和品质,也反映出一定时期的风俗民情。

  晚年的吴先生对他所从事的语音研究仍是念念不忘。吴先生对探讨汉语声调起源的问题特别有兴趣,不止一次地问我,在沈约等人之前有没有什么文献中谈到声调的问题?令人感到一种"老骥伏枥"的英雄气概,同时也感到一种"时不我与"的苍凉。

  在我所认识的人里,吴先生是一位能把名利看得相当明白的人。吴先生一生经历过大起大落,几度绝路逢生。有时成与败,荣与辱,甚至生与死,相差只在"一间耳"。面临抉择的时候,如果能通过理性的分辨来加以取舍的话,吴先生首先考虑的是"义、利之辨"。

  日本侵华威胁到南京的安全,史语所决定向大西南撤退,吴先生舍弃南京的家当,包括分家时所分得的大量善本书等,毅然携家西迁;由湖南进入贵州不久,他们搭乘的车队遇到土匪,不但抢走了吴先生和夫人身上所有的钱财,还当着他们的面把祖上留下的有多家名人题跋的郑板桥的画撕毁,把包括西泠八家大多数作者在内的名人雕制的鸡血、田黄印章通通倒进山涧……途经贵州时,吴先生的叔祖吴鼎昌正在那里主政,有意留吴先生在那里做官,但为了追随赵元任先生,吴先生不顾眼前的富贵安逸,决定继续西行。

抗战胜利后,吴先生在敌产处理局的职务,有权决定一些产业的归属,在一般人眼里是所谓的"肥差"。在吴先生的同僚中,也确实有人因此发了财,当然最后也有人因此锒铛入狱,身败名裂。在这样的职位上,吴先生不受贿赂,根据自己调查的结果,秉公处置,赢得了上峰的肯定和同僚们的尊重。

在语言所工作时,同门师兄丁声树先生很早就已经是一级研究员,而吴先生多年一直是副研究员。师兄弟二人同在一个单位工作,差别如此之大,能心平气和地相处,已属不易,而谈到丁先生时,吴先生总是充满敬意,就更加难得。我不止一次地听吴先生说过:"丁先生读书下过工夫","关于《广韵》的问题,赵(元任)先生有时也要问丁先生。"

"这个人不要名利",吴先生在转述语言所一位前领导评价自己的话时,显得自信而从容。看多了一些人为了争名逐利而不择手段,看多了因此而闹出的种种可笑可悲的事,看一看吴先生的事迹和他对名利的看法,真如自鲍鱼之肆而入芝兰之室,骤然呼吸到清新鲜美的空气,令人神清气爽,不禁对吴先生肃然起敬。一个人一生怎样才能把名利看明白?看清名利与人的精神、人的健康以至人的事业成功有着怎样的关系?了解了吴先生的百年人生,对自己参悟这些问题一定会大有帮助。

在中华民族几千年文明史上,吴宗济算不上是伟大人物,但他是一位当之无愧的了不起的人。他不像有的"大家"那样,令人

"敬而远之"。吴先生给人的感觉是平易近人,十分低调;正因为这样,他更容易赢得人们的信任和尊重,也让人们觉得他这样的人更贴近我们每一个人。因此,他的经验、他的人生,对我们更有借鉴价值。人生在世,很多人限于他所具有的条件、所处的环境,很多时候不能主宰什么、决定什么,而只能接受什么、适应什么。这种无奈是大多数人在很多时候都不免要面对的,而无论面对怎样的形势都能做出正确的选择,都要求自己力所能及地发挥出积极的作用,才是难能可贵的。吴先生的一生虽然遭遇过很多挫折和失败,但始终做到"一灵不昧",坚持为善,坚持上进,最终实现了自己的人生价值。

吴宗济是一棵大树,高傲挺拔,面对抉择时能坚持原则,有所作为,亦有所不为;他是一株劲草,坚韧顽强,遭遇挫折时善于巧妙地奋争,终于耐过严冬,迎来春光。

吴宗济是一位名副其实的世纪老人。在他一百多年的人生旅程中,前七十年经历过清末的动乱、民国时期的军阀混战、抗日战争、解放战争,又经历了1949年以后镇反、肃反、反右、四清、"文革"等一系列政治运动,可以说历尽了艰苦,饱受了挫折。直到七十多岁以后,国家改革开放,政通人和,百废俱兴,吴宗济才迸发出科学研究的积极性,实现了自己生命的辉煌。他的坎坷人生从一个侧面反映出国家的兴衰荣辱。

我相信,研究吴宗济,了解吴宗济,对一般人来说,一定会从吴宗济的经历中,从他身上汲取到有益的东西;对在一定岗位上的领导者来说,明白了天降人才,不拘一格的道理,用人之所长,会让很多人都成为社会的积极力量,对社会做出美好的贡献。这些对于今天的世道人心是大有裨益的。

吴宗济不属于哪一个人,甚至不仅仅属于哪一个专业研究领域,他属于我们这个民族,属于我们这个时代。因此诚恳地希望吴先生生前的各位亲戚、朋友、同事、学生等能提供有关吴先生生活、工作的各种事迹或相关线索。凡吴先生著作中没有记载、口述中没有谈到而又确有史料价值的,一定认真虚心采纳;吴宗济口述史如有机会公开出版,一定声明致谢。相信吴先生在天有灵,也一定会欢迎大家的帮助。

2011 年 1 月 5 日

世纪老人的音路历程与传奇人生[①]
——中国社会科学院荣誉学部委员吴宗济先生侧记

李 蓝

吴先生名宗济,字稚川,笔名齐鲁、齐水,生于1909年4月,浙江省吴兴县人。1934年毕业于清华大学中文系。1935—1940年任中央研究院历史语言研究所助理研究员。1940年后转金融业工作。20世纪50年代调中国科学院语言研究所,1956—1978年任副研究员。1979年任中国社会科学院语言研究所研究员兼语音研究室主任、语言研究所学术委员会委员、中国社会科学院研究生院语音学专业导师。同年当选为国际语音科学会议常设理事会理事,《声学学报》和"Chinese Journal of Acoustics"编委。1981年起,历任中国语言学会理事及学术委员会委员、中国声学学会语言与生理声学专业委员会副主任。1999年当选为国际语音科学会议常设理事会荣誉理事。2000年被聘为国家863智能计算机成果转化基地顾问。2006年被中国社会科学院授予荣誉学部委员

[①] 吴先生是中国农工民主党党员。农工北京市委机关刊物《北京农工》2007年向笔者索稿介绍吴先生,笔者根据手头资料草成此文,后面呈吴先生求正。吴先生曾两次约谈笔者,并亲笔更正多处。——李蓝2011年1月26日补注。

称号。

　　以 1957 年为界,吴先生将近八十年的学术生涯大致可以分成两个阶段。从清华大学毕业后,吴宗济先生被一代语言学大师赵元任选中,与杨时逢、丁声树、董同龢等三人一道,成为赵元任先生的四大助手之一,时人雅称为"赵门四进士"。此后,吴先生即跟随赵元任从事方言调查研究工作,在抗日战争的硝烟中辗转调查了湖北、湖南等地的汉语方言。1948 年,《湖北方言调查报告》由商务印书馆正式出版。1957 年,吴先生根据广西武鸣的调查材料写出《武鸣壮语中汉语借字的音韵系统》一文,发表在《语言研究》上。

　　此后,吴先生的研究重点转到实验语音学。在这一全新的高科技领域,吴先生展示了自己文理兼通的学术优势,倾尽全力,为新中国的实验语音学的创立和发展做出了巨大贡献。他一方面教书育人,协助许多高校创办语音实验室,另一方面勤于著述,先后出版、发表了包括《谈谈现代语音实验方法》(上、下,《中国语文》1961 年第 10、11 期合刊,第 12 期)、《一种分析语音的重要仪器——语图仪综述》(《科学仪器》1963 年第 1 卷第 3 期)、《普通话发音图谱》(合作,商务印书馆,1963 年)、《普通话元音和辅音的频谱分析及共振峰的测算》(《声学学报》1964 年第 1 卷第 1 期)、《汉语普通话辅音声学特性的初步分析》(《四机部一所电子技术会议录》)、《实验语音学知识讲话》(合作,《中国语文》1979 年第 1、2、4、5、6 期)、《普通话辅音声学特征的几个问题》(合作,《第二届全国声学学术会议论文摘要》)、《什么叫"区别特征"》(《国外语言学》1980 年第 1 期)、《试论汉语普通话语音区别特征及其相互关系》(《中国语文》1980 年第 5 期)、《实验语音学与语言学》(《语文研究》1981 年第 2 期）及《普通话"语调"规则初探》(1981 年)、《普通话语调的实验研究——兼论现代汉语语调规则问题》(1981 年)《普通话单音节语图册》(合作,中国社会科学出版社,1986 年)等重要论著。现在,这些著作均已成为现代实验语音学领域的著名经典。

吴先生虽已退休多年,但仍每天读书看报,活跃在科研第一线。最近,吴先生完成了中国社会科学院的老年社科基金资助课题《普通话语音合成高自然度处理方案的研究》。这个项目是他近期的研究重点之一:提高语音合成的自然度。此外,吴先生还在语音与文字相互转换等研究领域取得了一些突破性的成果。

吴先生曾说过,"我一生的经历,如删繁就简来说,是一部音路历程的历史。"吴先生不只是中国现代语音学创立、发展、壮大的见证人和重要的参与者,拥有丰富而完整的学术人生,同时,吴先生的一生还是传奇的一生,他本人就是一个传奇故事。大略而言之,吴先生之奇主要是以下三个方面构成的。

首先是家世之奇。吴先生的父亲单名讳永,吴氏本为江南世家,但吴永本人却是在极其偏远的四川西昌的知县衙门出生的。吴永幼年身世飘零,14 岁失怙,家贫如洗,无钱读书,四处漂泊以买字刻印为生。流落到湖南时幸得曾纪泽(曾国藩之子)赏识,曾氏供其读书,后苦学中举,并迎娶曾氏女为妻,除授河北怀来县知县。风云际会,光绪二十六年(1900 年)秋,一介知县吴永因迎慈禧圣驾而获重用,从此声闻天下,名垂青史。"榆林堡救驾"的故事现经多种小说、野史以至电视剧反复演绎后已面目全非,真实情况当以吴永本人的《庚子西狩丛谈》所述为准。

其次是吴先生之高寿与健康世所罕见。到今年,吴先生已整整 98 岁了,但老人家依然能吃能睡,身体硬朗、步态稳健,思维清晰。吴先生常被人问及养生之道。归纳起来,吴先生高寿而健康的原因主要有四个。一是勤于用脑。吴先生认为,勤动脑子对人的身心均有极大益处,肯钻研就能保持积极向上的心态。二是打坐养心。每天打坐一小时直至完全入静,入静后万念俱忘,脑子完全放松,打坐后身心俱感舒适安逸,做起事来自然思维清晰,效率奇高。三是饮食随性适意,想吃什么就吃什么,想喝什么就喝什么,不刻意追求"健康绿色"的生活方式。四是少运动多活动。"少运动"是指基本不做打球跑步等可能伤害身体的剧烈运动;"多活动"是指多骑车多走路,凡是自己能做的事都亲力亲为,尽量不麻烦别人。

吴先生还有一奇是收藏之奇。世人喜欢收藏之物无非金银珠宝或名人字画之类。吴先生的父亲吴永是民国时期的书法名家,他们家平时交往的亦多为文人雅士。在这种家庭气氛中成长,吴先生耳濡目染,按理说,喜爱字画,收藏点字画当在情理之中。但吴先生喜欢并收藏的"爱物儿"却是中国人普遍厌弃的猫头鹰。在吴先生的"补听缺斋"里,除了大大小小的计算机和各种中外文书籍外,随处可见的是各式各样、造型奇特的猫头鹰制品:墙上有猫头鹰风筝、猫头鹰挂钟、猫头鹰温度计、猫头鹰形镜子、猫头鹰形老头乐、猫头鹰石板绘画、猫头鹰挂盘、猫头鹰装饰画;柜子里有猫头鹰造型的圆珠笔、钢笔、橡皮、图章、发卡、手电筒、牙签盒、瓶起子、手表、钥匙链、银币;桌子上有猫头鹰形的草编筐、电扇、台灯、糖盒、装饰盒、瓷罐、存钱罐、景泰蓝等等。据吴先生说,这些琳琅满目,形形色色的猫头鹰饰品及器物有三百多只(件)。

有人问吴先生为什么会喜欢猫头鹰。吴先生的回答很有意思:俗话说,夜猫子进宅,好事不来。一般人都认为猫头鹰可怕,晦气。其实,猫头鹰是益鸟,每年能捉二三百只老鼠,它夜里辛勤工作,干了好事还挨骂,因此他要为猫头鹰正名。此外,猫头鹰是很聪明的飞禽,人应该和大自然中的万物和谐相处,与猫头鹰这种益鸟结为朋友,会让我们的社会,我们的世界变得更加和谐,更加美好。

和善的为人,平和的心态,和谐的人生。这应该也是吴先生高寿而健康的重要原因。

祝可亲可敬的吴先生永远健康长寿!

怀念永远的吴先生

曹 文

11月30日,今天是吴先生逝世4个月的日子。在都柏林30年不遇的漫天飞雪中,我又默写了一遍《心经》,然后查看电脑里保存的历年来与先生的合影。泪水模糊了双眼,但往事却是那样清晰地浮现在眼前。

第一次见到吴先生是1995年秋,他应北京语言文化大学教务处孟子敏处长的邀请来到北语做学术报告。他用一张张幻灯片,向我们展示了汉语实验语音学中可用于对外汉语语音教学的成果。包括我在内所有听讲的师生都感到深受启发、大开眼界。不过,我最后还感到了一点遗憾,因为当我向他索要一篇文章时,先生未置可否。现在想来,我真的是不懂事,那时查找、寄送文章都非常不便,我一开了头,别人也都要,那该怎么办?

1996年8月,在北京广播学院(即今中国传媒大学),我第二次见到吴先生。当时第三届全国语音学学术会议在那里召开。我从韫佳处得知消息时已晚,只得以旁听者的身份参会。因未提交论文,所以总有些自卑,觉得自己像个蹭会的。那时吴先生总是被代表们簇拥着,我只能对他远望与敬仰。

与吴先生近距离有所接触和交流是在1998年。先是那年5

月,香港城市大学的徐云扬教授和在城大访问的林茂灿教授共同组织召开了一次"汉语及少数民族语言语音学研讨会"。我的投稿被会议录用,因而得以随林焘师赴会。会议结束后的晚宴上,气氛非常好。因"两岸三地"的语音学同人在当时难得相聚,许多代表彼此敬酒、合影留念。吴宗济先生和林焘先生当然是最受尊敬的人,而且他们坐在一起,所以大家争相向他们敬酒、与他们合影。我去给两位先生敬酒时,正好台湾的蔡素娟、张月琴两位老师带着她们的学生也去敬酒,于是我们一同和两位先生合影留念。到了那年8月,吴先生又一次到北语参加北京市语言学会第五届年会。会上我把在香港拍的合影给了他,同时向他讨教了一些中古音声调构拟的问题。

1999年10月,我"现代汉语"和"普通语音学"的授业恩师冯隆老师自瑞典回国省亲。一天他打电话问我是否愿意和他一起去看望吴先生。虽然之前见过吴先生几面,并且也有了几次接触,但是我从未奢想过登门拜访。这次眼看有这样的机会,那正是求之不得,所以很欢喜地答应了。

到了吴先生家,我马上就看出他很喜欢冯师。他们热情地握手、拥抱和寒暄之后,那种久别重逢、故人相见的温暖很快地感染了我,刚开始的拘束感一会儿就消失了。在交谈中,先生提及商务印书馆计划出他的论文集,并希望他把过去用英文发表的文章全部翻译成汉语。可当时先生正忙于《赵元任全集》的编校工作,记得他说"老师的文集当然要比我自己的重要和优先",所以准备把自己的文集先搁置,论文的翻译也想请别人来做。冯师随即向吴先生推荐我,他说我本科时学的是对外汉语,中英文并重,研究生又跟林焘先生学语音,应当胜任。吴先生对冯老师说:"既是你推荐的,又跟林焘[注:先生总是据古音念táo]先生学过,那是正好。"我也没怎么谦虚,"哪里哪里"后,说了心里话:过去想看先生的文章还找不到呢,正可通过这种方式来学习、请教!于是他拿出"不同语气语调的可预测性"那篇文章的英文稿让我回家翻译,同时还交给我"移调"一文的英文、印本以及一份汉译稿,并告诉我那篇汉译稿是请别人翻译的,他没时间校对,让我顺便校一校。临走时,他让我不必着急,有什么问题再联系。

我也确实没"着急"。因女儿即将出世,同时汉语学院期末事多,我"拖"到12月中旬才把"可预测性"的译稿送给先生[注:近日整理先生给我的信件及译文草稿,竟发现汉译的初稿有一页是写在我女儿出生证复印件背面的!——看来小女亦与先生有缘]。而"移调"一文的汉译校稿,我2000年1月1日才给先生寄去。

不久之后,我接到先生打来的电话。他主要说了四件事:一、"可预测性"一文译得不错;二、"移调"原译问题很多,请我重译;三、所有英文稿件交由我译;四、全部文集请我整理、校对。我难以压抑兴奋之情,欣然地接受了先生之托。

从那以后,我成了先生家的常客,聊得晚了常常就睡在他家。老少二人交谈的由头自然是先生的文章,但实际上却无所不包。我们谈音、论道、议事,我们还饮茶、品酒、喝咖啡、吃美食,其乐融融。先生的小屋简居,补听缺斋,我觉得是那么的温馨。在那里我感到全身心的放松,有时自己都觉得有点放肆,想坐就坐,想躺就躺,晚上睡沙发,要是中午就睡他的床——他从来都是笑眯眯地看着我。因为我从小没见过自己的爷爷和外公,所以有段时间常常想,若他们活着,一定也就是像吴先生这样宠着我。他前后三位保姆(安徽人小王、河南人小张和四川人芳芳她妈)甚至也都跟着吴先生一起对我很好——感谢她们对吴先生曾经的照料!

有时先生还给我讲一些他过去的经历,让我感到历史竟可以变得那么地贴近,常常欷歔不已。他模仿潘梓年带苏北口音的上海话"吴先生啊,侬弗晓得……"惟妙惟肖,如在眼前;他黔地遇劫,富贵看淡,荣辱不惊;他随遇而安,不患得失,重情轻利,感恩师谊,仁心怀天下,绿意看人间。他与林焘师先后都师从过李方桂先生,二老相互敬重,甚而可说是惺惺相惜。应林师的求请,他甚至把报考社科院实验语音学研究生、得分最高的考生(即后来成为我的博导的沈炯师)无私地"让"给北大!从先生的文章里、经历中,我获得了许多知识和感悟。我折服于他的人格魅力,受益无穷。

译编过程中,我发现先生有几篇稿子尚未公开发表,于是经先生允许分别投给了《语言教学与研究》、《世界汉语教学》和《语言学论丛》,皆得到主编的欢迎,顺利发表。

到2003年夏,吴先生文集的全部文稿终于齐、清、定地交给了商务印书馆的谢仁友兄。

在给先生翻译、整理文稿期间,我的生活中还发生了几件事:女儿问世;考上了北大的博士;获北语青年教师优秀教学一等奖;出版两本教材;评了副教授;两次被 US 使馆拒签。但是,这些与我跟吴先生建立的情谊相比,都算不了"大事"。几年的译稿、编稿和交往,我跟先生之间已有了难舍的亲情,我的女儿也很自然地称他为太爷爷。

从 2004 年开始,因为文集已出版,我去先生家不如过去勤了,但逢年过节、他的生日,平均每年也要去个三四回。而且,我不止一个人去,往往带孩子、家人或与朋友、学生同去。我希望他们也能去感受感受先生的——精彩人生,(却)甘贫乐道;通识学问,(而)豁达从容;以及仙风道骨、看透浮华。

(吴先生给我的一封短信)

好像是 2005 年底,我从香港短期讲学归来带了点食品去看他。一进门,他带着沙哑的嗓子对我说"你可有好久不来咯"。至今想起,仍觉心酸异常。那天聊不多久,他就告诉我他的夫人在上海去世了,我是他第一个告诉的人。那是我第一次见到先生神色暗淡的样子。(后来有两三次我带家人去看他时,他曾把夫人的画集拿出来给我们看。很少见到工笔画能有那么脱俗的美。)数十年的情感埋藏在他的内心,可惜我们永远也无法知道了。

2006 年我博士毕业,后来又逢林师去世,我去看他的次数较少,大概只去了两次。

2007 年我有三次是带学生去看望先生的。第一次带的是李方延、边卫花和藤井圣子,那天刚跟吴先生说好,正巧我新结识的好友、同仁医院耳鼻喉科的张华主任打来电话,请我去他们研究所讲一次课。张兄曾是南开第一期实验语音培训班的学员,本就对吴先生执弟子之礼,不久前又刚给先生配了一副令先生非常满意的助听器,知道我的意愿后,立即提议讲课后请先生在新侨聚餐。吴先生痛快地答应了。后来先生在给我的电子邮件中称之为"快晤",跟语音学的后辈们在一起,他感到非常高兴。第二次去随行的是李倩和杨洪荣,因为要准备 PCC 2008 的论文,我顺便向先生借了李方桂的《泰语比较手册》。第三次带着一起去的是王东宁,纯粹是去给先生拜早年。因为东宁本科就读于清华,且那天先生的大公子吴佑之老师正巧也在,我于是为他们合拍了一张照片,名为"三代清华"。

2008 年本来应是喜庆的一年,因为第八届中国语音学学术会议暨庆祝吴宗济先生百岁华诞语音科学前沿问题国际研讨会在京顺利召开,来自世界各地的知名语音学家、学界同人、语音新锐共同见证了他在十层蛋糕前的英姿。不料会后不久,爱军、子瑜即告知先生患疾!这于我不啻是滚地的炸雷。几天前刚在献给先生生日礼物(一只我从马来西亚带回的猫头鹰木雕)的红纸套上写过"继续战斗,做长寿的语言学家,活到一百二十岁再说☺……"没想到竟传来这样的消息!当天我就给张华打电话,告诉他这一噩耗并请他利用关系为先生提供最好的医疗条件。我还将我所有的电脑桌面都设为先生的图片,想的是每日能看到他的笑容,亦每日能为他祈祷。从那以后,我的电脑不再正常关机,因为我害怕手一慢就会看到屏幕上先生的笑容变成灰色……

当知道先生的病情控制得不错并已出院后,我简直高兴得要跳起来。挨到放暑假,终于我忍不住一个人去看了他一次。果然他精神很好,面容也不像后来那么消瘦。他跟我开玩笑说:"活到现在早已够本啦!"那是我最后一次在他家睡觉。中午,先生的床。然而我根本睡不着。我看到了床头我送他的猫头鹰,泪水情不自禁地就涌了出来。我还看到门后贴着的、姬臣手书的诗:"语音声韵梦魂牵,继晷焚膏年复年,任尔霜华催双鬓,但将绿意看人间。"那确是对先生很好的写照。我随即起床,征得先生的同意后,把那首诗拍了下来。到国庆节,我又和先生的老友、对我有过知遇之恩的赵金铭老师以及已从日本归来、成为我的好同事的劲松兄一起去看了先生。

2009年,先生一百周岁整。3月底我买了一百朵红红的玫瑰,带了刘少玲、王丽媛、彭金美和伊朗学生阿明一起去看他。他精神矍铄,谈锋尤健。最后,学生每人都得到了一本先生亲笔题字的《吴宗济语言学论文集》。他们如获至宝。在回学校的路上,阿明感慨:"吴先生一百岁了还在做研究,我要好好学习了。"然而到了国庆节,当我和赵金铭老师夫妇再去看望他时,他虽目光炯炯,但却是消瘦了许多。

2010年两次拜见吴先生,一次是1月27日随冯隆师带魏伟、赵咪同往,二次是5月3日携家人前去看望。第一次先生尚能与我们共餐,并在学生买了带去的《吴宗济语言学论文集》上签名题字,第二次精神即大不如前。他对我的妻子说:"您喜欢什么书,带走就是了"。他还拿出活页本,执意让我们"随便"写点什么;于是我珍重地写上"敬爱的吴宗济先生,我们永远热爱您,您是我们全家的偶像!"令我心痛的是,当孩子跟着电视唱起"长亭外,古道边"的时候,先生忽然问我们会念《心经》吗?随即便开始吟诵起来——

"……舍利子
色不异空　空不异色
色即是空　空即是色
受想行识　亦复如是
舍利子
是诸法空相　不生不灭
不垢不净　不增不减
是故空中无色　无受想行识
无眼耳鼻舌身意　无色声香味触法

无眼界　乃至无意识界

无无明　亦无无明尽

乃至无老死　亦无老死尽

无苦集灭道　无智亦无得　以无所得故

菩提萨埵　依般若波罗蜜多故

心无挂碍　无挂碍故　无有恐怖

远离颠倒梦想　究竟涅槃……"

当我们告别时，先生坐在沙发上对我说："我不送你们了。"这在过去是从未有过的！3日当晚，我就将《心经》从网上下载、打印出来，并且书房、办公室各贴一份，每日两念。不祥的预感从那天起一直在我的心里沉浮……

后来听爱军说，先生5月4日住进了海军总院，直到7月30日离世。5月3日，先生已虚弱得难以站立，难道他就是在等着见我最后一面后才肯去医院的吗？

……

8月的前两周，我天天失眠。我在中断记日记十年之后又开始写起来。每天抄/默写一篇《心经》后，再泡一杯浓浓的摩卡咖啡（第一次知道并品尝这种咖啡正是在吴先生那里），回想与先生交往的点点滴滴……

今后我再也不会去劲松西口潘家园1号楼801了，今后再也见不到我最最敬爱的吴宗济先生了……今后我所能做的将是永远永远地怀念他。

先生一去　鸥枭日后谁与看
补听长关　音路将来怎样行

   2010 年 11 月 30 日　初稿　于爱尔兰都柏林
   2011 年 1 月 7 日　改定　于北京海淀西三旗

生命的奇迹

——追忆敬爱的吴宗济先生

王韫佳

第一次见到吴先生是在1991年的第一届中国语音学学术会议上,那时候他已是年逾八旬的耄耋老人,与人交谈往往需要助听器。那次会议的东道主是北京大学,我们这些做学生的自然地充当了会务人员。吴先生一个个地问我们的名姓,他把我一个学妹的名字"海丹"听成了"海滩"。他告诉我们说,这个事情说明,基频的听辨在语音中是最容易的。第二次与吴先生有接触是在1992年。我的授业恩师林焘先生邀请吴先生来北大中文系做学术报告,派我去劲松吴先生府上接老人家。到吴先生家后,他热情地带我参观了他家的每一个房间,还将他家的小阿姨给我做了介绍,这让本来有些局促的我立刻放松了许多。

第二届中国语音学学术会议召开的时候,我已经从学生变成了教师,但是在学术会议上发言还是难免紧张。我记得我发言的时候吴先生坐在第一排,他闭着眼睛似乎在打瞌睡。这就让我的紧张又增加了几分,我认为自己的报告太乏味,以至于老先生都不爱听或者是听得睡着了。没想到,我报告完之后,老先生立刻睁开眼睛向我提问,并且就我所报告的问题谈了他自己的一些看法。

事后有老师告诉我说,在学术会议上若是看到吴先生闭着眼睛,千万不要武断地认为他是在睡觉,他没准比谁听得都仔细!

吴先生对于后学一向给予热情的鼓励和支持,这在语音学圈内是众所周知的。但是由于地理的间隔和我自己性格的缘故,我很少主动向吴先生问学(现在想来惭愧万分)。唯一的例外是在1998年,业师林焘先生应语文出版社之邀主编《中国语音学史》,他让我撰写最后一章"现代语音学在中国的兴起与发展"。吴先生是现、当代中国语音学史上最重要的人物之一,对于他老人家学术成果的介绍,我是"战战兢兢、如临深渊"的感觉——因为害怕误解他的学术思想。我为寻找吴先生的一些学术文章给他老人家打电话,由于他的听力衰退比较严重,电话交谈有些困难,于是,老先生赐函于我,给我讲解了他的文章的主要思想,并将我所需要的资料全部复印了寄给我。《中国语音学史》由于种种原因在林师生前,甚至在吴先生生前都一直未能付梓。令人欣慰的是,就在吴先生仙逝后不久,这部书稿终于正式出版,这也算是对吴先生和离开我们3周年的林焘先生的最好怀念吧。但我仍然对吴先生抱有深深的歉意。当年在写作的时候我不到30岁,学术上的幼稚和性格上的怯懦使我无法对包括吴先生在内的许多前辈的工作有更加深入的阐释。去年夏天,语文出版社突然决定重新启动《中国语音学史》的出版,作者修订稿件的时间比较紧张,我又需要对十余年来汉语语音学的发展做补充交代,因此实在没有精力去仔细修改十余年前写成的旧稿了。最近,沈炯老师在看了我写的这部分内容之后批评我说:吴先生对汉语语调研究中所做的贡献,你介绍得太简单、太不够了!

2000年之后我跟吴先生也有过一点学术方面的接触。大约是在2003年,也是在一次开会的时候,他问起我的研究工作,并且要我把新发表的论文给他看看。当时我与在微软亚洲研究院工作的朋友初敏有着很密切的合作关系,我们试图利用微软的语音语料库对连续话语中汉语的重音问题进行一些探索,吴先生对我寄去的文章给予了热情的肯定,并且谦虚地说我们在新技术支持下的研究比他们那个年代的研究"深入多了"。我当时在北京语言大学工作,那段时间做了一些汉语作为第二语言的语音习得方面的工作。彼时,语音习得问题在汉语语音学界还是一个非常冷僻的分支,对比分析假说以及为课堂教学服务的实用性研究在国内的第二语言语音习得研究中还占主流地位,因此,在许多人眼中这个研究方向只不过是语音研究领域的"小儿科",甚至是"旁门左道"。但是,吴先生却鼓励我说,这个方向很好,值得一直做下去。他跟我说到一件有趣的事情,有一次他去日本开会,在出租车上跟司机说他要去某某中心,但是司机听不懂他说的英文 center 这个词。他写成汉字给司机看,司机说,啊,是/senta/!吴先生对我说,日本人把央元音听成了低元音,这个问题就很值得研究。实际上,当时我也注意到了这个问题,而且也一直在思索日语母语者在感知中对汉语普通话单元音的范畴归类问题。吴先生的话给了我鼓舞,于是,在2003年的"非典"期间我为这个问题专门设计了实验并且把合成语音刺激全部都做好了,只可惜到现在我这个实验都没有动手做,而日语母语者到底为什么会把英语的央元音甚至是汉语普通话的后半高不圆唇元音[ɤ]等同于低元音,这个问题我也一直未能继续追究下去。应该说,我是有愧于吴先生对我的启发和鼓励的。

最后一次见到吴先生是在 2009 年 1 月。当时，99 岁高龄的老先生被查出罹患重病。吕士楠老师约了初敏和我一起去探望他老人家。那天，因家中小女无人照看，我只好带着她一同前往。小朋友的到来让老先生很高兴。他把小朋友领到他的猫头鹰玩具收藏柜前，让小朋友随意挑选。老先生又郑重地请小朋友在他家的来宾登记簿上签名，小姑娘毫不客气地分别用楷体和签名体把自己的名字写了两遍。过了一会儿，老先生拿出那个签名簿琢磨，他没有看懂小姑娘那"龙飞凤舞"的签名体，于是困惑地问我：小朋友名字下面的这位是谁？我怎么不记得今天还有别的客人来访？

那天我们本来准备坐坐就走的，没想到老人家精神很好，他只字不提他的身体，而是兴致勃勃地跟我们讲述了许多往事。他谈到了他的家世，谈到他在清华的大学生活；谈到抗战期间的重庆，谈到抗战胜利后担任"接收大员"在南京等地查封"逆产"；谈到他家的私人藏书被充公到当时南京的国家图书馆，谈到政权更迭的时候家人多数都去了台湾而他毫不犹豫地留在了大陆；谈到 1949 年之后他工作的变更，谈到历次政治运动中成为"运动员"被折腾来折腾去……在我听来，这些经历，十有八九并不如意，但是吴先生就那么轻松地回忆着，仿佛是在叙说别人的故事。家族的由盛而衰，职业的变换无常，亲人的聚散离合，有些是他主动选择的，更多的是他被迫接受的，但是他没有向我们表现出丝毫的怨怼和后悔。仔细想来，在 1949—1979 年的 30 年间，他真正能够从事学术活动的时间并不长，当"科学的春天"终于姗姗而来的时候，他已经年近七旬了。在古稀之年，让学术研究重新开始，这需要多么大的勇气和定力？而听吴先生道来,这一切却显得稀松平常,一如他每天必喝的咖啡那样,只是人生的一个爱好使然。

那天,吴先生曾经对我提到,他还保留着几年前我送给他的文章,这让我既意外又感动。临走前,他特地给我写下他的 E-Mail 地址,要我把近几年新写的文章发给他。疾病和年龄,似乎完全被他忽略了;学术,依然是他生命中最重要的组成部分。我当晚回家写下这样的日记:这是一个生命的奇迹。能够与这个奇迹如此近距离地接触,是我们这些人的幸运。

很后悔当时没有带上录音笔,把吴先生那天长时间的谈话录下来。泰山其颓,哲人其萎,一个纯学术的时代,随着吴先生、林先生他们那一代人的谢世而逐渐地终结了。他们的一生,虽历尽坎坷,却始终对学术研究抱着纯洁的赤子情怀。与老先生们比起来,我们似乎是幸运的,我们不必像他们那样因为国家的外辱内忧而被动地更改生活的轨迹,但是,我们又不幸生活在一个功利和浮躁的时代,学术圈并不能成为这个时代的桃花源。我想,在有闲暇的时候,回顾一下老先生们所走过的人生道路,也许能够起到一点净化我们灵魂的作用吧?

飘然一去"无踪迹",但留绿意暖人心

王国平

一

2009年的某一天,北京劲松潘家园1号楼。

他问:王先生,来杯咖啡吧?

我答:对不起,我喝咖啡晚上睡不好。

他呵呵一笑,端起杯子,边轻轻地吹着咖啡,边自言自语:以前我咖啡当茶喝。

我眼巴巴地看着,用流行的网络语言形容当时的心境,恰是"羡慕嫉妒恨"。

同年的另一天,北京劲松潘家园1号楼侧边的新疆小餐馆。

他问:王先生,来瓶啤酒吧?

我答:对不起,我喝酒过敏。

他哈哈一乐:在家保姆不让喝,终于有机会了,那我就喝了。

随即端起小口杯一饮而尽。我满脸烫红,跟醉酒了一般。

他时年一百,我不到三十。

这样的故事,我经常讲给朋友听,带着愧疚的口气,感叹"年龄不是问题"堪称真理。

如今,这个叫吴宗济的可爱老人远走了,给我留下的是悔恨——当时怎么就没有下决心宁愿一个晚上睡不好来陪他品味咖啡的芳香,怎么就没有下决心宁愿全身过敏也同他一醉方休。

"哎!都错过了,年轻人是时常错过老人的;故事一串串,像挂在树梢尖上的冬天凋零的干果,已经痛苦得提不起来……"这是画家黄永玉的感慨。现在读来,尽是感怀。

还好,我多少收藏了关于他的些许故事,闲时一一回望咀嚼,顿时他的形象与风范历历在目,或敏慧,或谐趣,或清朗,或古朴,或温顺,或慈祥,或愠然,或激昂……

每次跟他见面,进门的瞬间,不禁暗暗思忖:按照某电视广告的调调,男人,不止一面,今天你"秀"哪一面?

不管"秀"出的是哪一面,他始终是我眼里的一位德行高远的真人,一位值得推心置腹的长者。

二

我所供职的《光明日报》这几年专门开辟"人物副刊",旨在反映文化、艺术、思想领域大家的学术成就和精神风貌。主编罗列出了一份长长的采访名单,让我"领走"感兴趣的人物,自行去采访,按时交稿即可。

"吴宗济,1909年生,清华第六届毕业生,赵元任'四大助手'之一……"文字虽短,但一下子吸引了我的注意。

这肯定是个有故事的人。

怎样找到这个人？感谢互联网。一位前辈贴出博文，内容是关于吴宗老写的七律诗词。难得的是，这位前辈在博客里留有自己的个人邮箱。一封求助的邮件过去，一个热心的电话打来，吴宗老家的电话就记在笔记本上了。

拨通了电话，接应的正是吴宗老。说明来意，他欣然应允，并问道是开车来还是坐车来。是坐车，应该坐哪一路，"下车了往右拐，路南，有个银行，有个稻香村，旁边有个20层的楼就是了"，一一说清。

都百岁高龄了，思路还这般清晰，这个人，不简单。

2009年7月7日上午，我敲响了他家的门，开始了一段奇妙的人生旅程。

三

这样的采访很轻松，带着耳朵来就行。抛出一个问题，他滔滔不绝，旁征博引，细枝末节都讲透了，并且富有联想，自然而然就转向了下一个话题。

有人说，真正职业化的记者在采访时应该占据主动位置，掌握话语权，引导采访对象，不可任其天马行空地海聊，否则就失控了，形成"采访事故"。这话有一定的道理，但面对吴宗老，这话不免显得苍白。

浑身是故事的人，思路正在跳跃，往事一句赶着一句地奔突而来，你强制性打断了，让人家卡壳了，失望、无措，甚至愤怒都写在脸上，关键是从这时开始，氛围不对了，就可能永远错过了一串又一串的故事,怎么弥补都是白搭,这才是真正的失控。

何况为了接待我和摄影记者的来访,前一晚上吴宗老收拾房间、准备材料至深夜。一个老人,一个百岁老人,行事这般认真,你怎么好意思高谈阔论"职业化"?

管他记者不记者、职业不职业,认真听好了、记住了才是上上策。

彼此越聊越欢,他堪称传奇的过往渐渐清晰:他的家世颇有渊源,父亲吴永是慈禧跟前的红人,著有《庚子西狩丛谈》,"中外推崇,视为信史";他从小体弱多病,甚至有大夫诊断"活不长",结果他用了整整一个世纪的生命奇迹证明这个大夫是多么的平庸;他对语言学痴迷不已,宁愿抛弃家业,历经动荡,矢志不移……

最受感染的还是他的幽默与达观。

他妙语连珠,张口就来,历史风云、人生苦难,他"四两拨千斤",最终归于内心的淡定与从容。

他说过的,我大多都记下了,时不时拿出来重温一番,感受这位"牛人"历经磨砺而洋溢出的那份大气与洒脱——

小时候我很淘,从书上读到了田单的火牛阵,牛角上绑两把刀,一冲,就赢了,有意思。我想试,可惜没火牛,但是有猫。我就在猫尾巴上系一串鞭炮,一点着,猫就拼命地乱窜,钻到保姆的床底下,把保姆吓得直哭喊娘。我很得意,父亲则不认,揍了我一顿。

我父亲的故事,拍成了电视剧《慈禧西行》,张国立演我的父亲。这个电视剧吧,大致还不差,不过也加了点花花草草,说慈禧太后送给他一个宫女,没这么回事,因为这就意味着我多了一个妈。

我退休了,工作没有减少,脑筋比从前还要好。开会他们有时候不叫我去了,社科院必须去的还是去,外边的老师的纪念会我还是去。外地的就不去了,他们也不告诉我,其实我都可以去,出去不要拐棍,上车下车都没有问题。

我从来不为锻炼而锻炼,我的劳动就是锻炼。主要是脑力劳动,脑子没停过。医生说对啊,许多老先生办不到。他们的脑子跟我想的不一样,他们患得患失。孩子说你别出去折腾了,那我坐在家里等阎王爷来请我吗?我还是折腾折腾吧,让他看我不像个病人,就走了。就这么回事,我现在不在乎。

当年我确实是个不错的小伙子。我是结婚后才进学校的,拿着照相机,喜欢玩,打球,溜冰,还带着个女学生,用现在的话说就是"泡妞"。毕业时大家不知道我已经结婚了,我不好意思说这么年轻就结婚了,当时我只有19岁。毕业那年,我带着夫人去参加毕业典礼,有男同学问:这是谁呀?我说是我表妹。结果有同学求我,说你给我介绍介绍你表妹吧。

"文革"的时候在干校,有天晚上,到一个地方去洗澡,水比想象中还要浑,就回来了。没有路灯,走的是田埂路,看不到自己的脚,但是有星星,满天的星星,我就躺下来看风景,这是以前不曾有过的体验。你说"文革"期间我对什么印象深刻,就是这个。

得失之心不能有,不能患得患失,当了皇帝还想成仙。还有,我是学佛而不信佛。清静无为。40年了没涨一级工资,有人就哭闹,这个人学问太好了,太积极了,让阎王爷知道了,就早早把他请走了。

单位办了一场联欢会为我祝寿。加拿大的一位女博士邀请我跳华尔兹。我跳舞是有一手的,只是没怎么露过,但是一个女的来邀请男的跳舞,哪有不跳的道理?

我用电脑上网、打字没问题,你看,我打字是不是有点像练二指禅?

我出过论文集,现在存货很少,就到网上买,有几本买几本,有人要,我就送……啊,这叫时尚?这就叫时尚啊?我的网上购物范围仅限于书,书的事不会上当,还打折,便宜。别的东西可能给假的,骗我这个老头子,惹不起。

我有直肠癌,说起来吓人,但这病跟我没关系,该干什么还干什么。我跟医生说,裤腰带以上的部分归我管,一切正常,你不用担心。我去看病,记住了医生的名字。回家上网查一下,大家对这个人的评价还不错。

我到八宝山给父亲扫墓,看了看四周,地儿不多了,得赶紧来。

有人问我,您这么大年纪,都在忙些什么?我就告诉他,我忙得很啊!

……

除了这些"语录",还有关于他的一些琐碎小事:

给他拍照,他似乎有点紧张,是戴帽子好看还是不戴帽子好看呢?他拿不定主意。我就建议戴着帽子拍一张,脱帽拍一张,再比对比对,数码相机,方便。他应下了。看了老半天,得出的结论是:哎,老了。

给他采写的稿子有些影响。北京日报社下属的某报记者看到了,产生了兴趣,希望我引荐引荐,她想登门拜访老先生。这是好事,我打电话向他说明缘由,解释道是北京日报社下属的某个报纸要来采访,如何?"下属"两字他不太明白。于是不断地解释,他终于"恍然大悟":这个报馆是北京日报的附属品,对吧?

他似乎理解不了"报社"是什么意思,在他的概念里只有"报馆";同样,"采访"在他那里也"失灵",取而代之的是"访问"。

我觉得他是个"翻译家",总是能经过一番巧妙的"信、达、雅",让已然枯萎的词汇焕发出新的色彩与活力,产生"陌生化"效果,令人眼前一亮,觉得有意味,甚至不乏有意境。

有时候读着关于他的这些"段子"——如果老爷子还健在,以他吸纳新知识的能力,肯定知道再压缩一下字数这也叫"微博"——不禁自问:人怎么可以这样快乐而惬意地活着?人的内心怎么可以这般丰盈?

四

我们成了"忘年之交"。他愿意讲,我愿意听,双方一拍即合。

有空我就跟他约会面的时间,他谈自己知晓的人与事,时常有令我欣喜的发现,用新闻圈的行话说,他这里有"大鱼"出没,于是三番五次慨叹相见恨晚;我也偶尔插话说说自己的困惑,请他指点迷津,解解围。

我们一共有过9次交谈,具体时间都有记录在案:2009年7月7日,8月26日,9月19日,10月19日,10月27日,12月6日,12月26日;2010年4月6日,6月15日……

登门时,保姆偶尔出外办事,就事先给我留好门,叮嘱我直接进门即可。电梯工作人员也把我给记住了,后来几次一进电梯,还没来得及说话,她就按了个"8",知道我要到吴宗老家。

每次我推门而入,老人家坐在一堆猫头鹰物什其间,安然地坐着,有时静静地看着电视,声音开得很大;有时打着小盹,阳光洒一身,总之是一副等人的架势,悠然自在。

"来了?"一声问候,伴随着亲切的微笑。这两个字,好像是孩童时乡村小学里的铃声,告诉我等一堂关于人生的课要开始了。

上课,就意味着"扫盲"。

有一回,吴宗老寄语我要练就"观人于牝牡骊黄之外"的本领。才疏学浅的我傻眼了,这话老师没教过啊,也没有听说过啊。

他愣了一下,大概觉得现在的孩子怎么这般不可理喻,连个成语都不知。

"啊,我写给你看。"他拿起笔来,写下"牝牡骊黄"四个字,再把《列子》里的故事复述了一遍。

忍不住提醒一下,这时的他已经百岁了。文化的点点滴滴,他依然如数家珍,完全没有个百岁老人的样子。

犬子的名字是他取的,"代价"是我挨了一顿"训"。

如今,给孩子取个名字是大事,一个家庭里难以统一意见,这时就急需权威,振臂一呼,应者云集,心甘情愿,毫无怨言。

吴宗老够权威的了,家人都认可,没二话。跟老爷子提及此事,他乐之好之。不过有要求,让我带着有孕在身的爱人前往他家一趟。

进门时发现,纸和笔已经准备好了。他让我们俩每人领一张纸,各自写下姓名,祖上情况,大学专业,兴趣爱好,孩子的辈分为何字……

他说一项,我们写一项,感觉回到了小学时老师报写生字的情景。

经过几番推敲,他拟定为"王修琪",源自"修身齐家治国平天下"。我占了"国"和"平",口气有点过了,由孩子来中和一下,占"修"和"齐"。

我纳闷了:为何不叫"王修齐"呢?

他不解:你不觉得这样显得很没有文化吗?

要懂得迂回,要追求艺术性,不要让人一眼识破,闹得成了"司马昭之心,路人皆知"。

他"以身作则",拿自己的名字举例说明。由于幼时经常生病,父亲希望他能健康,都把济公和尚搬了出来,取单字"济","宗"是辈分。表面看来这是个一般的名字,但此中有深意,经过一番解释可以让他人恍然大悟:"啊?原来是这样啊!"

他建议"修"或"齐"要换个同音字,又觉得"修"字不错,可保留,只好拿"齐"字做文章了。

他列出了几个备选——"祺"、"琪"、"淇"、"麒"。然后逐个分析优与劣。特别是提到"麒"字,不合适的原因是这个字书写起来太复杂了,笔画多,孩子初学写字时不容易写出来,就要哭了,不太好,也麻烦。

内心如此细腻,源于对人的尊重,哪怕是个没有出生的孩子。

他比较中意"琪"字,这个字本身就是"美玉"之意。"修琪",可以释义为不断地完善自己。而且,不管是男孩还是女孩,都适用。

老爷子的意见,自然要照单全收。我顺口说了一句:"琪"字,王字旁的。

"哎呀,这是玉字旁!"感觉他有点恼了。

"《红楼梦》里的贾府,除了贾宝玉,其他男丁的名字都带着个玉字旁,例如贾琏、贾珍,不是你说的王字旁。"他引经据典,思维跳跃,联想丰富,都把经典搬出来了,知识储备得够厚的了。

我目瞪口呆。我受的教育一直都在说"王字旁"。原来习以为常的东西,有时竟然是个错误。关键是犯错误了,还浑然不知,蒙在鼓里,堪称"杯具"。

多年以后,我肯定会跟孩子讲起他名字的来历,并告诉他取名字的是位老爷爷,叫吴宗济,一个历经沧桑的人,一个才学兼备的人,一个性情可爱的人,一个绝顶有趣的人。

五

除了有幸在他的"补听缺斋"接受耳提面命,我们在互联网上电子邮件往来得不亦乐乎。

不知道为什么,在他的面前我总是在犯错误,接二连三,咄咄怪事。

他痴迷与猫头鹰相关的一切物什,誓言要为猫头鹰正名,并且自嘲长得越来越像猫头鹰。恰恰猫头鹰的双眼是公认的敏锐,吴宗老偶尔把这份敏锐"对准"了我。

2009 年是新中国六十年华诞。这样的时刻采访吴宗老再好不过,他跨越了清末、民国和新中国三个时期,看到的、听到的、想到的,自然不一般。我根据当面采访和资料整理,草拟了《吴宗济:百岁回望 祖国如诗》一文,怕有什么疏漏,就通过电子邮件传给他审看。

9 月 9 日傍晚发出,10 日中午他就有了回复——

国平同志:

　　大文题意俱新,佩服佩服!

　　兹改两字:

　　"绿草茵茵"改"绿草如茵"。因为"茵"是地毯,不能当形容词。

　　"虎门忠魂"改"虎门忠魄"。因七言律诗在此处只能用仄声字,"魂"是平声,按《律诗八病》为出律,故改用仄声的"魄"字。

　　谢谢!

　　顺祝撰祺!

吴宗济　09,09,10。

真是汗颜。文字上的随意全被他识破了。要严谨!要严谨!可惜这还没完,13 日下午他又发现了问题——

国平同志：

"捷克首部"改"捷克首都"。

宗济 9月13日

真是糟糕。关键是当时不知在忙啥,当时我没有接到他的电话。他担心就这么在报纸上登出了,干着急,半个小时内把这封邮件连续发送了七次。

他甚至担心自己的邮箱可能出问题,就让他家公子吴佑之先生打开个人邮箱,把这个内容再传发一次。

除了愧疚,无言以对,莽撞至此,有何颜面？

只好不断地告诫自己：认真对待写下的、敲出的每一个字,每一个标点,力求文字的干净和整洁,始终保持对文字的敬畏。

当然,我们虚拟世界里的邮件往来也有别的"风景"。

2009年10月8日23时54分,凌晨时刻,他传来邮件,有所嘱托——

国平同志：

近况忙否？光明日报两篇大文,很有影响。已有人向我称道您的文笔。足下英年有此成就,日后不可限量。

兹有小事拜托。马道宗编著的《彩图版曾国藩全书》,包括《曾国藩传》、《挺经》、《曾国藩家训》、《冰鉴》四种。系光明日报出版社出版。清(应该是"请"——王注)查一下。如有存书,请代我买一套。有便带给我,当将书价奉还。(千万勿赠送)。

有便当图良唔。不尽一一,即问

撰祺!

吴宗济上　09,10,08.

真是热爱学习的典范,这么晚了还在琢磨买书的事。只是不禁揣测从哪里知道的这些细节?网上吧?

幸好出版社还有一套存书,我赶紧悉数买下送往他家。"一手交货,一手交钱",没法子,拧不过他。

有一回在面谈时,我说自己近期致力于文化老人的采访工作,他提出想看看已经成稿的文章。恭敬不如从命,我就把发表过的五篇习作传到了他的邮箱,过了三天,点评"飘然而至"——

王王同志:

大作五篇,一口气读完。文笔流畅,而起结有序。写人叙事各篇都有特点,很不容易。照此今后再加实学,前途不可限量。

第5篇最后一段,当事人提到书法与建筑的关系,很有见地。使我想到我以前关于书法与各学科的关系的几篇文章,(见我的论文集),但还未提到建筑。古往今来的有名建筑的设计,往往也都离不了"连绵、映带、错综"三项定律。我也曾(曾)搜集过这方面的资料,如《天工开物》和梁思成等专家的文章(我早年曾和梁思成、周令钊(天安门纪念碑设计人)等朋友讨论过)。现在引起我的兴趣,也许有空时能足成之。

宗济　09,12,10

我的邮件署名为"王王",他觉得有意思,就"与时俱进"地用上了。

他所提到的第5篇文章,是我采访中国工程院院士、中国建筑西北设计研究院总建筑师张锦秋女士而写就的《张锦秋:唤醒中华建筑魂》。其中写道:"在西安碑林,她悟出了建筑与书法的关系,建筑布局如同书法的结构,都是空间艺术,建筑风格如同书法的神韵,建筑处理如同书法的用笔。"这段论述,触动了吴宗老的思考。

我立马短信告知张锦秋院士,她迅速回复说:"很希望能拜读到。"

很可惜,吴宗老最终没有完成这篇文章。不过,有时我暗暗地品咂此间的趣味:一篇拙文,联动两位大家的关注,百岁老人用的是电子邮件,古稀院士用的是短信。谁说现在是年轻人的世界?

六

非洲有句谚语,老人去世了,好像一座图书馆在着火。

吴宗老走了,属于我的那座"图书馆"已经坍塌了。但曾经在这座"图书馆"里畅游书海时留下的点滴心得,在影响着我的思维与兴趣。正所谓"经典一棵草,俗人一锅汤"。

他极力推崇台湾作家蒋勋,如今我已经开始读蒋勋。

他建议我去采访老友刘曾复先生,我应诺,并且已经完成了任务。拙文《刘曾复:生理学和京剧"一肩挑"》已经见报,并且从刘曾老那里搜集到了他的一些轶事。

"存心光明,得大自在,物我两忘,大千世界",这是他的题词,我一直珍惜着。此中境界,虽不能至,心向往之。

他是一个再好不过的"访问"对象,至今在我的"访问"生涯里独一无二。

有时在北京的大街小巷疲于奔命,看到某位老者在踟蹰前行,不禁以吴宗老的"标准"衡量起来:这会不会也是个聪慧而又好玩的老头?

于是不敢停步,始终在找寻。但内心深处的那块空地,一时难以填满。

"猫头鹰"就这么飞走了,彻骨的感伤。柳永低吟道:"归云一去无踪迹,何处是前期?"应时应景,恰到好处。

曾经在题为《吴宗济:一去"无踪迹"》的悼念文章结尾处,我写道:"他走过的路,绿色葱茏。'赤橙黄紫又青蓝,但留绿意看人间',这是他的诗句,一如他的人生。"

是啊,幸好留有"绿意"。

另一篇《吴宗济:百岁风雨近却"无"》的文章,我是这样收尾的:"吴宗济说,上中学时,由于自己的名字,同学经常说,这个人找不到了,没了。当时他想,要是自己真的会隐身术就好玩了。现在,很多人确实'没了',但他还在。他历经人生磨砺抱持的无为心态、他内心深处的豁达与阳光、他对学术和真理的矻矻追求,给人以启迪与震撼。他留给世人的这份感悟,将永远在。"

如今,他真的"没了",但"将永远在"的东西"将永远在",最起码对于我而言不增不减、不舍不弃。这就是他留给我的绿意吧,盈满盎然,温暖人心。

吴宗济先生在汉语"区别特征"方面的研究

王茂林

1. 引　　言

吴宗济先生是我国著名的语言学家,在汉语实验语音学研究领域做出了重大的贡献。他的研究涉及汉语普通话元音共振峰的测算、辅音送气与不送气的区别、擦音与塞擦音、擦音协同发音、声调变化、语调规则等领域,并取得了丰硕的成果。不仅如此,吴先生也是国内最早研究汉语普通话语音"区别特征"(distinctive feature)的学者。区别特征是生成音系学的基本单位,故此本文先从音系学理论谈起。

2. 音系学理论的发展

音系学自 20 世纪初从语音学中分离出来,成为一门独立的学科。基于世界上各种语言的语音材料,音系学家不断推出新的理论,使得音系学的发展非常迅速。

结构主义音系学的基本单位是音位。他们把音系研究称为音位学(phonemics)。美国结构主义认为,音位学的任务,是要找到一套操作程序,能用以从一种语言的语料中分析出该语言的音位系统。到 20 世纪 50 年代初,美国结构主义语言学家自认为他们用来进行音位分析的程序和方法已相当完备。实际上,这时的结构主义已到盛极而衰的地步,很快就要让位给生成语法,而音位学也很快就要被生成音系学取而代之了(王嘉龄,2000)。

1952 年 Jakobson、Fant 和 Halle 合写的《语音分析初探》,系统地提出了可以描写人类所有语言语音的 12 对区别特征,后来被生成音系学采纳为基本单位。1968 年 Chomsky 和 Halle 的《英语音系》(The Sound Pattern of English,简称 SPE)问世时,生成音系学已经确立了自己的主流地位。SPE 第一次全面系统地阐述了生成音系学理论,因此,SPE 理论又被称为生成音系学的标准理论或经典理论。

到 20 世纪 70 年代中期,音系学研究的焦点转移到了表达式方面,出现了几种非线性理论,主要有 Goldsmith(1976)创立的自主音段音系学(autosegmental phonology),Liberman 和 Prince(1977)提出的节律音系学(metric phonology),Clements(1985)提出的特征几何(feature geometry)理论等。

进入 20 世纪 90 年代后,生成音系学最突出的进展是优选论(optimality theory)的创立(Prince & Smolensky,1993)。这是迄今为止主流音系学中对 SPE 取得的最大突破。优选论用制约条件取代了音系规则,将制约条件置于音系部分的中心位置。它认为,音系部分由生成功能与评估功能两部分组成。生成功能作用于底层表达式,生成若干个输出结构,即候选项,经过评估功能的比较和评估,筛选出最优选择,就是真正的输出,也就是表层形式。制约条件是普遍的,各种语言的区别在于它们为制约条件排列的等级顺序不同。在优选论的框架中,区别特征仍是构成制约条件的重要因素,例如:

IDENTITY[F]:对应的音段的特征[F]相同。

3. 吴先生对汉语区别特征的研究

吴先生于1979年在哥本哈根召开的第9届国际语音科学会议上宣读了题为 A preliminary study of distinctive features and their correlations in Standard Chinese 的论文,后改写为中文稿,载入《中国语文》1980年第5期。1980年吴先生还在《当代语言学》上发表了论文《什么叫区别特征》,之后他又撰写了"区别特征",作为一个章节编入吴宗济、林茂灿主编的《实验语音学概要》。吴先生除了介绍区别特征之外,对汉语普通话语音的区别特征也做了深入的研究,具体有以下几点:

3.1 汉语普通话区别特征矩阵

区别特征指的是语音中一个最小单元同另一最小单元在其他条件相同情况下的区别。Jakobson 等(1952)提出了12对区别特征,它们是:

元音性/非元音性:元音具有元音性。

辅音性/非辅音性:清辅音具有辅音性。

突发性/延续性:塞音具有突发性,而擦音具有延续性。

急煞性/非急煞性:塞音韵尾具有急煞性。

刺耳性/圆润性:清擦音具有刺耳性,通音具有圆润性。

浊音性/清音性:浊音具有浊音性,清音具有清音性。

聚集性/分散性:能量集中于第一共振峰区域的具有聚集性,反之具有分散性。

低沉性/尖峭性:元音 u、o 具有低沉性,i、e 具有尖峭性。

抑降性/平坦性:圆唇音具有抑降性。

扬升性/平坦性:腭化音具有扬升性。

紧张性/松弛性:紧音具有紧张性,松音具有松弛性。

鼻音性/口音性:鼻音具有鼻音性,口音具有口音性。

吴先生参考 Jakobson 等(1952)与 Chomsky 和 Halle(1968)提出的区别特征,结合汉语音韵学以及他多年对汉语语音的研究,提出了汉语普通话的区别特征矩阵,见表1—表3:

表1　普通话元音区别特征矩阵(吴宗济,1980b)

	a	o	ə	e	i	u	y	ɿ	ʅ	ɚ
开/合	+	+	+		−					+
齐/撮					+		−			
钝/锐	+	+	+	−	−	+	−	−	+	+
集/散	+	+							+	+
降/平	−	+	−			+				
升/平					+		+			

表 2 普通话辅音区别特征矩阵（吴宗济，1980b）

	p	p'	m	f	t	t'	n	l	k	k'	-ŋ	x	ts	ts'	s	tʂ	tʂ'	ʂ	ʐ	tɕ	tɕ'	ɕ	j	w
辅/元	+	+	+	+	+	+	+	+	+	+	+	+	+	+	+	+	+	+	+	+	+	+	+	+
口/鼻	+	+	−	+	+	+	−	+	+	+	−	+	+	+	+	+	+	+	+	+	+	+	+	+
清/浊	+	+	−	+	+	+			+	+		+	+	+	+				+	+	+	+		
戛/透	+	−		+	+	−		+	+	−			+	−		+	−		≠					
轹/捺			−	+			−	+			−	+			+			+				+	+	+
集/散	−				−				−															
暂/久	+	+			+	+		+	+	+			+	+		+	+			+	+			
钝/锐	+	+	+						+	+														
糙/柔																			+					
降/平	+	+	+																					+
升/平					+	+	+	+												+	+	+		

表 3 普通话声调区别特征矩阵（吴宗济，1980b）

	阴平 55	阳平 35	上声 214	去声 51
升/降		+	− +	−
高/低	+		−	
平/曲	+			

对于普通话元音、辅音及声调特征的描述，吴先生既沿用了汉语传统音韵学的术语，也借用了国外音系学的特征，前者如开、合、齐、撮等，后者如钝、锐、集、散等。吴先生在汉语音韵学、实验语音学以及音系学方面均有很深的造诣，为以后汉语语音区别特征的研究打下了基础。

3.2 汉语普通话区别特征的相互关系模型

吴先生(1980b)对汉语普通话区别特征相互关系模型的研

究,是他在该研究领域的创新。他以普通话的元音、辅音和声调为例,根据它们特征的各个极端的相互关系构拟出了一套相关模型。由此可以从这些模型中看出它们量变的趋势和质变的极限。这虽然是普通话的模型,但其量变关系在不同语言中是大致相同的。

3.2.1 普通话元音区别特征相关模型

图 1 是普通话元音区别特征相关模型图,在图 1 中,吴先生按照 a、i、u 三个极性元音的发音位置,使用升/降、锐/钝、集/散等区别特征,直观地显示了汉语普通话元音的相互关系。

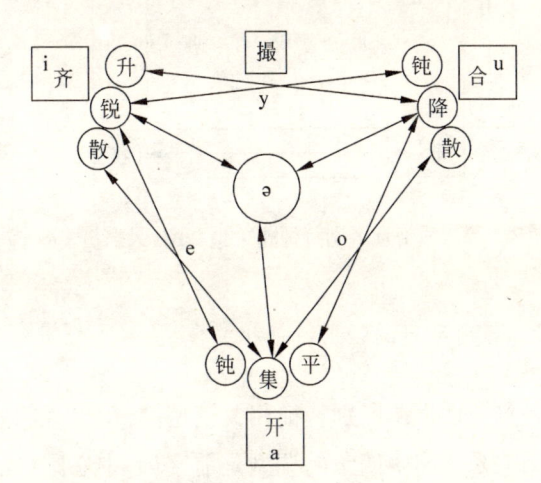

图 1 普通话元音区别特征相关模型图(吴宗济 1980b)

3.2.2 普通话辅音区别特征相关模型

图 2 是普通话辅音区别特征的相关模型图,吴先生使用了 4

对特征来区别普通话的辅音,该图清楚地反映了不同发音部位与发音方法的辅音在区别特征框架中的关系。吴先生根据自己对普通话辅音多次实验所得的声学数据,将发音方法不同的辅音按时长排列,准确给出了它们相互关系。

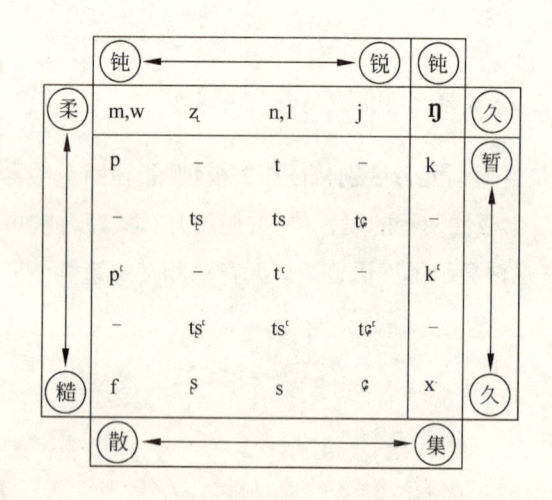

	钝		锐		钝	
柔	m,w	z̢	n,l	j	ŋ	久
	p	—	t	—	k	暂
	—	tʂ	ts	tɕ	—	
	pʰ	—	tʰ	—	kʰ	
	—	tʂʰ	tsʰ	tɕʰ	—	
糙	f	ʂ	s	ɕ	x	久
	散				集	

图 2　普通话辅音区别特征相关模型图(吴宗济 1980b)

3.2.3　普通话声调区别特征相关模型

图 3 是普通话声调区别特征相关模型图,用来说明普通话二字调的变调关系。图中四角的调型是前字调,中心圆中的是后字调,调型的粗细表示音的强弱。虚线左面实心部分表示连读时的保留部分,右面空心部分表示消失的部分。吴先生使用图 3,清楚地展示了普通话二字组的连调模式。

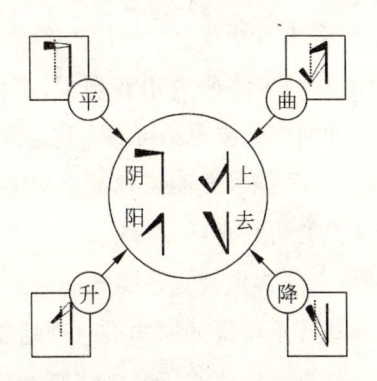

图 3　普通话声调区别特征相关模型图（吴宗济 1980b）

4. 吴先生汉语区别特征研究的影响

吴先生是国内最早研究汉语区别特征的学者，他的研究对后来的研究产生了深远的影响。很多学者在区别特征的研究中，都参考了吴先生的观点。如陆致极（1987）关于普通话音位区别特征的研究，钱乃荣（1988）有关普通话语音的音位和区别性特征的分析，石林（1992）的侗语声调区别性特征的探讨，孟和宝音（2000）有关区别特征学说与现代蒙古语音位模式的分析，张家骅（2005）的汉语普通话区别特征系统的研究等。我们相信，在吴先生关于汉语区别特征探索的基础上，将会有更多的相关研究出现。

吴先生对区别特征的研究，无论在音系学理论的探讨方面，还是在语音研究的实际价值方面，均具有重要的意义。罗常培先生在谈及我国的音韵研究问题时曾明确指出："前人操术弗精，工具不备。每致考古功多,审音功浅!自近代语音学兴,可咨实验以补听官之缺。"采用实验的方法研究语音现象,可以使研究更加精细,更具有科学性,使研究结果更为可靠。这是现代技术对语音研究的贡献,但是我们也不能因此而忽视音系学理论的研究。吴先生一直重视语音实验的研究,但他高瞻远瞩,在采用实验的方法探悉语音问题的同时,也非常重视音系问题的研究。善于将语音实验研究的结果提升到音系特征的层面进行理论探讨,这种做法值得我们认真学习。就我国目前的研究现状而言,人们非常重视语音实验研究,重视数据提取及统计分析,但却在一定程度上忽视了音系学层面的理论探讨。如果我们在研究中能够基于语音实验的结果,再从音系学的视角上对其做出进一步的分析,也许会发现隐藏在现象之后的本质,使我们的研究更有意义。

参考文献

陆致极,1987,《试论普通话音位的区别特征》,《语文研究》,第4期。
孟和宝音,2000,《区别特征学说与现代蒙古语音位模式》,《内蒙古师大学报》,第1期。
钱乃荣,1988,《论普通话语音的音位和区别性特征》,《汉语学习》,第1期。
石林,1992,《侗语声调的区别性特征》,《民族语文》,第3期。
王嘉龄,2000,《音系学百年回顾》,《外语教学与研究》,第1期。
吴宗济,1980a,《什么叫"区别特征"》,《国外语言学》,第1期。
吴宗济,1980b,《试论普通话语音的区别特征及其相互关系》,《中国语文》,第5期。
吴宗济,林茂灿主编,1989,《实验语言学概要》,北京:高等教育出版社。
张家騄,2005,《汉语普通话区别特征系统》,《声学学报》,第6期。

Chomsky, N. & M. Halle. 1968. *The Sound Pattern of English*. New York: Harper & Row.

Clements, G. N. 1985. The geometry of phonological features. *Phonological Yearbook*, 2.

Goldsmith, J. 1976. *Autosegmental phonology*. MIT PhD. dissertation.

Jakobson, R., C. Fant & M. Halle. 1952. *Preliminaries to Speech Analysis*. Cambridge, Mass.: MIT Press.

Liberman, M. & A. Prince. 1977. On stress and linguistic rhythm. *Linguistic Inquiry*. Vol. 8.

Prince, A. & Smolensky, P. 1993. *Optimality Theory*. Ms. Rutgers University & University of Colorado.

吴先生永驻我心田

——宁静致远创立新方法、淡泊明志发展语音学

林茂灿

吴宗济先生走过了他一百零一岁人生,他热爱社会主义,是一位爱国者;他坚持理论联系实际、埋头苦干,他把他的心血无私地献给了中国语音学;他革新实验,尽力把握语音学本质,他是汉语实验语音学奠基人之一;他视野开阔,把汉语语音学推向了国际。我从1958年以来一直在他身边工作,与他共事,深受他为人低调、无欲以求、工作敬业之感染,他永驻我心田。特写此文,以表敬意!

一、爱祖国、爱社会主义

1.1 爱国爱社会主义情怀

吴先生在他的《补听集》"爱国杂谈"中,分5节"耳、耳、耳、耳"、"中国不会亡"、"何去何从"、"在'国际权威'面前"、"虽信美而非吾土兮"和"隔叶黄骊空好音"抒发他的爱国感情。

"耳、耳、耳、耳"一节中记述他1931年进上海联华公司,第二年认识聂耳。他要离开联华北上念书时,聂耳给他题词:送你一件

礼物——耳、耳、耳、耳。聂耳的题词意思是,"要我拿出耳朵来,两个不够,还得加上两个,来听一听苦难的被压迫的中华民族的怒吼声音啊!"

在"中国不会亡"一节,记述1939年他在昆明中央研究院跟友人组织歌咏团,唱"中国不会亡"等救亡歌曲,激发抗战热情。

"何去何从"一节记述1949年上海战役序幕开始,"受了进步同学的影响,不愿意南逃。我又得到一位进步同学的暗示,后来才知道他是地下党员。我把所管人事档案设法隐蔽,等上海解放的第三天,就全部移交给军管会的移交人员。……这当然算不上什么爱国主义,只是当时一点眷恋祖国之情而已。"

"在'国际权威'面前"记述吴先生1958年在瑞典见到汉学权威高本汉时,高本汉指着"桌上放着的他著作影印本说,这是'Pirate edition'(直译为'海盗本',意即盗版)。你们没有得到作者同意就印……我几乎有点尴尬。当即拿来一看,原来是'北平影印'的。我当即问他,'1940年北平在什么人手里!'原来这是日寇占领下伪方影印的。高本汉无话可说,就改变了态度。"

"虽信美而非吾土兮",1957年在捷克布拉格,他抒发对祖国的情感:此乡虽美,终非吾土,祖国啊! 只有你才是我最爱的地方。

吴先生在"隔叶黄骊空好音"一节谈如何对待外国先进东西和如何爱国。他说"前年(1979)我同两位同志出去参加了一次学术会议,回来谈谈体会,过去总觉得人家如何了不起,我们没法赶上;这次亲身接触到的印象是,人家的确是先走了一步,人才辈出,著述如林,理论应用,各有千秋。但这并不是高不可攀的。我们只要能充实队伍,革新仪器,打掉暮气,增强信心,几年之后,何愁不能与人家争一长短,何愁不能对国内四个现代化做出贡献。"吴先生还说,"目前还是有不少侨居海外的志士能人,放弃了优裕的生活,毅然来归,为祖国的建设出力出汗,这才是真正的爱国主义者。"

1.2 热爱社会主义

他积极响应党的号召,在研究工作中,理论联系实际,从社会需要出发选取课题;他积极参加劳动,改造思想;他响应号召,主动下干校;遇到国家号召捐钱捐物,他总是走在前头。

他在学部明港干校,积极钻研木工技艺,手艺上乘,出色完成木工任务,受到大家好评。

二、语音研究与实验

吴先生时常告诫我们从事语音实验的人,尤其像我这样不是读语言学专业出身的,时刻不要忘记:在语音研究中,实验仅仅是手段、是工具。吴先生在《中国语文》1980年第5期发表"试论普通话语音的'区别特征'及其相互关系"一文是他研究普通话元音和辅音声学特性及生理特性后,对普通话语音本质认识的提高。

吴先生在各种场合,用罗常培先生的语音实验观点教育我们。"1933年,我在清华中文系四年级,正逢北大的罗常培先生在我校开《中国音韵学沿革》的课,我就报名选修。《讲义》中说到我国传统之《音韵学》,全凭口耳来审定语音;多'蔽于成见,囿于方音',以致不能'解决积疑';今后作语音研究,除用音标记音,还必须用

'实验以补听官之缺'。"(见《补听集》"自序")从吴先生引用罗先生这段话看到,从事语音研究的,用音标记音乃是根本,实验是以补听官之缺而已。

吴先生进一步说,"近百年来,自国际实验语音学之学兴,而多年之积蔽渐扫。益以工具日精,技术日进,尤以新近语音学与多种学科建立边缘关系者盈百,而以殊方异域之语言调查资料为印证者逾千,驰致眼界日扩,理论日辟。西儒有言:'语音学之于语言,犹数学之于天文、物理;然则生理、物理、心理诸实验之于语音,不犹望远、显微镜之于天文、医学呼。'"(见《实验语音学基础》"序",《补听集》12页)研究天文,有了望远镜,就能更好地观测天体;医学借助于显微镜就能了解人体细部等;语音学有了生理、物理和心理实验的帮助,眼界开阔,形成好理论。有了更好的工具,更先进的技术,眼界就更开阔,观察问题更深入,结论更科学,能形成更好的理论。

三、语音研究与社会需求

3.1 理论联系实际是我国我党对研究工作者的总要求,吴先生积极贯彻于自己研究工作中,使得中国社会科学院语音研究室的研究课题总体说来是跟实际紧密联系在一起的,从而为国家出力。虽然我们研究工作没有取得什么惊人成就,但从不脱离实际,从不在文献堆里漫游,而自取其乐。

吴先生在《实验语音学概要》"序言"中写道,"近二三十年来,语音学确实取得了很大的进展。这些进展的主要动力在于通讯工程要求寻找语音的本质成分,在于认知科学需要研究语音产生和语音知觉的机理,还在于智能计算机要求研制高质量的语音合成和语音识别系统。当然,语音学的发展还与有关言语病理科学密切相关。"

1958年语言所语音实验小组成立时,吴先生就带领大家主动把普通话元音、辅音和声调的研究为当时的保密通讯部门服务。在"声码器"中,要求对语音的"最小信息单元"进行加工,吴先生研究共振峰和强频区的目的就在于此。

"文化大革命"结束后,吴先生跟大家强烈意识到电子计算机的威力,积极引进电子计算机于语音研究之中;语音研究不仅要分析,还要合成。吴先生经常说,水由两个氢原子和一个氧原子组成,是化学分析的结果,并得到化学合成的证明。吴先生在为杨顺安《面向声学语音学的普通话语音合成技术》作序时指出,"语音合成技术在目前已大有进展,但汉语语音自有其特点,特别是根据语音基本规则来合成,为人机对话应用,则是不能生搬硬套西方成果的。"吴先生指出,"顺安此书,不但详述语音产生的声学原理,更重要是他按照汉语特点,……为'文语合成'的应用做了先锋。"

难能可贵的是吴先生70岁高龄之后,不仅自己研究语音规则,撰写语音合成的指导性文章,而且担任有关公司的规则合成顾问。

3.2 积极普及实验语音学知识。吴先生和曹剑芬、杨力立等,在《中国语文》1979年第5期发表《实验语音学知识讲话》,宣传实验语音学,普及实验语音学知识。

3.3 积极培养语音人才。吴先生在语言所培养硕士和博士的同时,应北京大学林焘教授要求,1979年吴先生以70岁高龄每周一次骑自行车往返几十里到北大为语音学研究生讲课,培养高层次语音学人才;1985年在南开大学开办"实验语音学培训班",不少学员已成为优秀的语音学专家。

四、亲自动手革新设备

1956年语音室建立之初,所使用的实验仪器主要包括浪纹计、乙一和乙二声调推断尺、音叉、渐变音高管以及钢丝录音机。语图仪(Sonograph)属禁运设备;在进口它之前,吴先生千方百计想办法找替代办法进行语音分析。在所领导支持下,进口丹麦B&K公司的频谱分析仪和声级记录器,吴先生想出用马达带动使其调谐器逐步变化频率(如图1那样。本文各图及文字均来自《吴宗济语言学论文集》2—4页,2004),其工作流程如下:

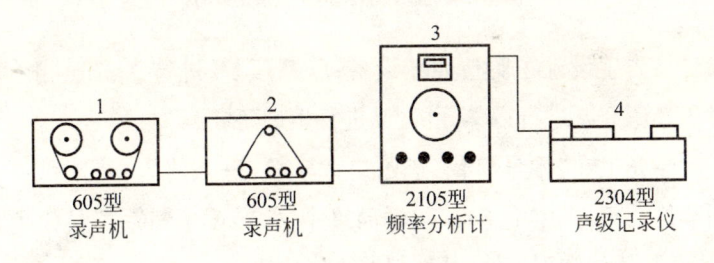

图1 频谱分析装置图

北京605型录声机1录音,转入另一同一类型录声机2录成磁带圈,输出到BK2105型频谱分析仪3,用BK2304声级记录器做出频谱,得到某个时刻的频谱,如图2所示。当时分析一个单元音,要花很多时间,十分艰苦,但得到了很多很好的数据。

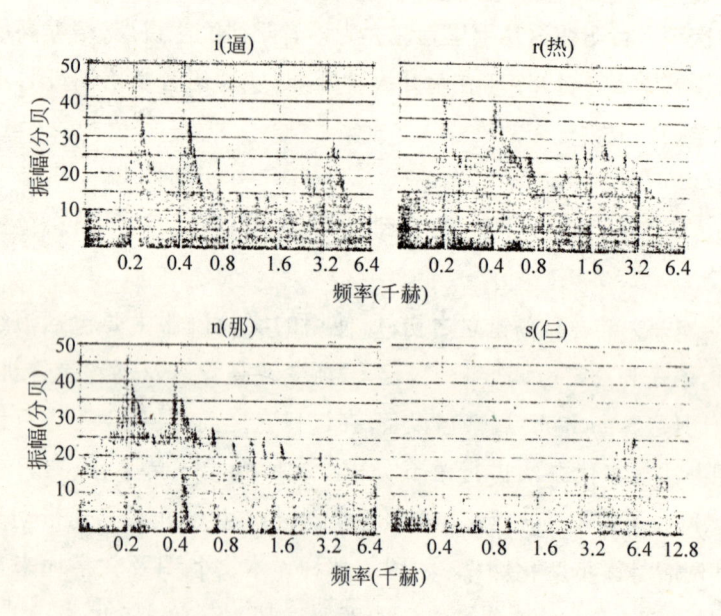

图2 普通话元音和辅音频谱示例

吴先生设计了腭位照相设备;联系医院,进行 X 光照相。这时语音研究既进行声学分析,又进行生理研究。

吴先生在"中学时代,进过讲武学校;进入清华,从预科一年到本科六年,先后由工程、化学而终中文,转读了三系。"吴先生学出多门,使他知识广博,革新仪器得心应手。

五、学术创新

吴先生从多方面、多角度研究汉语语音。研究元音和辅音,研究声调和语调;所用方法和手段,有声学分析的,还有生理实验的;没有现成仪器,他自己动手革新设备;创造条件购买合适仪器设备。限于篇幅,我只介绍我感悟较深的共振峰计算、变调和语调三个问题。

5.1 共振峰的测算

吴先生发表于《声学学报》创刊号(1964 年第 1 期)上的"普通话元音和辅音频谱测算及其共振峰计算",不仅是首次给出普通话辅音和元音声学参数数据的文章,而且在实验方法上很有创新。当时语言所尚未弄到语图仪,他用他自己改革的实验装置(见图 1)进行频谱分析,用他提出的共振峰测算方法,较精确测量频谱数据。

语言所是 1964 年底进口 662B 语图仪,随即当时的学部进入参加"四清"运动时期和爆发"文化大革命",我们 1970 年下干校,语图仪被机要部门借去,1978 年要了回来。如果不是吴先生责任心强,绕过语图仪,采用因陋就简办法研究元音和辅音,其声学数据的文章,就得等到 70 年代末 80 年代初才能获得;如果这样,这项工作成果就得推迟 10 年到 15 年才能见到。由此可见,吴先生对研究的积极态度!

下面介绍他提出的共振峰测算法。

二维频谱中各谐波所代表的频率,都是基频的整数倍,其中较强若干个谐波构成代表音色的共振峰。但是语音的共振峰主要由声腔自然频率所决定,和强谐波频率不一定相合,因此,共振峰频率位置(包络峰位置)常常偏离谐波的频率位置。在大量做统计分析时,这个偏离值可以不计;但在语音研究中,特别是确定发音部位很相近的音时,或者是根据共振峰的准确数据来画"声学元音图"时,偏离值就不能不计算在内了。在语图仪所做的三维宽带语谱中,根据共振峰横条中线来决定共振峰频率,可以满足一般要求,但在低频部分,特别是第一共振峰和基频距离很近时,就无法测量。二维频谱中共振峰频率的计算方法,过去文献中,也曾提到一些,但都还不大准确。在谱线上描画包络峰,也是一种自动校正共振峰频率的办法,但因一般仪器所记录的频谱,其频率常常不是线性的,还要另外转画成等距离谱线后再描包络,比较费事;而且在做任意线时,颠值的位置常常不易准确。我们根据共振峰就是包络峰的原则,拟出一套简单的计算方法,可以就未加工过的任何频谱,稍加计算便得出共振峰频率、振幅和带宽的近似值。

5.1.1 共振峰频率值的计算

共振峰的基本结构如图 3 所示,f 是一组包络峰中最强谐波的频率,也就是基频 F_0 的整数倍数(nF_0),$f-F_0$ 和 $f+F_0$ 为两边的次谐波值,这三条谱线的包络构成一个共振峰 F。$L_f - F_0$,L_f,和 $L_f + F_0$ 为这三条谱线的振幅值。F 与 f 频差为 Δf。共振峰的实际频率值用如下公式计算:

$$F = f \pm \Delta f \tag{1}$$

上式中的 ± 号视 L_f 的左右两边次强谐波的相对强度而定。如果右高于左,就用 + 号,反之用 − 号,如图 4(a)和(b)。现在假设图 3 中包络峰两边斜坡是对称的,而这两个坡面近似直线,则此包络峰就可以看做一个等腰三角形的顶角。作图如图 4 所示,图中 DE

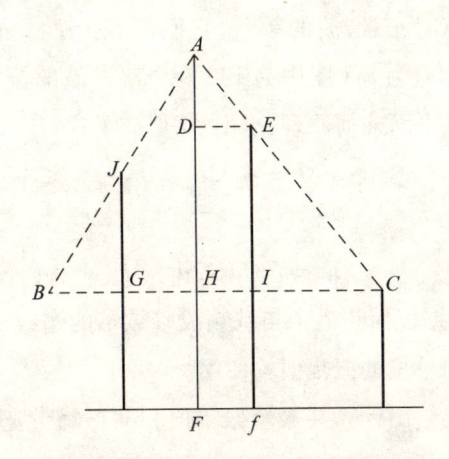

图 3　共振峰与强谐波关系的示意图

f 为强谐波；$f-F_0$ 和 $f+F_0$ 为两个次强谐波；F 为共振峰；
Δf 为共振峰与强谐波的频率差；顶端箭头表示共振峰偏离方向

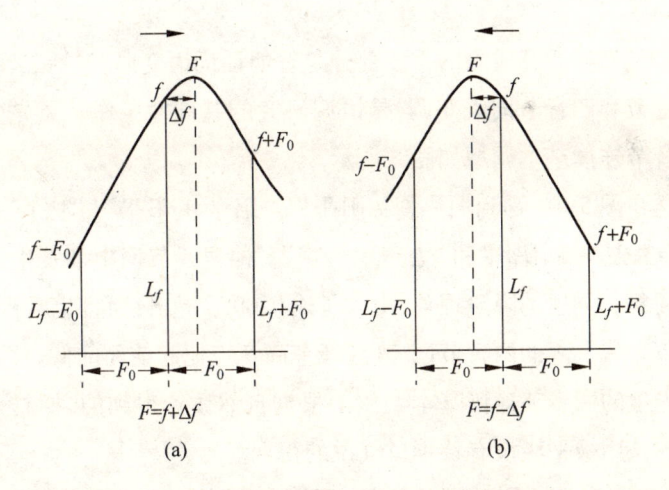

图 4　共振峰与强谐波关系的计算图解

即 Δf, GI 及 IC 为三谐波的频差,它们都等于 F_0。最强谐波与最弱谐波的振幅差为 d_1(图中为 EI)两个次谐波的振幅差为 d_2(图中为 JG)。按平面几何原理,求出 Δf 值如下式:

$$\Delta f = d_2/2d_1 \times F_0 \tag{2}$$

代入(1)式得

$$F = f \pm d_2/2d_1 \times F_0 \tag{3}$$

(3)式可以根据任何频谱中与基频成整数倍的谱线而求出共振峰频率值。任何单位的振幅值均使用。

吴先生还给出计算共振峰振幅值和共振峰带宽的计算公式,这儿就不介绍了。我们想说的是,吴先生用中学里学到的平面几何知识解决了共振峰计算问题,非常不容易,值得敬佩!

5.2 变调是语调的基础

吴先生研究成果的重要部分是普通话词语变调,包括二音节、三音节和四音节词语变调,是语调研究的基础性工作。吴先生的两音节连读基本调型如图 5 所示。

在图 5 中,看到"阴平 + 阳平","阳平 + 阳平","去声 + 阴平","去声 + 阳平"和"去声 + 去声"5 种两音节词中都发生了降阶现象。词里的降阶现象,由熊子瑜(2005)提出;而且也看到,前音节为非上声的两音节词,其后音节高音点比起前面的低。因而,吴先生的两音节连读基本调型是根据自然读音得到的,如赵元任说的是用极平淡没有特别口气说的得到。

赵元任在"北平语调的研究"(1929)第一次提出"代数和"说,他说,"耳朵所听见的总语调是那一处地方特别的中性语调加上比较的普通一点的口气语调的代数和。所以虽然加数同而因为被加数不同,得数当然也不同了。"什么是中性语调?赵先生说,"在极平淡极没有特别口气的时候,语句里头的字调也因为地位的不同而经种种的变化,这些变化我管它叫'中性语调'。"(见赵元任,2002:263)赵元任在"汉语的字调和语调"(1933)进一步指出,汉语语调的实际旋律或音高活动由三种因素构成:一个个音节词所独有的声调,这些声调在连贯的言语中的相互影响,以及表达说话者情绪或态度的音高活动。第一种要素通常被称为声调,或词源上的声调,第二种要素我将称之为中型语调,第三种我称之为表情语调。后两者共同构成句调。(见赵元任,2002:734)

吴先生得到的如图5那样的变调模型是研究汉语语调的基础。

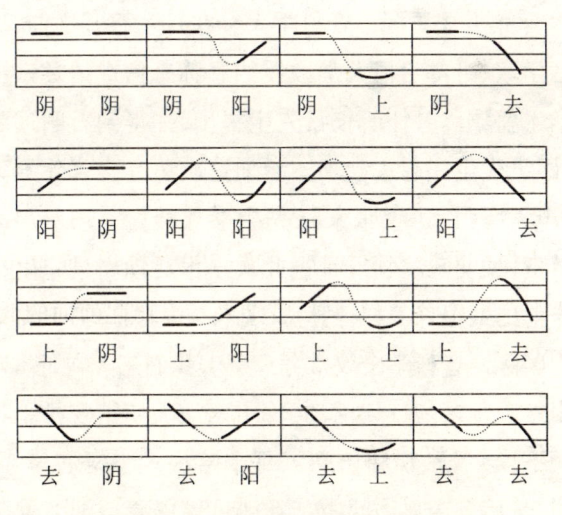

图5 两音节连读基本调型(吴宗济,1984)

5.3 吴先生汉语语调看法对我进入语调领域的启迪

吴先生(1982)在提出变调块及其移调主张的同时,进一步明确地说:"如果字句和平叙句完全相同,而是用来提问,则句尾调阈可以提高。即使句尾的本调为降调(去声)时,调尾的频率也会提高一些,但拱度(调型)不变。"吴先生不仅指出疑问语气在句尾,而且提出疑问语气使调尾的频率提高一些,但拱度(调型)不变。吴先生的这种主张使我渐渐感悟到自主音段节律理论的内涵,逐步进入汉语语调研究领域。

六、在吴先生带领下"走出去",扩大了眼界,拓宽研究思路

1979 年第九届国际语音科学大会在丹麦召开之前,会议主席著名语音学家、哥本哈根大学教授约恩苏来信邀请吴宗济先生参加此次学术盛典。时任所长吕先生提出,并得到石明远副所长同意,让我跟吴先生一起去参加。参加这次语音会议除吴先生和我外,还有声学所张家騄,张家騄先生参加会议一切费用都由社会科学部负责,说明我院领导重视此次学术活动。吴先生在这次会议上报告他的共振峰简易计算法(见《声学学报》第 1 卷第 1 期),并当选为国际语音科学会议常务理事。我们三人在哥本哈根和斯德哥尔摩参观学习的一切活动,都由两地大使馆安排。我们在吴先生带领下,会后参观和访问了哥本哈根大学语言学系和 B&K 仪器公司,然后到瑞典访问,在瑞典期间主要参访瑞典皇家理工学

院,还访问了爱立信电话公司。我们在瑞典皇家理工学院跟方特教授领导的"语音、音乐和听觉系"同行举行多次座谈。

吴先生和我又参加了第十届(乌得勒支,荷兰,1983),第十一届(塔林,前苏联,1987),第十二届国际语音科学会议(艾克斯-普罗旺斯,法国,1991)。我又参加了第十三届(斯德哥尔摩,瑞典,1995)和第十四届(旧金山,美国,1999)国际语音科学会议。

由于所领导给予机会,语音室同人能够走出去参加会议、参观访问,扩大了眼界,增长了知识,语音研究思路就宽了,跟上了国际步伐。

我的进步和工作各方面得益于50多年与吴先生的共事,语音室的发展、壮大得益于他的领导和指导。吴先生离开了我们,我们永远怀念他。我们化悲痛为力量,把语音研究工作做得更好,更上一层楼!

吴宗济先生的治学与为人
——纪念吴先生逝世一周年

曹剑芬

0. 前　　言

时光荏苒,不知不觉,敬爱的吴宗济先生离开我们已经一周年了。可是,他的音容笑貌却不时在我脑际浮现;他对我的谆谆教诲、他给我的沉重嘱托,更使我不能忘怀、也不敢忘怀!值此周年纪念和文集出版之际,愿将我所了解的吴先生的治学与为人之道写出来,以志纪念,并与学界朋友分享。

1. 独特的治学理念

吴宗济先生在语言学和语音学领域经历了 70 多年丰富多彩的学术生涯,走过了漫长而遥远的音路历程,对中国语言学、特别是现代语音学的发展做出了杰出的贡献,在国内外语音学界备受尊敬。

吴先生在语音学领域的开创性和奠基性贡献不是偶然的。他先后读过市政工程、化学系和中文系,干过进出口工作,涉猎音乐、电影等多方面的实践经验,还有中西语言学的知识背景和实践经验的有机结合。这种文理结合的理论功底和多学科的训练素养,加上他特别丰富的人生阅历、广博的知识背景和深厚的学术积淀,铸就了他学术研究的雄厚基础,同时也形成了独特的治学理念。他在研究工作中不拘一格,勇于创新;在考察和处理各种复杂语音现象的时候,能够高屋建瓴,思路开阔。正因如此,他才能够担当起对赵元任语调理论继往开来和发扬光大的历史重任,成为中国现代语音学的奠基人。

吴先生在他的毕生研究中,充分运用现代语音学的先进理论和实验手段,不仅对汉语普通话语音音段的声学和生理特性进行了系统的分析,而且对超音段的韵律特性及其在言语工程等方面的应用展开了深入的研究和探索。他的研究成果不仅解决了汉语语言学中语音方面的许多积疑,而且进一步发扬光大,揭示了汉语的若干前所未识的语音性质,如协同发音及语调等方面的许多特点,大大提升了中国语音学的理论水平,也提升了中国现代语音学在世界上的地位。关于吴先生的学术思想和理论体系,已经另文探讨。详细情况请参见《暨南学报》(哲学社会科学版)2009年第6期或即将出版的《中国语音学报》第3辑。这里仅就我所了解的吴先生,谈谈他独特的治学理念。

1.1 古今中外有机结合

记得有个著名科学家曾经说过,"研究也者,非徒输入欧化,而必于欧化之中为更进之发明;非徒保存国粹,而必以科学方法,揭国粹之真相",吴宗济先生正是这样做的。他从事语音研究,既不固守汉语语言学和语音学的传统,也不盲目套用国外的现成理论;既不是单凭口耳之功,也不是单凭语音实验的数据;而是立足于汉语的实际,通过客观的实验和数据分析,吸收古今中外语言学和语音学的精华,运用科学的语言学和语音学理论指导,探讨和解决汉语语言学和语音学的理论问题。例如,他研究汉语的语调,就是古今中外兼收并蓄,但绝非囫囵吞枣,而是消化吸收,用以解决汉语语调研究中的积疑。譬如说,对于那些基于印欧语言的语调模式,他并不简单套用;而是立足于汉语作为声调语言的实际,从二、三、四等多字组连读变调的基本单元切入,考察其变化规律,归纳出语句中的声调变化模式,作为语调的底层模型,然后再从语句中分滤出语气的变调。另一方面,吴先生还充分挖掘汉语传统音韵学中的相关论述,积极吸取其精华,来为今天的语音研究服务。例如,他发现,中古音韵学中反映出来的语音变化的相对规律,几乎可以与现代音系学的"区别特征"理论相媲美。传统音韵学中对于声调的分类方法和汉语语音学对某些音变的描述,大都与西方非声调语言不同,而反映出汉语语音自有的特点。因此,他曾多处征引了古代文献中关于汉语声调本质的重要记述,用于说明他提出的一系列新方法的概念渊源及其理论依据,进而促进汉语语调的探索。

1.2 勤于动手、勇于创新

在吴先生的研究生涯中,从不因循守旧,而是长于思考,勇于创新。早在20世纪30年代,他跟随赵元任、李芳桂等先生一起调查方言时,采用的就是不同于传统的语音记录方法。他借鉴音乐上的记录手段,采用灌唱片的方法来记录语音,这在当时国内还是闻所未闻的。为此,他背着百十来斤重的金属唱片和蓄电池等灌片设备,冒着当时战乱的危险,辗转千里,来到西南方言地区和少数民族地区,从事方言和少数民族语言语音的调查和记录整理。在此期间遇到了不少困难。譬如,当他们找发音人录音时,往往墙外有噪声,室内有回声。于是,他就出了个主意,到旅店租了几十条棉被,挂满四壁,结果隔音效果不错。同时,由于当时春雨连绵,白天停电,不便工作。他就买来几个汽车灯泡,接在灌片机的蓄电池上作电源,并用个纸罩吊起来,照明问题就解决了。这一切都深得赵元任先生的赞许。由于调查方法先进,迅速获取了大量可靠的客观资料,不但为《湖北方言调查报告》(合作,商务印书馆,1948年)、《湖南方言调查报告》(合作,台湾,1974年)等传世之作的成书打下了坚实的基础,而且还撰写了《调查西南民族语言管见》(《西南边疆》1938年第1期)和《武鸣壮语中汉语借字的音韵系统》(《语言研究》1958年第3期)等单篇论文。

吴先生勤于动手、勇于创新的精神尤其突出地表现在语音实验室的创建过程中。这里仅举腭位照相装置的设计制作和录音室及审音室的建立为例。首先,在实验室创建初期,许多实验设备还跟不上研究需要。为了深入研究普通话元音和辅音的生理特性和声学特性,吴先生就自己动手,设计制作了腭位照相装置,与 X 光照相配合使用,清晰地揭示了普通话元、辅音发音时的舌位及舌腭接触状况。《普通话发音图谱》一书中的腭位图便是利用这种装置获得的。如今,语音学界已经广泛采用进口的电子腭位实验装置,来研究发音器官的姿态变化,考察语音产生的生理机制。这种装置跟腭位照相的原理是一样的,其构思都是来源于早期的假腭。到了70年代中期,当时研究所客居原北京地质学院内,为了满足大规模语音统计特性研究的需要,吴先生又亲自设计了录音室和审音室,并带领大家自己动手做录音室和审音室的内装修。我也有幸参与其中,因而有机会初步了解录音和审音的基本要求。从给消声室填装消声棉,到最后对消声室和审音室的混响时间等各项指标的测试,吴先生都是亲力亲为,严格按照相关的标准执行。

1.3 相关领域的知识兼收并蓄与融会贯通

吴先生的大胆创新精神更是贯穿于他的学术研究之中。他视野开阔,分析问题不拘泥于语音现象本身,而是充分发挥他曾涉猎多个学科领域训练的优势,旁征博引,从而提出自己独到的见解。他曾谦虚地说:"我的毛病是,从年轻时就东抓抓,西抓抓,浅尝辄止。不过,抓的东西多了,碰巧也抓住了有用的东西。"事实上,正因为能够博览,才能够"抓住有用的东西"。为了对自然言语的机制进行透彻的领悟和解释,吴先生常常广征博引相关领域的知识。不过,那并不是一般意义上的引证,而是兼收并蓄、融会贯通。他巧妙地运用语音与传统的诗文用字、音乐节奏、书画笔法等表达手段方面某些相通的道理,来分析认识错综复杂的语音现象,揭示自然语音的运行机制。例如,他充分运用语音与乐律的相通之处来解释汉语的声调与语调的复杂关系。他针对语言声调的乐律性及其感知特性,借助语音跟音乐的相通之处,采用音乐上的半音程代替以赫兹计量的频率来计量和处理音高变化,使得声调和语调的描写更加符合听觉上的音调变化。同时,他还借用音乐上的转调法则来处理语句中的短语调的变化,从而实现从平叙句的短语调模型生成各种具有不同语气的基本调群。又如,在阐述协同发音原理时,他借助书法的"意在笔先"的理念,生动形象地揭示了语音产生中"意在声先"的提前计划机制,从而突破了一般的语音描写和解释的局限,深化了对语音产生机理和语音变化的客观规律的认识。

1.4 基础理论研究与现代科技应用实践密切结合

吴宗济先生做学问,一向坚持学以致用,服务社会。他特别注重基础理论与现代科技实践的结合,尤其注重语音学跟自然语言处理以及通讯工程的结合。在与言语工程的结合方面,自打"文革"一结束,就积极参与了。记得"文革"之后刚刚恢复研究工作的第一次出差,他就带领鲍怀翘老师和刚刚进入研究室的我,到四机部参加对语音编码器语音问题的诊断工作,并由此探索我们研究室的研究方向。特别是先后跟中国科学院声学研究所的语言声学研究、自动化研究所的自然语音处理研究的不断协作和交流,不但找到了源源不断的研究课题,使语音研究更加切合客观实际的需要,而且在基础理论方面填补了不少空白。在为语音研究室确立正确研究路线的同时,也逐步奠定了中国现代语音学研究的发展方向。

特别值得一提的是,吴先生领导语音研究室研制了中国第一个普通话语音规则合成系统,不但填补了国内这个领域的空白,而且为检验基础理论研究结果和促进应用基础研究提供了极好的平台,同时也开创了语音学理论知识应用于自然语音处理的通途。记得语音室一开始准备做语音合成的时候,吴宗济和林茂灿两位先生就跟我和杨顺安说,给你们俩"介绍对象",杨顺安负责编程和实施合成,曹剑芬负责提供语音参数和语音规则,并具体配合调试。那时,按杨顺安要求,我每天跟他一起坐在计算机旁,一方面熟悉语音合成的相关知识,同时随时按要求提供参数。一开始合成的是单元音和复合元音,然后合成音节。杨顺安的主要任务是提供合成的雏形,我的主要任务就是负责上机调试音色,边听边修改参数,直到感觉音色比较满意为止。这是一个相当单调、耗时、但又不可不做的工作。记得元音的调试中最最困难的是/u/,始终没有获得满意的结果。此外,复合元音的合成和调试我也是全程参加的。通过这个阶段的合作,的确进一步加深了对复合元音语音性质的认识,我和杨顺安合作发表的"普通话二合元音的动态特性"(《语言研究》,1984 年第 1 期)和"北京话复合元音的实验研究"(《中国语文》,1984 年第 6 期)两篇文章就是这个时期边做语音分析、边做合成检验的结果。在此过程中,吴先生也始终关注着我们的每一步进展。音节的合成是从不送气塞音声母的音节开始的,我参加了初期的调试工作,调试也很困难。譬如,在合成舌根声母音节的时候,往往是微调一下某个参数的量(哪怕是微调一下看起来跟音色无关的音强),舌根音听起来就变得像双唇音或舌尖音了。后来,因我外出进修,此后的调试工作便由许毅负责。就这样,在吴先生的正确指导和具体关怀下,诞生了语言所语音室普通话语音规则合成系统,它是语音学基础理论知识跟言语工程相结合的典型。

特别是 20 世纪 80 年代以后,吴先生几乎全身心地扑在为言语工程建立处理汉语韵律的模型上。他呕心沥血,不仅先后撰写了"普通话四字组韵律变量的处理规则"、"为改进普通话口语自然度所需韵律特征规则的设计"、"普通话语调分析的一种新方法:语句中基本调群单元的移调处理"以及"面向汉语口语文-语合成的'全语音标记文本'(APLT-I)设计方案"等一系列重要论文,而且直接加盟中国科技大学计算机系的自然语音处理课题,担任国家 863 智能计算机成果转化基地中央研究院顾问。他亲自参加语音处理项目,亲临处理现场指导实施,使得相关项目能够很快地付诸实际应用。他的加盟不但促进了该基地语音合成系统的改进,而且培养了不少优秀的学生;同时,还为语言研究所语音研究室跟科技大学后来的进一步合作(例如建立联合实验室——讯飞实验室)奠定了良好的基础。

吴先生重视理论与实践的结合,不但表现在他跟言语工程方面的合作研究和应用,而且表现在与语言教学方面的合作研究和应用。早在 20 世纪 70 年代,他就积极推动语音学理论在教学上的应用,而且多次亲自授课。例如应林焘先生之邀,专门为北大中文系实验语音学选修班开课,可以说是"语音学界的黄埔一期"。当今在国内外这个领域供职的许多骨干,都是这一期的学员。同时,他还积极支持教师从事语音教学的理论研究,提高语音教学的质量。例如,他不但专门为北京语言学院开设现代语音学课程,并且编写教材,出版了《现代汉语语音概要》,这对语音教学、尤其是对外汉语教学具有重要的指导意义。

1.5 独特的施教风范

吴宗济先生对于现代语音学的无私奉献,不仅限于自己亲力亲为,带领语音研究室的同人开拓前进,而且始终倾力培养学生,旨在扩大语音学的队伍。他奖掖后生不拘一格,可谓桃李满天下。其实吴先生正式开课的并不多,倒是各种各样的"编外"学生不计其数。他培养学生有两个特点。

第一,有教无类,不拘一格。无论是对正规的学生(例如在北大开设的实验语音学选修班课程),还是各种各样编外的学生,吴先生都是一视同仁。无论是分内分外、所内所外还是国内国外,但凡有人请教,吴先生必定热情接待;无论是理论上的求教还是学术资料的求索,吴先生必定倾其所有。他常说,"不怕你们学,就怕你们不学。"正是这种"有教无类"式的施教风范和无私奉献的精神,为语音学界和言语工程界培养了一大批优秀人才。如今,他的许多学生已经成长为国内外语言学界和语音学界以及言语工程界的骨干力量。

第二个特点是,因材施教,循循善诱。在这方面,我的体会尤其深刻,下面我将会详细交待。这里,仅以他对朱川和对我的施教方式为例加以说明。华东师大的朱川老师是吴先生最早、也是施教时间最长的编外学生之一。对她,吴先生扬其聪慧能干之长及其在高校从事教学之便,在鼓励她从事语音教学研究的同时,着重引导其培养更多学生,扩大语音学的队伍。他赠朱川"南去薪传赖有人"的题词便是其殷切期望的典型体现。而对我,则鉴于我天资虽愚钝、而尚属勤勉的一滴之长,多方引导我在具体研究上下工夫。每当我被外界某些对语音实验研究的不解所困惑,或是受到内外种种不和谐的干扰时,先生总是耐心地开导我,鼓励我。语重心长地希望我任劳任怨,排除干扰,克服困难,尽职尽力,把来之不易的现代语音学的新局面发展下去。记得他曾借用某著名科学家的名言"科学之事,困难最多,凡做一事,能排除万难达其目的者,皆可谓之勇"来鼓励我;同时,还用"我不下地狱谁下地狱"的佛家之语激励我。这些赠言,不但尽显其对晚辈后学的殷殷之情,同样彰显出这位世纪语音学家的宽广胸怀和崇高目标。所谓"老骥伏枥,志在千里",是之谓也!

2. 吴先生怎样教我做学问

我不敢妄自忝为吴先生的门墙,因为既无机会读他的研究生,也没有任何形式的拜师之举。而且,吴先生也素来谦虚地视我为老战友、老同事。然而,实际上我比他的任何学生都幸运,无论是做学问还是做人,都深得先生的偏顾。他的那些"编外"学生如朱川,曾跟我开玩笑说羡慕我、甚至嫉妒我"近水楼台先得月",守在吴先生身边,可以随时请教。而我呢,一则由于生性不敏,不善学习;二则因为疏于安排,不善珍惜时光。虽然跟随吴先生三十余年,却错过了许许多多大好机会,竟然未能尽得"近水楼台"之益,白白浪费了如此令人羡慕的求教资源。不过他们说的也不错,在诸多编外学生中,我比任何人都幸运,甚至比他的正规学生都要幸运。因为正规学生都会有毕业的一天,而我始终没有离开吴先生的熏陶与鞭策。

记得我刚踏进语音实验大门的时候,他一方面手把手地教我操作语图仪、做腭位照相,教我识读语图、辨识语音的 X 光照片……使我茅塞顿开,得以通过声学和生理实验的手段,认识许多扑朔迷离的语音现象;另一方面,第一时间就把我"扔"到了"Speech Chain"原著的汪洋大海之中,结果让我既收获了语音学的基础理论,扩大了眼界,又习得了基本的英语技能;同时,还一开始就让我跟着他在语音学理论与言语工程应用相结合的实践中摸爬滚打,从而把我引上了一条正确的研究与探索之路,使我得以从揭示言语产生和感知机理的高度考察音段和超音段特性,不断加深对自然言语本质的认识。

吴先生做学问,总是亲自从事实验分析,从获得的第一手资料和结果中研究语音的客观特性,探索语音变化的规律。他不仅自己这么做,而且也以这个原则培养学生。结合研究任务施教,尤其注意在研究实践中提高年轻人的科研能力,这是吴先生培养后学的一贯方法。这里,要专门说说吴先生是怎样教我做学问的。

2.1 开宗明义第一课

对于我来说,《普通话单音节语图册》的诞生过程恰似吴先生为我开设的实验语音学第一课,让我在最短的时间里,实现了从对语音实验一无所知到初步掌握声学分析技能和实验语音学基础知识的转变。

1977 年,我刚刚踏进语音实验室的大门,正值吴先生主持的普通话语音声学特性分析的起步阶段,因而有机会参与了除实验材料准备和录音以外的全程工作,亲历了《普通话单音节语图册》

诞生的全过程，包括语图制作、图片整理和编辑、数据测量和分析、特性归纳以及说明文字的撰写。一开始，我跟杨力立和孙国华一起，大规模地制作语图。为了充分发挥人与机器的作用，一方面，歇人不歇马，三人轮流上阵，因为当时只有一台语图仪——国内唯一一台最先进的声学分析仪器；另一方面，作图与图片整理同时并举，谁不上机作图的时候，就切割语图、分类积集。与此同时，还分工负责数据的测量。此外，吴先生还要求我做语音特性的分析归纳和文字说明的撰写（1979年我们在第三届全国声学学术会议上宣读的"普通话辅音声学特征的几个问题"一文便是其直接成果之一）。那时，吴先生除了全局指挥和总体技术理论指导以外，主要精力在于统筹考虑全书的安排，根据测得的数据和分析归纳的结果撰写总体说明。与此同时，还要随时随地对我们几个进行知识和技能培训。在这个过程中，从手把手教我们操作仪器，到反复耐心地教我们识图，吴先生都是一丝不苟。他不仅教基本概念、教实验方法，更教分析研究的视角；不仅锻炼我们的动手能力，掌握实验技能，而且锻炼我们分析归纳的能力，让我们从实践中学会和提高分析现象、归纳本质的独立研究能力。所以，通过辨识语图，我从辨认频率、振幅、带宽以及共振峰等感性实践中，不但逐渐掌握了这些最基本的概念，而且通过数据测量和分析归纳等实践，初步认识了汉语元音、辅音和声调的声学特性。一句话，在实践中摔打，在熏陶中成长，这就使我学得比较扎实。通过这个过程，我所接受的是一整套完整系统的技能与理论的基础训练，让我比较系统地掌握了语音学的基础理论知识，学会了从声学表现去分析认识表象后面的语音学实质，这为我后来的语音学研究打下了比较扎实的基础。

2.2　实验原理和方法的培训

除了声学实验以外,吴先生还要求我掌握生理实验的原理和方法。譬如,教我学看 X 光片和舌位-腭位图,还教我自己动手做腭位照相实验。他既示范具体的实验过程,又讲解实验的基本原理和分析方法(甚至腭位照片的洗印等一整套程序),以及特征的辨识和分析。尽管没有形式上的专门开课,而我得到的却是一整套系统的培训,以至于后来能为吴先生的历届研究生开设这方面的辅导课。应该说,我从这些具体训练中学到的,不仅仅是实验方法,更重要的是其中所体现的语音学原理。由此我联想到,现在的语音分析手段已是今非昔比,以至于不少人在频繁使用这些便捷的科学分析手段的时候,在运用现成的声学与生理关系的时候,也许根本就不再去想那些表面看来如此简单的关系或便捷的分析手段背后,究竟意味着怎样的发音原理和形成机制。因此,比起我们当时经历的实验手段的原始和不便来,是不是也损失了某些"原生态"的收获。

2.3　语言工具的掌握和专业理论的培训

对我来说,《言语链》一书的出版,与其说是我的第一个翻译习作,不如说是吴先生既教我专业、又教我外语的训练成果。1976年,我从语言研究所的方言研究室调至实验语音学研究室,这无异于大改行。进门第一件事,就是重新学习专业(实验语音学)和掌握新的语言(英语)工具。当时国内没有任何现成的实验语音学教科书,极大多数参考资料也都是英语的。所以,吴先生就交给我一本贝尔电话实验室的 Peter B. Denes 和 Elliot N. Pinson 著、美国 Anchor Press 1973 年出版的"The Speech Chain—The physics and biology of spoken language"一书的英文原版,让我既学英语,又学实验语音学。这真是典型的"任务-诱发型"教学策略呀!

当时,我的学习背景是:传统语言学专业出身;时年三十有八,两个孩子的妈妈;上班在实验室跟着学做实验,下班要承担几乎全部的家务;实验语音学知识——几乎等于零;英语水平——只认识26个字母(因为大学学的公共外语是俄语)。所以,许多同事和朋友都为我捏把汗。显然,我不可能像通常的学生那样学英语:听课、背单词、学语法、学句型……怎么办?硬着头皮闯!当然不是无为地乱闯。首先是抓工具的掌握,一方面挤时间通过收听广播的初级英语课程,突击学习英语知识和基本词汇;一方面通过查词典(仅有一本《英汉小词典》,还是向吴先生借的,以当时的经济条件轻易不可能买,而且书店也不像如今有那么多词典可供选购),逐词逐句地抠那本"Speech Chain"。当时,为了避免单词查了后头又忘了前头,同时也是为了便于专业知识的积累,就想了个办法,不但把全文每句都用中文翻译出来,许多关键词(一开始几乎是每个词)还同时附上英文括注。同时,因为不熟悉英语语法,为了克服语句理解上的困难,只好随时查阅相关的英语教科书或语法书,并结合自己对相关专业内容的理解,反复揣摩,力求语句翻译正确。最要命的是,书中涉及不少生理学和解剖学方面的专门术语和词汇,一般英汉词典上根本查不到,不得不常常去请教相关专家(特别要感谢我所词典编辑室的李伯纯先生,得益于他广博的医学及解剖专业知识的支持)。可想而知,这是多么地费时、费劲。

就这样,经过一段时间的死抠和"硬译","译文"渐渐变得通顺一些,关键词的英文括注也渐渐变得稀少。于是,吴先生便因势利导,鼓励我索性把"译稿"加工整理,拿去出版,正好可以填补国内当时缺乏此类参考书之不足。可是,我那个"译稿"又实在蹩脚。说来也巧,恰好吴先生的研究生任宏谟的第二外语是英语,吴先生就让他边学专业、边帮助仔细校正一遍。然后,又经过吴先生和张家骅先生的复校,才由中国社会科学出版社出版。虽然我的名字被署在第一,但我心里明明白白,这根本不是我的英语水平的真实反映。然而,尽管如此,经过这个"炼狱",我总算闯过了英语习得和实验语音学两个领域的知识和技能的原始积累这一关,为后来的研究生涯及英语水平的逐步提高打下了坚实的基础。这是吴先生赐予我的最最宝贵的学术财富,让我终身受用,一辈子难忘!

吴先生教我做学问的故事不胜枚举,这里只是略举一二。跟着吴先生做学问30余年,我深切地体会到,做研究起码具备两大基本要素:一是掌握资料;一是掌握基础理论。而我一进语音室,吴先生就给我提供了获取这两个基本要素的有利条件——通过语图制作、辨识和分析测量,让我掌握第一手资料;通过学习"Speech Chain"原著,让我掌握指导研究的基础理论,而且是当时最先进的理论;外加学习一门外语,让我掌握了一种重要的研究工具——通过它,可以获得更多的资料和更新的理论。这实际上才是真正意义上的"近水楼台先得月"呐,这使我在学术研究上缩短了摸索的过程,少走了好多的弯路。试想,对于一个刚刚踏进语音实验大门、还懵里懵懂不知实验语音学为何物的我来说,无论是教我识读语图,还是教我做腭位照相或者辨识语音的 X 光照片,这一切的一切,无疑在我面前展现了一个崭新的世界。这个世界使我茅塞顿开,得以通过声学和生理实验的手段,认识许多扑朔迷离的语音现象;甚至跃跃欲试,试图去解开脑海中某些宿存的疑团,我对吴语浊声母语音性质的探索便是在这样的背景下启动的。

3. 谦虚谨慎,平易近人

作为我国实验语音学的奠基人,吴宗济先生德高望重,成就卓著,但从不摆权威架子。相信凡是接触过吴先生的人,无不对他的谦虚谨慎和平易近人具有深刻的印象。

其实,从上述两大部分的实例,已经充分说明了吴先生的为人之道,因而不必再多赘述。这里仅补充一例,说明他奋斗目标高远,但却淡泊名利。他的座右铭是:"但愿文章能寿世,不求闻达以骄人。"事实上,他在学术上的影响不仅已经涉及几代人,而且已经远涉国内外。例如,在 2004 年庆祝吴先生九十五华诞以及 2008 年庆祝吴先生百岁华诞的时候,不但国内的数百同行专家、学者和学生济济一堂,还有数十位国际语音学界或言语工程学界的知名学者著文祝贺和前来参加庆典。又如,2009 年 9 月 10 日那天,吴先生的几十名在京学生,还特地从各自的工作岗位聚到一处,"四世同堂",跟吴先生一起共庆教师佳节。这一切都充分说明了吴先生的人格魅力。所以我说是:先生文章能寿世,不求骄人自闻达。

4. 病榻前的嘱托与期望

吴宗济先生为振兴中国语音学事业艰苦奋斗、执著追求了70余年,直到身患绝症、卧病在榻,还关注着中国语音学的兴旺与发展。在他的病榻前,先生既不跟我念叨他的病痛,也不让我为他做点什么可口东西吃。每次我去看望,他总像个健康人似的,赶紧跟我讨论学术问题,似乎就怕时间不够用。不是立刻告诉我又有什么新的打算、新的发现和想法,就是神采飞扬地通报又看到了什么好文章了,立刻拿出来让我分享;不是马上打开电脑,或看他的文章、谈他的想法,就是问我最近做些什么,有什么可提供给他看的。有时,还立刻上电脑下载我的文章,甚至专门打印出来,细细阅读、讨论指点。

特别让我难以忘怀的是,在他病危入院前我最后一次到家里探望时,他非常慎重地跟我说:"很多东西,我只有跟你能沟通。我的很多想法,也许别人并不一定能够理解,而你能够理解。我还有许多想法,恐怕来不及去做了,现在交代给你。譬如,五度制为什么够用,跟实际语气差别多大?古代必然有声调,虽然未记载,到隋唐才开始记载,能不能证明上古就有五度声调?因为这是符合音理的(可参考麦迪逊的文章),只是需要找到文字记载证据,可从隋唐、甚至秦汉古文献去寻找。还要抓声调来源,它影响辅音、元音,是否可用'意在声先'思想来解释?我相信古文献中一定有反映,你能读古文献,你能看出来,只要好好去发掘,一定能够获得满意的答案的,希望你将来能继续做下去"。

听了先生的这番嘱托，我的心里真是说不出来的酸楚。我知道，先生是多么地不愿意离开他为之献身的语音学事业；我理解，他是多么地放不下他终生执著追求的远大目标和悉心指导培养的研究团队。我分明看到，往昔如此坚强积极、一再声明"你们千万不要考虑我的年龄，尽管把任务压上来"的这位世纪老人，在他不得不停下探索的脚步的时候，竟显得如此的无奈与无助。这绝不是一般人那种对于生命的留恋，也不单纯是对一个晚辈后学的嘱托，而是他对发展中国语音学事业这个崇高目标矻矻追求的继续，也是对语音学界广大后辈学者的殷切期望。在那一刻，我顿觉肩上的担子是那么地沉重。既蒙先生谬奖与信赖，内心着实惶恐不安，如此重任，就凭我的微薄之力如何承担得起！好在中国语音学的队伍已经相当壮大，吴先生的同行朋友遍四海、学生桃李满天下。我想，我们对吴先生的最好纪念，就是努力去实现这位世纪语音学家的执著追求和未竟愿望，把由赵元任先生等开创、由吴宗济先生继承发扬的中国现代语音学推向新的发展高度。相信只要我们继续循着吴先生开拓的途径不懈努力，我们定能为揭开人类自然言语之奥秘做出我们应有的贡献。果能如此，我们敬爱的吴先生必定也会含笑九泉！

斯人已逝　风范长存

——深切怀念吴宗济先生

孙国华

去年夏天我到海军总医院看望病中的吴宗济先生,先生苦笑着说:"这次可能回不去了。"听了这话我心里一阵酸楚,忙用"您福大命大,消化道出血控制住就可回家休养"的话来安慰他。随即便把话题岔开,拉起了家常。记得那次闲谈中先生精神很好,兴致很高,思绪也很清晰,甚至还同我聊起了他做胶州道台的父亲和他的大表舅盛宣怀的往事。但哪知竟在此次探病后不久,先生就驾鹤西去了。

一

我是1964年被分配到中国科学院语言研究所语音实验室工作的。作为无知晚辈,同吴宗济先生一起工作了四十余载。虽没能成为他的入室弟子,但在先生的指导教诲下,从一个门外汉到逐渐掌握了如何进行语音分析,了解了普通话语音的音段、超音段特征和语音协同发音等基础知识,逐渐迈入了现代语音学研究的殿堂。

记得刚到语言所时,给我印象很深的一件事就是在我们三组(今"语音研究室")办公室的书架上摆放着几排由装订社装订的硬皮封面书籍。翻开一本看看,每页都是用照相机翻拍的语音学论文。后来从组内老同志处得知,这些宝贵的学术论文都是1957—1958年间吴先生奉派到东欧、瑞典及丹麦等国考察进修后带回的。过了一段时间,我向先生问及此事,他告诉我,这些国家的实验语音学研究在当时都是代表了国际先进水平的,许多文献资料对我们国内的语音研究有很好的学习借鉴作用。资料珍贵但碍于当时外汇有限买不起,并且有些文献是从图书馆或实验室借阅的。于是先生就买了台相机和两个聚光灯,并对相机镜头做了处理(先生曾从事过专业摄影,是拍照及暗房操作的专家)。每天晚上回到下榻酒店就架起相机打开聚光灯,把带回的资料拍下来。听了这些书籍的来龙去脉,我被深深感动了,我对先生所为充满了敬佩之情,先生是从旧中国走过来的知识分子,他为了新中国实验语音学事业的繁荣发展不辞劳苦,发扬蚂蚁啃骨头的精神每日翻拍不止,把宝贵的文献资料带回祖国,他的这种爱国、敬业精神实在值得我们后人好好学习。在当今的学术界,一些公派出国考察研修的人员,他们不是抓住机遇刻苦学习国外的先进技术、理论,把先进的东西带回祖国。而是拿公款旅游,用公费吃喝,然后胡乱抄袭些人家的研究成果写成论文。联想到这些,就愈发感到先生的可敬。

1964年,室里进口了一台美国 kay 661A 型语图仪。这也是当时国内得到的第一台可用于对语音进行三维声学分析的先进设备。全室相关人员在吴先生的带领下,对这台费尽周折冲破美国禁运、花费宝贵外汇购进的"宝贝"进行了细致的分析研究,阅读了大量相关资料。为了尽可能延长它的使用寿命,我们对这台仪器的消耗件都进行了仿制。如录音、消音磁头、录音磁片等。甚至还曾和北京邮电学院协作对其整机进行研制。然而,由于"文化大革命"运动的开始,旧学部的科研工作全部陷于停顿,对语图仪功能的全面消化、使用也便中途夭折。直到"文革"结束,哲学社会科学部更名为中国社会科学院,科研工作正式恢复后,这台设备才真正为语音研究发挥出它的作用。1979年,在吴先生的亲自领导组织下,我和室里部分同事参加了由他主编的《汉语普通话单音节语图册》的实验工作。大约两年的制图、测量实验工作使我受益匪浅。实验的过程就是学习和研究的过程,经过两年的工作,自己的语音学知识得到了充实和提高。譬如,语图怎样制作分辨率才能提高,语音的四要素等声学参数在语图上如何正确测量?这些问题都曾得到吴先生的悉心指导。先生还送给我大量他撰写的论文和参考文献,帮我增加这方面的知识。这本专著中的声图是用早期型号的语图仪制作的,尽管在其清晰度方面存在着缺憾,但它毕竟是国内外描写汉语普通话的第一部语图册,因此至今仍然是初学者重要的参考资料。

在我的科研生涯中,有幸与先生合作过两项研究课题,即:《普通话 CVCV 结构中不送气塞音协同发音的实验研究》和《普通话清擦音协同发音的声学模式》。在两项课题中,我的分工主要是对全部实验材料制作语图并进行声学分析,分类进行数据测算、归纳并制作成图表。先生对我的工作结果十分关心,多有指教。每次讨论时总是认真听取我的意见,对我提出的问题也是问一答十,耐心且不盛气凌人,绝无专家权威的架子。先生对工作很认真很投入,经常废寝忘食。记得在拿给我的论文修改稿让我提意见时,我经常发现,在论文的某一部分会出现密集的红钢笔点。每逢此时,我就开玩笑地问他:"昨晚又打瞌睡了吧?"先生则会给我一个如孩童般天真的微笑。先生很随和,没有架子。那时,我和先生住得很近。我在劲松一区,先生住在二区。我经常到先生家串门聊天,讨教一些问题。那时我身体不好,经常生病。先生在我生病时经常到我家看望,送些补品。记得有一年冬季,先生还携其从上海来京探亲的夫人到我家看电视剧《安娜·卡列尼娜》。两家人围坐一桌看着九英寸的黑白电视,倒也其乐融融。先生很勤奋,做学问有熬夜的习惯,凌晨两三点睡觉是家常便饭。写作累了时便伏案打个小盹儿,然后喝杯咖啡继续工作。就这样,在先生的影响和熏陶下,我对普通话音段特征及音段、音节乃至句子中的协同发音现象产生了兴趣,并伴随着我走完了我的研究历程。

二

吴宗济先生对待新生事物有着强烈的好奇心和学习欲望。和一般老人不同,他从不言老,思想从不僵化,从不故步自封。80多岁的年纪开始向年轻人学习使用电脑,从写论文开始到利用它进行语音研究。据我所知,他使用的电脑总是随潮流而更新换代,其他外围设备也一应俱全。记得在他九十华诞时,先生曾送过我几张他自己打印的纪念彩照。在当时打印彩照还很时髦。先生在研究工作中,对于国内外的新理论、新技术、新思想十分敏感,总力求及时地转化成"洋为中用"。正由于此,先生的研究内容总渗透着强烈的前沿性和时代性。

"共振峰"、"协同发音"这类外来词就是由先生首先引进并译成中文的。先生在晚年从事的普通话字调和语调的分析研究都是当前国内语音学关注的热点。先生还十分重视基础研究与实际应用的关系,与时俱进,努力将自己的研究重点向言语工程靠拢。

20世纪50年代后期,先生从方言组转到语音实验室。他和周殿福先生共同领导、带领年轻同志一起奋斗,使我国的实验语音学研究有了长足的发展。从研究思想到研究手段,乃至仪器设备都得到了质的飞跃。研究的热点、方法已接近国外水准。先生和周殿福先生合编的《普通话发音图谱》就是建国以来第一部实验语音学专著。这本专著对研究普通话辅音、元音发音时的生理态势及用于普通话语音教学都有着重要的参考作用。

先生思维敏捷,善于钻研,勇于创新。在20世纪60年代初,为了研究描写调音器官在发普通话不同辅音和元音时颚位的状况,先生在没有可借鉴的样品、没有现成合适材料的困难条件下,开动脑筋想办法,在其他同志配合下,亲自动手研制出了简单实用的颚位照相设备。这台设备的功能比早期使用的假颚前进了一大步。用它配合X光照相及唇型照相,就可对不同辅音和元音的调音状况做出更为全面、准确的展示。在前面提到的《普通话发音图谱》一书中,这台仪器就发挥了重要作用。这台设备作为我国语音实验史的见证,至今还保存在研究室的博物馆中。

吴先生心灵手巧,多才多艺,兴趣广泛。先生年轻时曾学过电影摄影和照相技术,在清华读书时是校管乐团的巴松演奏员。先生的古文功底极深,诗词格赋无所不通。每逢春节全所聚会,总要请先生赐副对联。在"文革"中被打成"反动学术权威"、"漏网右派"后,利用在"牛棚"劳动的机会学习做木工活。后来居然自制了一个便携式可折叠小板凳。那时全所人员集中在沙滩的法学所搞"斗私批修",隔不久便要排队步行随工、军宣队到学部听报告。每逢这时大家就会看到吴先生斜挎着那个板凳精神抖擞地随队前行。后来我和先生都去了河南"五七"干校。在干校我们都被分在木工组。我是组长,他是组员。年逾六十的先生和我们几个年轻小伙儿一样,在炎炎烈日下光着脊梁锯木头做大梁,做门窗,和全所同志为了早日建成宿舍而挥汗。

吴宗济先生为人热情谦和,对待年轻学子倾其所知毫无保留。他一生培养了大批学生,可谓桃李满天下。这些人中有些已成为语音学界的专家学者,有些已成为学科带头人,还有一些人已成为将语音学知识用于言语工程的典范。

三

吴宗济先生是我国现代语音学的泰斗和开拓者,他一生都在语音学这块土地上辛勤耕耘着,直至生命的最后一刻。先生身后给我们留下了大量的研究成果,先生的治学态度和高尚品格是我们后人学习的楷模。

吴宗济先生离开我们已近半年了,但他的音容笑貌仍时时闪现在我脑中。这位百岁老人是一位快乐的老人,他一生都陶醉在语音研究的乐趣之中;这位老人是一位不知疲倦的老人,"犹能笔耕,宁甘伏枥"是他对待工作的座右铭;这位老人是一位"时髦"的老人,他的研究紧跟国际潮流,勇攀科学高峰;这位老人是一位无私的老人,他不愧为年轻人的良师益友,带学生办讲座总是倾其所有,毫不保留。

在先生刚入医院时我去看他,他的保姆向我抱怨说,"爷爷住院前还要把一瓶红酒带来,都这样了怎么还能喝酒。"我问是什么酒?先生说就是我在他一百零一岁华诞时送的那瓶解百纳干红。现在先生已经作古,我只能用那暗红色的解百纳来遥祭先生了。

既择所业　终身服膺

——吴宗济恩师永存

祖漪清

吴宗济恩师驾鹤西去,永远离开我们了,但我总觉得他仍在我们身边,他传授给了我们知识、教导我们如何做人,并留下了对我们的无限关怀。在历史的长河中,每一个人都是匆匆过客,吴先生用实际行动告诉我们应当如何度过人生:为我们选择的事业鞠躬尽瘁,为我们的祖国无私奉献。

1. 科学的春天

1982年初,我结束了大学生活,来到语言所,怀着对科研工作的憧憬,攻读吴宗济先生和林茂灿先生的实验语音学研究生,和我同一届进入语音室的研究生还有许毅。当时的学术环境被称为"科学的春天",老师们的工作热情很高,大家的共同愿望是在经历过"文革"浩劫后,能尽快赶上国际水平。

吴先生上课的风格不是循规蹈矩的,他知识渊博,兼通文理,具有深厚的国学功底,并了解国际上最新的语音学理论。他授课的形式是和学生互动的,他常常会从一个问题,延伸出很多问题。在谈论日常生活时,又是常常将事物联系到了语音现象。吴先生、林先生号召大家读经典的著作,获得国外最先进的理论和思想。J. L. Flanagan 的"Speech analysis, synthesis and perception",以及 Fant 的"Acoustic Theory of Speech Production",是作为研究生课程要求我精读的。阅读这些原著,压力很大。言语产生的三个方面包括声源、声道调制、口部辐射,在每个环节上,吴先生都带领语音室进行了相关实验。与此同时,吴先生还为我们安排了国际音标课,学习烧制语图、识图、分析 X 光照片反映的声道状况。在言语产生的探究中声道被模拟成级联声管,我们分析发音综合图描绘的声道截面积变化,形成声道面积函数并用以模拟声管,目的是从中理解言语产生机理。虽然这些做法今天看来有些粗糙,我们还是从中得到不少收获。

在国际交流远不如今天这样通畅的年代,吴先生就能紧紧抓住机遇,与国际上各著名实验室建立良好的合作关系。吴先生在国际上有许多至交及崇拜者,包括美国的 Ladefoged 教授,瑞典的 Fant 教授和日本的 Fujisaki 教授。80 年代吴先生代表语言所先后邀请 Ladefoged 和 Fant 到中国讲学。后来他又把自己的研究生任宏谟送到 Ladefoged 教授那里学语音学,把林其光送到 Fant 教授那里学习言语声学理论和语音信号处理。

早在 80 年代,语音室就购置了计算机。吴先生认为:语音学是实验科学,它需要技术支持,并应该服务于应用。正是在这种思想指导下,语音室招收新的研究人员时,都是文科、理科搭配的。这种研究人员的知识背景模式保留至今。根据我的声学背景,吴先生希望我为语音学和工程之间架起桥梁,当时我以为语音学要比物理学容易很多,便答应了下来。至今我才知道,这个承诺对我来说太沉重。位于学科的边缘,我所能看到的只是不同学科的局部,始终没有深入到不同学科的腹地。语音学门槛浅,很容易让人看到现象,但实际上一个问题往往和其他问题纠结在一起,许多看似简单的现象并不一定真的能理解透彻。

跟随吴先生学习实验语音学至今有29年,在学习期间和工作当中,我始终都得到吴先生的关怀,在我工作和生活的重要阶段,都会收到他写给我的字句。是吴先生让我懂得在顺利的时候不能得意,遇到挫折保持乐观,凡事不能贪求回报,在付出之中获得幸福。有这样的导师,我感到十分幸运。

图1　1983年Ladefoged教授访问语言所(当时的语言所借用了地质学院的教学楼),前排左一是吴先生

2. 开中国实验语音学之昆仑

吴先生在《补听集》自序中回忆,罗常培先生30年代在清华大学开设的"中国音韵沿革"讲义中写道:中国传统音韵学全凭口耳审定语音,不能解决积疑,需要用实验补听缺。这是在倡导用科学的手段研究语音。新中国成立后,罗常培先生将吴先生召进了语言所,由吴先生建立语音实验室。从此时开始,吴先生继承前辈的遗志,扛起刘复(半农)先生创办的"语音乐律实验室"巨匾,真正开创了一个以实验补听缺的独特研究领域,开辟了新的音路历程,并为此终身服膺。

林茂灿、曹剑芬、李爱军等在相关的文献中都对吴先生的学术思想做了极为详尽的介绍和概括。曹剑芬在"吴宗济先生的学术思想与理论体系"一文中从五个方面对吴先生的思想做了全面总结。李爱军、林茂灿在"Studies on Chinese Prosody"一文中着重介绍了吴先生对韵律研究的贡献。将语音研究成果应用于言语工程,是吴先生的毕生愿望,我想在此试说吴先生的研究思想对言语工程的贡献。

2.1 立足言语产生、感知的坚实基础

吴先生主持的语音研究,是以言语的产生和感知为基础的,并同时采用生理、物理的手段开展语音实验。1957年至1958年吴先生访问欧洲四国期间,用照相机拍摄了大量资料,收集了当时国际最先进的语音研究思想。50年代后期,语音室添置了新的声学

分析仪器，如频率计、示波器和语图仪等。为了进一步搞清言语产生的机理，吴先生率领大家进行语音的频谱分析，设计制作了腭位照相装置，拍摄 X 光照相，全面进行了生理、物理实验，对普通话元音和辅音的生理特性做了系统的分析和描写。从此，语音学形成了三个发展方向：声学分析、言语产生和言语感知的研究。吴宗济先生与周殿福先生合著的《普通话单音节图谱》就是在这个时期诞生的。在当时的技术发展水准下，这是一个可观的系统工程，称得上是语音研究的精品。

2.1.1 生理研究和物理研究并举

X 光照相表现的是声道侧面状况，根据 X 光照片描画的线条图，清楚地反映了发音时口腔内部的状态，如软腭是上升还是下垂、舌头隆起接近上腭所造成的收紧点位置，还有舌和齿背距离的远近、舌面凹凸的状态和舌边卷起的程度以及前后腔的大小等跟音色有关的特性。但是仅从声道侧面描绘发音器官的变化还不全面，舌头与上腭接触的位置和面积大小，就难以分析了。吴先生带领大家利用牙科用的托模法、假腭、腭位照相等手段，记录发音时舌头与上腭接触的情况，研究辅音的发音部位和元音的舌位，并制作了一套完整的反映发音器官三维状况的普通话发音综合图，覆盖了普通话全部声母、二合元音、三合元音、鼻韵尾韵母。

在进行生理研究的同时，吴先生带领大家全面展开了语音的声学分析。关于元音的研究就很深入。每一个元音的声波都是一个复合波，由于它们的谐波成分的频率位置和振幅强弱分布不同，使得它们的波形各不相同。振动频率最低的那个成分叫做基频，其余的成分叫做谐波,每一个谐波的频率值都是基频的整数倍。元音的音色不同,谐波峰的位置就不同。共振峰是由声腔共鸣引起的频谱包络的峰值,它反映了元音音色的区别。谐波峰并非共振峰峰值。吴先生在1964年提出的一种用几何原理测算共振峰的方法,就是在当时只有简陋的频谱分析手段的背景下、基于对元音理解而提出的共振峰辅助测算方法。

有了语图仪后,吴先生带领大家开始了对普通话全部四声的单音节的分析,制作并分析了数千幅普通话单音节、两音节、三音节、包括音高曲线、宽带语图、窄带语图。十分可贵的是,分析语料并不是只选择具有一定代表性的个案,而是覆盖了包括四声的普通话所有音节和音节间搭配。这种做法至今可以指导言语工程系统语料库的建设。

为了加深对问题的认识,并受 MIT Victor Zue 教授研究小组的启示,一度语音室每周安排一次"猜图"活动,即给大家一幅语图,大约3—4个音节,不告诉其内容,参加人员根据辅音的表现、元音的共振峰走向,以及基频曲线,指出这幅语图的内容,了解了语音的生理过程及其对应的频谱表现,经过练习,多数人是可以

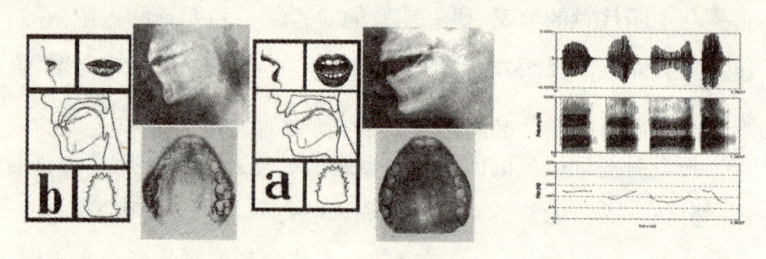

图2 辅音/b/和元音/a/的发音生理综合图以及/ba/的四声图谱

"猜"对相当内容的。

2.1.2 协同发音

吴先生倡导的协同发音研究始于 80 年代末、90 年代初,这些研究是在稳定音段研究的基础上,分析音段到音段过渡过程中的声学特征。吴先生首先分析了普通话音节中塞音及擦音跟元音之间的协同发音的声学模式,对普通话语音音段和超音段的协同发音展开了比较全面的分析。

关于协同发音的研究内容包括元音共振峰目标值、辅音的 VOT 值、辅音的能量集中区和过渡音段等声学特征,吴先生还研究了辅音不送气/送气区别、清擦音协同发音的声学模式、普通话零声母起始段的声学分析等。这些问题都对基于共振峰规则的语音合成技术起到了最直接的指导作用,杨顺安为共振峰语音规则合成系统提出的普通话音节-声母/韵母-音段框架集中体现了这些研究成果(图 3 中无声段和送气段与声调的连接虚线在杨顺安的原图上并未给出,增加的原因在此不予展开)。在这个框架下调整规则,共振峰语音合成系统能够成功地合成普通话男、女声的包括轻声、儿化内的全部单音节,以及两音节、三音节、部分诗词。

发音器官的变化必然是连续的,辅音的发音部位和元音的舌位都是发音的关键特征。吴先生在清擦音协同发音的研究中提出的同体同位的协同发音、异体的协同发音、同体异位的协同发音,无不将发音部位这一关键信息考虑得十分透彻。发音部位的特征,至今在言语工程系统语料库的设计中都是一个关键点。

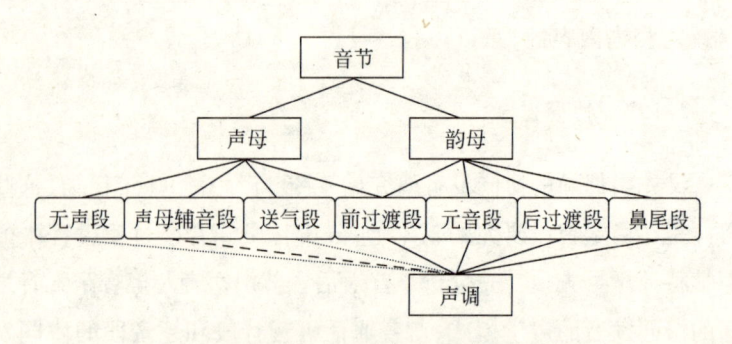

```
                    音节
                  /      \
              声母         韵母
            /    \       /  |  \
      无声段 声母辅音段 送气段 前过渡段 元音段 后过渡段 鼻尾段
                    声调
```

图 3　音节-声母/韵母-音段框架

吴先生关于 CVCV 中不送气塞音的协同发音的研究表明协同发音已经从音节内进入到音节之间，同时也不可避免地引出了声调的协同发音。

2.1.3　语调思想

90 年代，语音研究进入了连续语音分析。吴先生关于单字调、多字连读变调与句子语气变调的混合研究，是语调研究的基础。

吴先生的主要语调思想可以归纳成两个方面：(1) 语调调型以连读变调为基本单元，这些基本单元对应着短语。他从普通话的二字、三字和四字的连读变调规律入手，刻画连读变调单元"顺势相连"、"平滑过渡"、"跳板规则"等声调协同发音规律；(2) 逻辑语调和情感语调共存于一体，短语调群在不同语气的语调中调域和音阶发生变化，遵从"移调规则"，而底层调型不变，即"调型守恒"。

说到韵律，可能很多人都会想到韵律标注系统 ToBI 定义的两个标注层次是间断和重读。其实吴先生上面两点语调思想已经从本质上解释了语调的这两个层次。关于连读变调基本单元的思想解释了间断(或停顿)状况;分离属于情感等因素的调阶变化和属于协同发音的字调变化的"移调规则"解释了语调中的重读概念。

描写韵律的声学参数是声调、重音和时长,是语音合成自然度的关键,其中变化最为复杂的是声调。只有理解了语调的基本问题,以及反映韵律的声学参数之间的关系,才能正确地处理语音数据标注中的韵律标记。

2.2 变与不变、必然与或然的语音哲学

80年代末至90年代初,吴先生带领大家一度专门讨论语音的"变量"和"不变量"问题。那时,我对这个概念的理解非常模糊,只知道问题起于情况复杂的连续语流。相同音段的声学参数在不同音境下发生了显著变化,但并没有影响人们对音段的感知。

吴先生说:"辩证法的《矛盾论》中对量变到质变、以及变革是永恒而静止是暂时的许多说法,都给语音研究提示了方向。"后来,语音室在每周一次的学术讨论会上,开始接触国际上关于韵律标注的讨论。随着对韵律研究的深入和理解,大家逐渐认识到,音变不仅来自音境,也来自音段所处韵律结构的位置。

面对错综复杂的声调"表层调形"变化,吴先生认为必须区分由发音生理、语法结构、音系因素决定的"必然变调",以及随语气及篇章等其他因素而发生的"或然变调"。

这种在复杂的矛盾体中,针对研究对象,抓住主要矛盾,从错综复杂的调型变化中将"必然变调"和"或然变调"分离的研究思

路比具体的声调模式对语音研究的指导意义更大。吴先生倡导的正是一种科学的方法观。

在正确的思想指导下,探究"语音不变量"的研究继往开来。许毅提出的"声调目标模型"很好地解释了基频曲线在实现音段目标时发生的必然变化,以及在不同功能因素的作用下基频曲线的变化。或许这种思路对语音的表情化处理会有所贡献。

2.3 面向应用

语音学是一门实验科学,它的目标应该也必须面向应用。吴先生对应用的关注,几乎和语音室的创建同步。建立言语工程系统,是吴先生多年的愿望。80年代初期,利用语音研究结果,语音室开展了共振峰语音参数和发音参数的语音合成。杨顺安建立的共振峰语音合成系统当时在国内外处于领先水平。

吴先生在近80岁高龄时和具有前瞻思想的中国科学技术大学王仁华老师有了深入的合作。当时科大正在研发语音合成系统,吴先生被请到科大讲解语音学基础知识。一批意气风发的青年,在吴先生的指导下,经过大量的切音和标注训练,确实增加了对语音的感性认识。同时期,和科大有过相似经历的还有清华大学蔡莲红老师的团队。今天,当年那批意气风发的青年已经成为语音产业的领军人物。科大讯飞许多资深的工程师,都亲历过切音和标注,一些担当重要岗位的老员工曾经切过的语音数据可能比其他人经手的都要多,我得知这一现象后很有感触,这在其他语音专业机构是不多见的。掌握了先进的技术,同时又不失语音学基础,怎能不创造先进的言语工程系统?

在技术迅速发展、特别是统计方法在语音领域取得了巨大成功的今天，人们可能会认为即便没有多少语音学知识，仍可借助统计模型的平台，在较短的时间内搭建出言语工程系统。然而，面对一个未知的语言，如果完全没有先验知识，统计模型其实无法实施。先期的语音分析是提高统计方法效力的重要环节。语料库的标注实质上是对语音数据的人工干预，人们对例如倒谱系数这样的参数是很难直接观察到变化规律的，而基于共振峰分析的语图分析方法提供了十分直观的观察平台。言语工程师通常在系统中用的是一套声学特征参数，在观察时却参考语图。语音分析工具"Praat"一直被大家热用正说明了这一点。吴先生关于清音浊化、浊音清化、边际元音趋央、复合元音弱化、过渡音段模式、辅音不送气/送气区别、普通话零声母起始段"真零、通音、擦音、喉塞音"的声学表现等，都具体指导了数据的音段切分。正确的切分导向可使统计模型在最恰当的位置达到最优。在基于大规模语料库的语音合成系统的数据处理中，正确的切分结果更是十分重要。

在语音教学、语病矫治等领域，吴先生曾热心地提供了资料。后来鲍怀翘老师进一步推动了语音生理研究在语言病理矫正方面的应用。人的发音器官发生病变，即声道或声源受损，这种损伤必然会反映在语音的频谱上，病变部位会导致共振峰结构的变化或反映辅音特征的频谱变化。掌握了言语产生的生理原理，就可准确地分析出发音器官病变的原因所在。因此言语产生的生理基础在言语矫正领域起到了不可或缺的指导作用。

指导艺术语言发声是基于言语产生的生理基础、针对正常声道进行的言语矫正，著名播音员夏青、著名电影演员王晓棠、著名配音演员张桂兰等都接受过周殿福先生的发音指导。

由于人们的发音器官存在着差异,在语音的频谱图上便会反映出发音人的个人特性,相关的研究对刑侦领域具有指导意义。语音室曾为刑警学院培养过人才、为国家安全信息机关提供过帮助。

至今,由我的两位导师,吴宗济先生、林茂灿先生共同主编的专著《实验语音学概要》对我的工作仍有指导意义。

3. 溯洄从之,道阻且长

由于晚年的吴先生撰写书稿,收藏猫头鹰,生活过得有滋有味,有人将吴先生的语音研究比喻成"玩"。其实在此之前,吴先生经过了"衣带渐宽终不悔,为伊消得人憔悴"的研究阶段,而且从未脱离过研究的第一线。说是"玩"也不错,因为吴先生从他的研究中得到了快乐。

3.1 教我如何不想她

在语言所工作时,我感受到了中国语音研究的深厚底蕴。语音室珍藏的资料非常丰富,有赵元任先生的录音带,有刘半农创立语音实验室时期的各种仪器,录音带、照片、X光照片更是不计其数。在前辈们的呵护下,这些珍贵的资料经历了抗战、"文革"等多个历史动荡时期。由于年代久远,许多珍贵的仪器和资料逐渐老化,特别是保存语音资料的磁带(包括赵元任先生、周殿福先生的国际音标录音)的老化会造成重大损失。我和吴先生商量能否对这些珍贵的历史文物进行整理,并制作成多媒体教材,供后人学习。吴先生欣然同意。1998年我们动手整理、并实施了计划。我们买了一些绸布,自己重新修理、裱装存放仪器的盒子,把所有仪器擦亮,并对所有文物和设备拍摄了照片。吴先生亲自写了引言,许多生理、物理章节的内容都是吴先生亲自撰写、校对的。

为了详细说明语音实验的操作,我们除了拍摄照片,还拍摄了录像,90岁高龄的吴先生亲自操作演示。正当酷暑,为了拍照还要点亮一盏很亮的白炽灯,每一组照片、录像片都要拍好几遍。比如为了说明腭位照相的内容,我们安排了一段录像:将一片磨成狭长形的镜片,伸入口腔后,可以从口外观察到上腭的形象。实验时先用色料涂在舌面,发一个辅音或元音后,由于舌头的某部分跟上腭接触而在上腭染上痕迹由镜面反映出来,然后用照相机拍下舌与上腭接触的部位和接触的面积。发音时的腭位照片可以反映发音时舌与腭接触的位置。为了确定和描写舌与腭接触的具体位置,可以利用牙的位置来参考定位。

吴先生亲自演示的录像一共拍了五段。

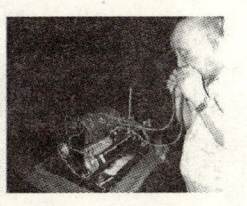

图4 吴宗济先生以90岁的高龄亲自演示腭位照相和浪纹计的使用

这套多媒体教材即光盘《音路历程》。可以说,语音学在中国的真正形成是在30年代,一代语言学家中的杰出代表是刘半农、赵元任等,他们为中国语音学做出了不可磨灭的贡献。刘半农先生在北京大学建立了语音实验室,当时的仪器主要有各式浪纹计、刘半农先生亲自设计的乙一和乙二声调推断尺、音叉、渐变音高管及钢丝录音机等。当时,我国的语音研究在国际上达到了较高的水平,不幸的是刘半农先生于 1935 年在一次田野调查途中,染疾而英年早逝;战争也阻碍了中国语音研究的发展。

30 年代,吴先生考进历史语言研究所,成为著名语言学家赵元任先生助手,由于当时兵荒马乱,他常常带着几箱仪器奔波。即使在这样的环境下,中国的语音学家们仍然进行了壮语调查和湖北方言调查,一些成果成为后来方言调查的范本。1937 年冬,在南京沦陷前夕,史语所内迁至昆明。当时的条件非常艰苦,在日军飞机轰炸的炮火下,学术研究没有停止。

我们为《音路历程》选择的背景音乐是歌曲"教我如何不想她"的旋律,以及刘天华先生的二胡曲"月夜"、"良宵"。这些曲谱都是从吴先生家里找到的,后来请人制作成 MIDI。

记得吴先生曾经将一些仪器,如钢丝录音机、声调推断尺等送给了江阴刘氏兄弟纪念馆,当时林茂灿先生非常不舍得,我也对吴先生的做法不太理解。很多年后,2004 年暑假,我和先生带正在上中学的女儿去了江阴,找到了设在刘氏故居的刘氏兄弟纪念馆。这是一个被工地和高楼包围的有三进院落的古建筑,它和正在进行现代化城市建设的大环境非常不协调。这一时期,城市建设的理念是在旧城上建新城,能够反映文化底蕴的旧城普遍正在消失。难得江阴还极力保留了刘氏故居,还有人在为刘氏兄弟纪念馆工作。当我说明来意和职业背景,看馆人热情地接待了我们,告诉我维持这个纪念馆很不容易。当时参观纪念馆的只有我们一家。我在江阴看到了十分熟悉的乙一、乙二声调推断尺、钢丝录音机等。其实吴先生是对的,江阴的刘氏兄弟纪念馆应该展出这些东西,刘半农先生值得他们骄傲。

图5 江阴刘氏兄弟故居

刘半农先生在留美期间写下了诗词"教我如何不想她",诗中"微云和微风""月光和海洋""落花和鱼儿""枯树和野火"的优美意境十分感人,赵元任先生为诗句做了的同样优美的旋律,表达了一代才华横溢的中国知识分子心中对当时千疮百孔的祖国无与伦比的爱,也为实验语音研究融入了浪漫。

3.2 赤子之心

30年代是物质生活十分匮乏、而学术界英雄辈出的年代,学者们用几乎是燃烧自己生命的方式,坚持学术研究。正如梁思成、林徽因的老朋友、美国汉学家费正清的描述,这个曾经接受过高度训练的中国知识界,一面接受了原始淳朴的农民生活,一面继续致力于他们的学术研究事业。学者们不能扛枪上前线作战,却能以极端的诚心投入学术研究,目的是战争结束后用知识建设自己的国家。这批学者具有多方面的知识和才华,在许多领域都有很深的造诣。

吴先生曾感慨"没能追随过革命志士的鞭挞",但他始终站在正义的一方,帮助过革命人士,新中国成立后,吴先生义无反顾地留在祖国大陆,当他收到语言所的召唤,即投入语音研究,并将其进行到了生命的最后一息。

50年代,面对当时先进的国外技术,吴先生认为不是高不可攀,"何愁不能与人家争一短长"。吴先生带领语音室建立的数千幅多音节语图和全套生理图片,还有基于这些图测下的宝贵数据、发表的论文,足见吴先生当时的埋头苦干。过去跟吴先生读书时,对此体会并不真切,当自己在工程界,为系统搭建做基础工作时,才逐渐体会到吴先生工作的分量。

吴先生的学习一生都没有中断。他在80岁时开始学习电脑,可熟练收发电子邮件,撰写电子文档,使用语音分析软件,做语音实验,亲自设计"面向汉语口语文语合成的全标记文本"。

90岁高龄的吴先生,整理、编辑了《赵元任语言学论文集》中文本和英文版。吴先生关于语调的主要论著均是退休后进行的。退休后,他无私地带出许多不在名下的学生。

2007年在得知病情后,吴先生十分坦然,他所想到的是更要抓紧时间完成一些书稿。吴先生对实验语音学的研究,看成是一生的承诺,并始终孜孜不倦地进行耕耘。

3.5　君等勿匆匆

90 岁以后的吴先生，在社会上获得了很多荣誉，而吴先生本人却多次提到，现在的语音研究，他很多都不懂了。正是他始终保持着这种心态，才会从不间断地学习。

2004 年 5 月，刚过完 95 岁生日的吴先生访问上海，参观了我所工作的实验室，时值他 95 岁祝寿文集“From Traditional Phonology to Modern Speech Processing”正式出版，吴先生在给我的书上题了一段文字，表达了他“虽老而自认为当不朽”的好心情：

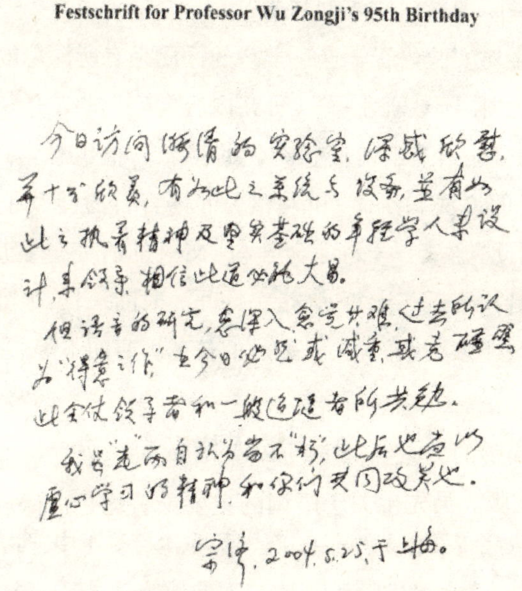
Festschrift for Professor Wu Zongji's 95th Birthday

今日访问渊清的实验室，深感欣慰，并十分欣赏，有如此之系统与设备，并有如此之执着精神及坚实基础的年轻学人来设计集体研究，相信此道必能大昌。

但语言的研究，愈深入愈觉其难，过去所认为“得意之作”至今日必觉有减色或甚至被否定，此全仗後学者和一般追随者所共勉。

我虽“老而自认为当不朽”，此后也愿以虚心学习的精神和你们共同攻关也。

宗济，2004.5.25，于上海。

图 6　吴宗济 2004 年在“From Traditional Phonology to Modern Speech Processing”为我写下题字

其中的一句是这样写的:"语音的研究,愈深入,愈觉其难,过去所认为'得意之作',在今日必然或减重,或竟碰壁。"当时的吴先生精神矍铄,步伐稳健。那天,我的同事们都不相信吴先生已经95岁了。当天晚上,我们坐地铁2号线从南京西路到浦东陆家嘴,一路无人让座。在陆家嘴正大广场的廊亦坊,我们订到了靠窗的位置,我们边赏浦江夜景,边吃边聊,吴先生兴致很高,表示还要再来上海。不想,这是我最后一次单独和吴先生用餐。

在吴先生退休后获得许多荣誉时,他自己未曾沾沾自喜,而是不断反思,自认"到老尚无成就",表示自己求知的心愿。并告诫我们光阴一瞬即逝,"君等勿匆匆"。

吴先生对实验语音学这一学科的性质是有所深思的。吴先生一直自认为"限于数理水平",研究内容"定性的结论多而定量的数据少,未必能跟上当前信息时代的需要",他也思索过"治语音者为雕虫"的说法。然而,和人相关的语言行为涉及了不同的研究领域,因此"语音学"是综合学科,文科的研究分量应当不轻。我参加语音研究近三十年,弹指一挥间。时间一长,很容易变得文科的东西没学多少,又失去了数理的技艺。时间不等人。

4. 高尚的人格魅力

由于家庭背景和受教育的年代,吴先生接受了中、西方两种文化的教育;同时,蹉跎的求学和研究经历,使他兼通文理。吴先生动手能力很强,早期语音生理、物理实验吴先生都是亲自设计、亲自动手。

除了对语音学的执著,吴先生兴趣广泛,才华横溢,因此可以做到触类旁通。凡是大家,都具备这种特质。

　　吴先生的摄影技术可谓一流,并精通照片的冲洗技术。当年语言所还有一个暗室,用于处理语音生理照片。他曾经给我看过许多他从前拍的老照片,十分漂亮。吴先生其实还是一个十分幽默的人,有一张他拍摄的大学同学集体活动的照片,其中还拍到了一些同学在底下做小动作的可笑细节。《音路历程》中的照片拍摄,就得到了吴先生的亲自指点。

　　中国社会科学院语言所语音室年报"文革"后就作为内部资料创刊了,这份年报与国际上许多著名语言实验室(如瑞典皇家理工学院、美国加州大学等)的文献进行交换,使语音室始终能够获取到国际上的较新资料。90年代末,语音研究年报从内容到排版都趋于正规化。当时我和吴先生讨论过年报的改进,后来吴先生亲自设计了语音室的室徽放在年报上。这个室徽的中间是一个开了口的"曰"字,背景是象征声波的、有疏密变化圆圈,象征声源的圆心恰在曰字的中心。图案从形式上和内容上都恰到好处地表达了"语音"这个含义,这个创意相当到位。

图7　吴宗济先生亲自设计的语音研究室室徽

2006年1月，在上海博物馆举办了十分轰动的"书画经典——故宫博物院上海博物馆中国古代书画藏品展"，当时我也去凑了热闹。在展览会上，我买了2006年《紫禁城增刊 故宫博物院上海博物馆 晋唐宋元书画国宝展》大开本，其实我不懂什么，只是喜欢其中王羲之的作品，同时觉得这本增刊的制作非常精美。后来我又买了一本，在春节时送给了吴先生。吴先生非常喜欢。他后来告诉我，他订了《紫禁城》杂志。吴先生对书画的理解引发了他"书话同源"的感触。

吴先生的诗也写得极好，以前每年语言所的春节晚会，吴先生都会赋诗一首。1999年他的《癖鹏行七十四韵》完成后，用宣纸手抄了一份送给我。2006年以前，几乎每年春节吴先生都会自制贺卡寄给我，内容多是照片，和有感而写的一些文字、诗句。

图8　2007年吴宗济先生给我的自制新年贺卡上的照片（摄于2006年国庆）

吴先生喜欢吃，而且会吃。多年前，吴先生常常亲自做些好吃的招待朋友、学生。我们还常常切磋怎么做好吃的，比如，那种由水油和面及油和面揉在一起做皮、咖喱土豆牛肉做馅的咖喱饺，就是吴先生教的。

多少需要家政服务的家庭都有过找了"28个保姆"的体会，而且通常抱怨家政服务人员不会做饭；在吴先生家情况则不同，每来一个家政服务人员都能待下来，而且都能做一手好菜。其实手艺都是吴先生教的，人都是冲着吴先生留下来的。

吴先生在社会舞台上，大家都知道他是名人、学术泰斗，但我觉得吴先生其实就是一个普通的人，和我们身边的亲人、朋友一样，和他在一起，不必拘谨，有什么想法都可以说，由于他从来不会直接批评别人，我们便可以毫无顾忌地暴露各种想法。吴先生做到了对所有向他请教的人毫无保留地把知识倒出来，而且从来不会因为自己忙而不认真对待。几十年来，大批学生、学者到他家里去，无人不受到热情接待。

其实吴先生也有过不快，但是他能很快地排解，使自己真的不再陷入烦恼之中。吴先生可以对周围所有的事情都抱着平和的心态，对于名利这种平和就表现为极其淡泊。近三十年，我始终得到吴先生方方面面的关怀。吴先生科学严谨的治学态度、对学生的随和与宽容，对日常事务的幽默、豁达，都对我产生了很深的影响。吴先生不但教我们如何从事研究，也用实际行动告诉我们应当如何做人。

2010年5月，吴先生病重住到海军总院。一天，林茂灿先生打电话告诉我，医院已经给吴先生下了病危通知书。我决定去和吴先生告别。到了医院,吴先生的家人告诉我,吴先生得知在经济危机中我所在的部门关闭后,就一直在担心我的工作情况。吴先生在最后的日子里,还在阅读文章。当时他还开出单子,请保姆帮他买爱吃的酱菜和小食,其实他那时已经很难吞咽了,这种淡定的态度显示了他人格的高贵。

得到吴宗济先生的教诲更是一种享受,是一种超乎专业知识本身,能使人在处理一切问题都能心怀坦荡、在工作中融入激情、在不顺利的时刻仍能享受到愉悦的境界。这也许是在吴先生身边所能获得的最为宝贵的财富。

吴宗济恩师在我心中永存。

天籁有声

——怀念吴宗济先生

李爱军

几次想打开记忆的闸门写下吴先生的事迹,可每次眼泪都不自主地流出来,无法动笔,甚至连题目都不知道该写什么。在语音室这个大家庭里,吴先生就是我们的老爷爷,就是那棵能撑起中国语音学事业的大树、那个慈祥的老家长、那个跟猫头鹰一样睿智的长者、那个满脑子故事和历史的传奇……他似乎是永生的,永远活在我们心中。

回想起 1991 年参加工作以来,可以说对自己做人做学问影响最大的人就是吴先生了。

我工作后的第一个任务就是用高速处理板 DSP TSM320C25 和 C 语言实现杨顺安先生的普通话单音节合成系统,并进行合成后的优化调试。吴先生辅导我语音学部分。他经常坐在电脑旁听我合成出来的声音,然后告诉我哪里参数出了问题。我调整好了以后,再合成给他听。在吴先生的指导下,我的语音学知识提高很快,从此也开始深深爱上了语音学。

那时候,我和另外一名同事刘铭杰都算是语音室的新人。吴先生手把手地教我们语音学知识,还亲自带刘铭杰对零声母前的声学特性进行分析。1992年吴先生83岁了,4月26号那天,他约了我和刘铭杰一起到他家,然后去龙潭湖公园散步。那是我第一次到吴先生在劲松的家(图1)。我们都知道吴先生的宝贝多,除了他个人收藏的各式的猫头鹰,还有书。果然,家里不大,却被书柜占满了。吴先生兴趣广泛,除了专业书还有很多摄影、绘画以及戏曲方面的书。吴先生从书架上拿了几本专业书,记得有罗常培和王均先生的《普通话语音纲要》、还有他主编的《普通话单音节语图册》等。他给我们讲每一本的重要内容,最后还挑选了几本借给我们看。

图1 我和刘铭杰第一次到吴先生家(左起:刘铭杰、吴先生、我)

从吴先生家出来,我们很快就来到了龙潭湖公园。时值春天,湖边垂柳翠绿、桃花嫣红、杏花雪白。他说,"我心情不好的时候,就来这里转几圈。心情也好了,很多问题也想清楚了。"龙潭湖有很多人放风筝,突然见到一个巨型的猫头鹰造型的风筝门,吴先生立刻拿出相机让我们给他照相,于是就留下了那张和蔼可亲的相片(图2)。吴先生对猫头鹰情有独钟,他后来写了古体诗"癖鹏行七十四韵"来表达缘由。此后,我每次出差或者出国,都会给吴先生带回来各地不同风格和造型的猫头鹰。2002年我和曹剑芬老师在比利时给他买的那个手工钩织的猫头鹰,还被他用一个小镜框装饰起来。他说这是最小最精美的一个!

图2 吴先生在龙潭湖与猫头鹰风筝的合照

20世纪80年代后,吴先生开始关注汉语语音合成技术。他与中国科技大学的王仁华教授合作,一心想把汉语语音学的研究成果用在合成系统上,以提高合成的质量。那段时间,吴先生自己设计各种词句,找北京广播学院王璐老师帮忙录音,潜心研究汉语的声调和语调问题。他师承赵元任先生,提出了普通话语调标调系统,还提出了必然和或然声调语调理论,包括多米诺变调和移调等一系列规则。

2000年,国际口语处理大会决定在北京召开。这个会议是语音学界一个非常重要的盛会,日本东京大学的藤崎博也(Hiroya Fujisaki)先生是这个会议的发起人。这次会议由北方交大的袁保宗教授、中科院的黄泰翼教授和关定华教授组织。年初,藤崎博也先生特别从日本赶来邀请吴先生做大会报告人。他们是多年惺惺相惜的好友,之前,作为藤崎先生的特邀嘉宾,吴先生曾两次到日本参加国际研讨会。这次,吴先生代表中国在这么重要的国际会议上做大会报告,确是我们中国语音学界的骄傲。吴先生和藤崎博也先生商定这次大会主题报告题目为"From Traditional Chinese Phonology to Modern Speech Processing",并让我负责准备资料。吴先生在这篇文章中集中论述了传统音韵学上对声调和语调的描写,又结合现代的语音技术,提出了吴先生自己的声调和语调思想。大会报告那天,91岁的吴先生穿着正装,面对1500人的会场,镇定自若,用流利的英语介绍中国传统音韵学对声调和语调的研究以及他的研究成果。当他报告完毕,全场掌声雷动。当时是我负责给吴先生制作PPT,并在大会报告时,帮吴先生操作电脑,作为历史的见证者,我也为吴先生的成功演讲感到无比骄傲。(图3)

在第8届全国语音学会议暨庆贺吴宗济先生百岁华诞的国际研讨会上,我对吴先生在汉语韵律研究方面的贡献进行了总结(见2008年《语音学报》"汉语的韵律研究——吴宗济先生的韵律思想及其深远影响")。吴宗济先生师从赵元任先生,自上世纪60年代开始,在普通话的音段特征方面做了一系列的实验研究,80

图3 吴先生在2000年口语处理国际会议上做大会报告,我给吴先生操作电脑

年代开始从事普通话的变调研究,并继承和发展了赵先生的语调思想,将赵先生提出的"橡皮条效应"以及"小波浪和大波浪"的关系进行了具体的量化,在语法、语音和音系三个层面考察语调的变化模式。通过对二字到四字的变调的调形分析,找出短语中的连读变调规律,作为研究成句语调的基础。他提出了逐级变调的多米诺变调规则和语调的移调规则等,还制定了韵律标注系统,确定了一系列语音合成中韵律合成规则。他的语调思想的核心就是"必然变调"加"或然变调"。在吴宗济先生的影响下,汉语声调、语调以及相关的韵律研究,从20世纪80年代后就繁荣起来。

2004年和2005年,我们主办了两期暑期语音学培训班。吴先生知道了,主动要求来给大家上课,讲中国语音学发展的历史,讲他对汉语普通话区别特征和声调语调研究成果。学员来自全国各地的不同专业领域,如计算机、方言、英语、对外汉语教学、中文等。大家没有想到大名鼎鼎的吴先生会亲自来给他们上课,都非常兴奋。课后,学员们纷纷跟他合影留念(图4)。

图4 2005年全国语音学讲习班全体成员合照

2004年,吴先生95岁了。语言所领导决定以国际研讨会形式给吴先生过生日。藤崎博也先生提议会议就叫"Tonal Aspects of Languages",并且作为国际韵律会议的一个卫星会议在北京举办。此外,建议同步出版一本庆贺吴先生95岁的英文论文集。

提起这本书,一定要再次感谢藤崎博也先生,因为他为之倾注了大量心血。作为主编之一,他多次来往于北京和东京之间,和其他的编委林茂灿、曹剑芬等先生讨论内容、照片的取舍,亲自修改每一篇稿子。这本英文论文集的名称就是使用了吴先生大会报告的题目"From Traditional Chinese Phonology to Modern Speech

Processing"。其中收录了 56 位中外学者撰写的 32 篇论文。在大家的共同努力下,文集最终赶在会前由外语教学与研究出版社免费出版了(图 6 左)。

2004 年 4 月初,北京乍暖还凉,150 名中外学者从世界的四面八方赶来北京给吴先生过生日:藤崎博也先生来了、瑞典皇家理工学院的语音学家 Fant 先生来了、UCLA 的语音学家 Ohala 先生来了、Haskins 实验室的创始人之一 Abramson 先生来了、俄亥俄州立大学 80 多岁的 Lehiste 先生来了、当时的国际语音学会的会长 Keil 大学的 Kohler 先生来了、后任的国际语音学会会长 Lund 大学的 Bruce 先生也来了,一批活跃在国际语音学界的中青年学者也纷纷到来。吴先生的好友、中科院的马大猷院士,在会上发表了名为"The Contribution of Zhao Yuanren to Intonation"的演讲。

在庆贺晚宴上,江蓝生副院长、沈家煊所长发言祝贺,吴先生的好友 Fant 先生、藤崎博也先生等也纷纷发表演讲,介绍吴先生对国际语音学界的贡献以及他们与吴先生的友谊。吴先生非常激动地说:"时代发展了,有很多新鲜的玩艺儿,我还要继续学习!"

其实,吴先生一直对新技术充满了激情,在语音学的海洋中不断探索。在那几年,他开始关注情感语调,声调和语调表达与其他艺术形式(如书法)表达之间的认知关系。2003 年他在《世界汉语教学》上发表了论文"书话同源——试论草书书法与语调规则的关系"。

> 能够高度自然表达思想的媒体:在书法为"草书",尤其是"狂草";在画法为"水墨",尤其是"写意";在话法则为口语,尤其是表情的语调(广义的语调就是"韵律",也即"高低"、"轻重"和"长短"三种特征的综合)。
>
> 由诸家草书中可以明显看出草书的"书法"和"话法"的关系,其规则有

三种:

规则1:草书(特别是狂草)中凡遇到语法上的"直接成分"(词或短语),少则两字,多则整句(只要不受纸张轮廓的限制),基本上都用连绵或映带的笔法;而且上下字相接时的字形过渡,主要是逆向的同化。(即上字尾笔多半为了"俯就"下字的起笔而变形、移位,并加上一段过渡的笔画;但下字的间架基本保持稳态,只是为了"仰接"过渡段而使起笔有了一些变化。所谓"一字之末,成次字之首"。)

规则2:狂草运笔中,凡是遇有"逻辑"上或"感情"上须要强调或弱化某些短语或词句时,就常用"跌宕"或"错综"的笔法来表达。(即强调时将字形放大;或再将行款作倾斜或出格的移动;弱化时把间架缩小,或把点画简化。)

规则3:上述规则在两字连接时,下字的点画和间架基本上是稳定的。但如遇有多字须要一气连接时,中间的字形就有可能因承上启下,而把点画间架用轻笔加以简化或变形。

吴宗济先生把草书的连写运笔规则和语调的连读变调规则做一总结对照:

草书	语调
"执":字形的深浅长短	调形的高低升降
"使":走势的纵横牵掣	过渡的同化异化
"转":连笔的钩环盘纡	连调的断续蜿蜒
"用":气韵的点画向背	韵律的轻重疾徐

2005年,他跟我讨论研究的思路,提出能不能编制一本《普通话韵律图谱》,英文名字就叫作"*The edition of an album: Visible Prosody of Standard Chinese*"。还写了一个计划给我看。前言中这样写道:"在上世纪五十年代,美国的《可见语言》(英语语音图谱)

Visible Speech，和我国的《普通话发音图谱》，已为分析英语和汉语的单音节声学特征提供了知识和分析方法。目前我国面向语言研究、言语工程、汉语教学、身份鉴定、语病检查……等等多方面的需要，对普通话韵律变量的实验研究也都已积极开展，并多已建立大量音库。不过在此阶段既多耗人力物力，又因各分专业，对汉语的韵律知识、特别是对现阶段高自然度的言语处理，进度还在初级阶段。因此，提供一些可供参照的资料，或为当务之急。我所的语音实验室，目前在国家的计划安排和院所的大力支持下，其设备已达一定的规模；其人才经过近年的补充和实战的训练下，也已能承担较新较难的课题。如果现在进行编组研究，并联合有关力量，编制一本关于普通话韵律变化较为全面的图谱，以应国内科教和医工等方面的需求，不是不可能的。"吴先生给出了详细的方案，图谱涵盖了声学、生理到面部表情等多个模态。在吴先生的带动和指导下，我们已经开始考虑这个韵律图谱的事情，申请了社科院的重点项目，对部分的生理和声学图谱进行了制作分析，我们希望早日出版吴先生心目中的那个韵律图谱，了却他的一个心愿！

  吴先生还非常注意网络和媒体上各种跟语音相关的报道和各种新技术，经常把报道剪切下来，送到办公室跟我讨论。记得多年前有一次，吴先生突然跑来找我，拿出一张非常精美的宇宙天体照片。告诉我这是他自己打印的，他买了相纸，用家里的彩色喷墨打印机打出来的。我十分吃惊，因为当时连我还不知道可以那样自己印制照片。又过了几天，他又打印了几张照片送过来，其中一张是我们去他家时的合照，有我、藤崎先生还有葛妮等。这张照片至今都在我办公室的墙上贴着。照片虽然有一些褪色，但似乎仍闪烁着吴先生的智慧。

转眼到了2008年,吴先生99岁了。按照中国的传统风俗,我们准备给他过百岁寿诞。这一年,语言所承办第八届中国语音学会议,所领导决定用这次办会的机会,给吴先生庆贺生日,商务印书馆答应资助出版百岁庆贺文集(图6右)。从2007年知道要搞这个生日庆贺,吴先生就开始不安,他怕麻烦大家。我们和吴先生的女儿吴茝珠老师保持联系,庆贺活动按部就班进行着。可是就从2007年底开始,吴先生身体状况就出现了急剧的下滑,经常肠胃不好,但他拒绝住院。开幕式上,他却精神抖擞,发表了激动人心的演讲,对中国语音学的发展和语音室的发展寄予了厚望。百岁生日晚宴上,他与好友频频举杯,还与维多利亚大学的林华教授跳起了舞,像个老顽童。其实,那时候他已经是直肠癌晚期了,也许就是这个意念支撑着他:要在全世界的好友面前表演完完美的百岁人生。下面是吴先生的大会发言(图5):

今天我怀着无比的激动和感谢的心情,参加这次的庆祝大会。我的感想是几句话说不完的,但又不能不扼要地表达一些值得回忆的经过。

在座的各位大都了解:我们语音实验室今天在学术上所取得的成果、和在建设上所起到的作用,这完全是由于我们社科院和研究所领导的英明决策和全体参加工作的同志所投入的智慧和付出的劳动得来的。我有幸参与了这个实验室的开创和发展。作为一名历史见证人,我是目睹这个实验室的从无到有,从草创到革新的。

对我个人的学习和工作来说,我从1928年在清华选修了音韵学大师罗常培先生的《中国音韵沿革》的课。在当时他就提出、语音学不应只懂考古而应从事实验以补听官之缺。受了他的启迪,我于1934年毕业后,1935年就追随一代宗师的赵元任先生,从事语音实验。后因战乱等变故而停顿了15年,解放后终于在1956年,应罗先生之召来中国科学院语言研究所归队,建立语音实验室。中间经受十年的动乱而停顿,实际我从事语音实验,也达到半个多世纪了。

我对语音实验的研究,是得到国内外学者的交流和互相切磋的。数典不能忘祖,在早期我的论点就得到日本东京大学的藤崎博也教授的支持和鼓励;香港城市大学的徐云扬教授在教学中的采用,以及多年来国内外好几位学者的承认和研讨,对汉语普通话语音韵律的研究,才逐渐形成一整套能实用的系统的。特别要提出的是:在当年属于文科的语音学,和理科相比处于劣势的情况下,我们的实验工作得到中科院物理所声学权威马大猷教授的大力鼓励;南京大学物理学大师魏荣爵教授,派来高材生林茂灿来我室加盟;五机部声学仪器专家杨顺安放弃他的十年工龄,来我室从头做起,还有好几位同事的努力,使我室的性质能够由哲社而过渡到理工。杨君不幸早逝;幸而有他的学生李爱军能青出于蓝,继承他的事业,十几年来惨淡经营,成为实验室的顶梁柱。此外还有不少同人的不懈努力,才有今天的这个局面。恕我不能一一列举了。

人生百岁,不能算短。但对我来说,我的兴趣和工作,虽已完成了普通话的一些短语韵律的规则,但不能成为句号,最多也只是个分号,更多的问题诸如篇章的,和情感环境等等的韵律变化规律,还待我们的努力去开发。这个事业用钱学森先生的话来说,是"永无止境"(Nothing is final)的。我只要天假以年,身心不垮,还愿从各位同人之后再一鼓余勇的。

吴宗济

2008-4-2

图5 吴先生在2008年4月全国语音学会暨庆贺吴宗济先生百岁华诞的开幕式上讲话

会议之后,吴先生在所领导和大家的劝说下,终于决定住院治疗了。在海军总医院进行了短期的保守治疗后,又结合中西医的方法治疗了一年多。期间,他还经常来所里走动,一点都不像病人。但是他人一直在消瘦。那一段时间出差,我已经不给他买猫头鹰了,改买营养品了,希望他能够增强抵抗力,出现奇迹。

2010年4月,吴先生病情突然恶化。4号101岁生日那天,语言所党委书记蔡文兰同志、副所长曹广顺和刘丹青同志、办公室负责老干部工作的小许和我都赶到吴先生家里给他祝寿,并劝他住院接受治疗。保姆小胡说,他怕这一走就再也回不来了,所以就怕去医院。4月底吴先生离开家去住院的那天,摸着与他朝夕相处的写字台,恋恋不舍,眼睛里含着泪花。

5月中,我们几个去美国芝加哥开国际韵律会议,期间藤崎博也先生、Daniel Hirst 等很多国外学者都在关注吴先生的病情。我和吴先生通了话,他说等我回来,帮他的猫头鹰收藏品找个家。吴先生的意思是要我把他一辈子收藏的猫头鹰保存起来,放在语音室的语音博物馆里,跟其他前辈用过的东西和他用过的那些旧仪器,以及他亲手制作的腭位照相仪放在一起,展示给后人。电话里,王海波告诉我,吴先生已经下病危通知了,那一晚,我的眼泪止不住地流,我祈祷吴先生挺过这个难关,我祈祷还能见到吴先生。

奇迹真的出现了,吴先生病情好转起来。开会回来我就立即赶到医院,他又瘦了很多,不过精神很好。吴先生激动地拉着我的手说:"你可回来了,我的猫头鹰有家了。"他给我唱清华的校歌,讲他和聂耳的故事,还攒足了力气长喊"啊~",证明自己面对病魔的顽强。

7月份病情再一次恶化,月底吴先生转到亦庄的一个医院治疗,7月28号,我和书记蔡文兰同志赶到亦庄的医院看望吴先生。他一直在沉睡,中间他睁开眼睛看到了我,喊我"爱军呀",我说书记来看你了,他对书记说"谢谢"。回来的路上,我们都觉得吴先生的状态还好,再维持几个月没有问题。

可是,相隔一天,就是 7 月 30 号下午,保姆小胡就打电话来说吴先生情况非常不好。晚上 8 点 20 分又打电话让我赶紧过去,我马上通知语音室林茂灿先生,开车就往医院奔,但还是没有赶上见吴先生最后一面!他走得十分安详,就像睡着了。那个样子,一直浮现在我的脑海里。同一天上午,钱伟长先生"走"了,吴先生的表妹也"走"了,路上有大师有亲人陪伴,吴先生应该不寂寞吧!吴先生您放心吧,我们一定继承您的遗愿,继续发展繁荣中国的语音学事业。

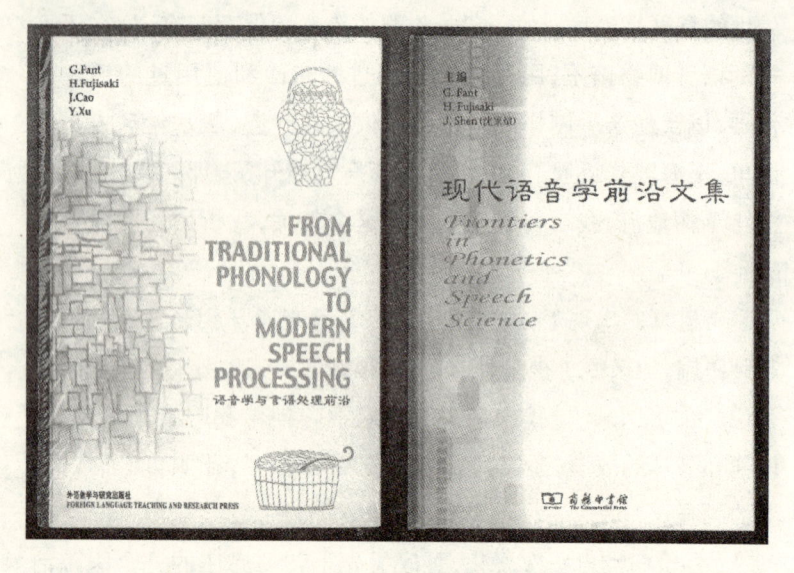

图 6　左图为吴先生 95 岁庆贺文集(主编:G. Fant, H. Fujisaki, 曹剑芬和许毅,外语教学与研究出版社,2004 年),右图为百岁庆贺文集(主编:G. Fant, H. Fujisaki 和沈家煊,商务印书馆,2010 年)

图 7　2009 年和吴先生一起过的最后一个教师节

图 8　2009 年参加新春联欢会上的合照（左起：我、熊子瑜、李杰香、胡方、吴先生、华武、曹剑芬、孙国华、加拿大访问学者史如深、殷治纲）

图9　2010年3月7日,吴先生的老朋友及学生葛妮从上海赶来看他,也是最后一次和吴先生在外吃饭

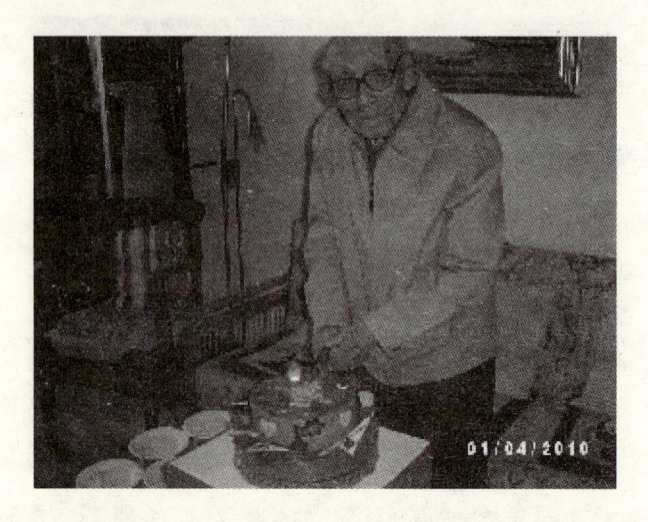

图10　2010年4月4日,吴先生101岁生日,所领导和语音室全体到吴先生家为他庆贺

下面是吴先生给我写的一些邮件：

1. 2009年第十届人机语音学通讯会议,请吴先生写贺词,吴先生欣然答应,这是他给我的邮件：

爱军：

　　承嘱为十届会议作贺词。正值我有些回忆的话欲吐,于是乘兴写了初稿,内中谈历史是否太多？想先听听你的意见,以便修改或重写。(不过中国的开始搞语音分析,【四声实验录】是第一本著作。)而刘复又是我玩照相的朋友,同是【北京光社】的业余摄影会员。(1928)所以就搬搬旧账了。

　　节后见,祝

　　时安！　　　　　　　　　　　　宗济,端午前二日

爱军：

　　电话知悉。原稿用典太生僻,现改后寄奉。

　　要我手写稿,只能献丑了。当在本周写好交卷,

　　　　　　　　　　　　　　　　　宗济 09,06,01

五古二十韵奉贺
十届人机通讯会议召开
　　第十届人机语音通讯学术会议暨国际语音语言处理研讨会本年在新疆举行,特献芜词二十韵以贺,并略叙见证历史而志因缘。

　　人机通讯会,历届多盛况。今逢第十届,规模更难状。
　　二十世纪初,星火已燎壤。忽忽八十载,涓涓成巨浪。

我年虽过百,往事岂能忘。一九三零前,国门已开放。
刘复自欧还,革故雄心壮。四声实验录,先鞭称首揭。
南赵与北罗,实验双提倡。当时谈韵学,新知仍寡唱。
罗师评积弊,言比甘霖降。"考古功何多,审音欠允当。
今唯重实验,听官始除障。"谠论铭我心,终生留绛帐。
人机今通讯,言语工程创。信息有万千,沟通无比畅。
科技登顶峰,富国有方向。成果日报增,利民难斗量。
大会盛空前,群贤多巨匠。翘首望西陲,同举新秋酿。

　　　　二零零九年八月　　　　　　　　吴宗济敬贺

2. 得知国际著名的语音学家 Fant 先生去世后,吴先生让我代为转达他的哀思。我把吴先生的邮件翻译后给他的家人 Anita 转过去了。

爱军:

　　得信非常痛惜!请代我先发电吊(悼)念。文如下:"今日闻凶讯,非常痛悼!早在 1968 年我访问瑞典,就和方特教授认识,在实验语音学上非常得他的帮助和指导,从此奠定了无比深厚的友谊。他是在国际同行中对我影响最大、交谊最久的一位学者。现在用中国的古典说法是:"泰山其颓乎!梁木其坏乎!哲人其萎乎!"(泰山崩了,大梁塌了,最好的人逝去了!)现在我要向他的亲人表达我的衷心慰问!不尽欲言。"

　　吴宗济,中国社会科学院语言研究所(年月日)此稿如太长,请任意删节,谢谢!

宗济 09,06,11。

3. 吴先生跟我多次讨论情感语调的研究,提出能不能也用5度值对情感语调进行描写。我按照吴先生的意思,已经开始进行情感语调的分析。2009年,我给吴先生发过去一篇我写的关于情感语音的研究文章,请吴先生提意见,下面是他的回信。那时候虽然病重,但始终不放弃研究,还自责自己的"进度不大"。

爱军:

  大文收到,祝你成功!当仔细学习阅读,可能有不懂的地方,再问你。

  因天寒,近来很少去所里了。

  近来我还写点东西,但进度不大。自遣而已。

  有便当晤面。即祝 撰祺!

宗济 09,11,26。

纪念恩师吴宗济先生

王海波　方　强

我和方强第一次见吴宗济先生,是在二零零一年九月。那时,我们刚考入中国社科院研究生院,跟随李爱军老师学习实验语音学。

李老师安排我做吴先生的助手,跟他学习的同时,给他做点辅助工作。于是便有了我跟吴先生的第一次长谈,那次长聊我现在依然记忆犹新,他笑眯着眼睛跟我说话,仿佛就是昨天的事情。他说不怕现在是白纸一张,学问最要紧的是"认真"二字。他跟我约定以后每周六都去他家给我上课,还给我手绘了一幅地图,仔细地嘱咐我在哪里下车从哪里拐弯等等。

从此,每周六上午,我就从望京坐车到劲松,大概九十点到他家的时候,吴先生已经很高兴地在等我了。他从语音学基础知识教起,我不是一个聪明的学生,思维又很发散,我常常有很多的问题去问他,我问题越多他越高兴,他说:"不怕有问题,就怕不思考。"

我后来选修了北大沈炯老师的语调课,从沈老师那里学了跟吴先生"模块移调守恒理论"不同的"高低音线理论",从北大上完课去他家就常跟吴先生进行"辩论"。我现在想想,其实两套理论我都只是学了个皮毛,跟他辩论纯属是少小无知。但每次他都会认真地听我复述沈老师是怎么讲的,然后和我一起去理解和分析……

中午的时候,吴先生家的小保姆子珍会做几个可口的饭菜。他的饮食朴素却有讲究,他喜欢吃老北京或者老上海地道的开胃小菜,也愿意喝一小杯红酒或者啤酒。他饭吃得很细,喜欢吃饭的时候跟我聊他以前的事情,他会讲他考入史语所跟随赵元任先生做语言调查的经历,讲他建国后重新回归语音学的感慨与坚决,讲他去欧洲几国游学的见闻,讲他从国外辗转购入实验器材的艰辛……当然,也会讲他小时候的种种淘气,讲他战乱时期的颠沛流离,讲他"文革"时的以苦作乐,讲他近百岁的人生感悟……他的记忆真好,快百年以前的事了,他都能准确地说出年代以及那些已经故去的人的名字。而听他的故事,每每都是一种启发,就好比阅读一本沧桑的巨著,我们能从中得到对自己有用的东西……

我很少见吴先生中午休息,直到他病重住院之前,他每天都睡很少的觉,他只需偶尔在他那张老躺椅上打个盹儿,他是那种少见的精力非常充沛的人。

那时候,他的保姆子珍跟我差不多大,在吴先生家已经好几年了,吴先生出钱让她去学电脑,子珍叫他爷爷,他俩的感觉真的像是一对祖孙。我硕士毕业时,子珍回老家发展去了,吴先生又有了两位保姆,第一位保姆待的时间不长,第二位保姆小胡一直待到他去世。小胡是带着自己两岁的孩子芳芳到吴先生家的,芳芳叫吴先生太爷爷,一直在吴先生家长大,到了上小学的年纪,吴先生又出钱送她去旁边的小学读书。

提起吴先生,大家对他都是充满感激,他对学生们从来没有保留,我们很多人都得到过他的指导和帮助。

他在网络开始普及的时候,与时俱进学会了上网。学生给他写的信,他都会仔细看了并一一回复。他喜欢学生给他写信,如果有外行对语音学感兴趣,他还会非常高兴地把信打印出来,等我们去的时候给我们看。他说看到语音学队伍日益壮大,他觉得自己还可以做很多事情,这样他还可以多活几年。

他把中国语音事业作为自己的职责和生活目标。我们常说,吴先生的长寿得益于他从没有停止的学习与思考。

吴先生的业余爱好很多,他喜听昆曲、善修佛法、爱好摄影……其中最特别的就是收藏猫头鹰。猫头鹰在中国传统中被认为是不祥之鸟,很少有人收藏。他说:"猫头鹰是益鸟,他要为猫头鹰正名。"他的朋友、学生们常会从世界各地带回形态各异的猫头鹰送给他。因为他,我们中的很多人也对猫头鹰钟爱有加。日语中猫头鹰的名字是"不苦劳",就是不辞苦劳、带来幸福的意思,我们记忆中的吴先生也就像猫头鹰一样,不辞苦劳、默默付出。

跟随吴先生那么多年,我也没为他做过什么事情,相反他却给了我很多,不只是在学术上,还包括如何为人、如何处世。

两三年前,有很长一段时间里,我的学习、工作以及生活遇到了很多的困惑,我那段时间常去看他,跟他聊聊学术或者随意聊聊天。他总有一些看穿我的智慧,他的处世观对我影响很大,我从他那里寻到一份平和以及继续奋斗的勇气和信心。

生活中他是个开朗、可爱的小老头,他喜欢招牌式地耸一下双肩,摸着他半秃犹黑的头发、笑眯着眼睛与大家逗乐,我们常常会被他的智人睿语逗得开怀大笑。他走在我和方强中间时,会握着我俩的手,诙谐地说"我是导体,不是绝缘体"。写到这里,我边笑边流下泪来,跟吴先生相处的时光,他留给我们的是这么多有趣且美好的回忆。

有一年春节前我去看他,他得了严重的感冒,卧病在床,因为摘了假牙,整个人又很瘦,我一下子认不出他来,突然有种他要离开我们的感觉,当时非常慌张。他意味深长地嘱咐我,说让我向曹剑芬老师学习,说曹老师是学俄语出身的,入所时一句英语都不会,但却很好地翻译了《言语链》一书,说学问最重要的就是"认真"二字,只要认真做,什么困难都是可以克服的。

就像多次发生在他身上的奇迹一样,他年后很快康复了。此后这个奇迹一直延续着,他95岁的时候,语音室举办了"语言音调国际研讨会"并庆祝他的生日,他开玩笑说:"大家祝我长命百岁,那我百岁之后还想继续发光发热呢!"他99岁的时候,又举办了"第八届中国语音学学术会议暨庆贺吴宗济先生百岁华诞语音科学前沿问题国际研讨会",那时他的病情已经非常严重,他依然出席了开幕式和闭幕式,这是他最后一次与大家集体见面。

在最后几年,癌症一直折磨着他的身体,但并没有影响他的心态和工作。他继续坚持到所里参加活动,继续整理赵元任先生、罗常培先生以及他自己的书稿,继续给同行友人的书写序,继续一一回复朋友、同事、学生的来信,还接受了几家电视台和杂志社的采访。他说中央十频道的《大家》栏目采访他之后,没想到有好几家关于健康、养生的杂志请他撰文。他在病情很严重的时候,还给一家杂志社写了篇关于健康方面的文章,题目叫《我的健康之道——平常心》,文章第一句是:"近一年来我因消化系统不好而开始吃药,但是至今我的血压和心脏都正常,腿脚也还利落。"他如此轻描淡写地述说自己的恶疾,这是一般常人难以做到的。他以百年风雨炼得冰心玉壶,他的睿智豁达、他的平常心,无不深深影响着我们。

他最后一次住院,记忆力大不如以前好了。我们一起去看他,他忐忑地问起一位老师的名字,说这位老师一会儿要来看他,怕人家来的时候他叫不上名字,对不起这位老师……

我们最后一次去看他,他一直看着我们笑,像个孩子般地微微翘起嘴角。他已经不能说话,但他一直用这种温暖而纯净的目光看着我们,那一刻泪水在我们眼眶里转,我们从来没有像那一刻那么真实地感觉到:我们,终于要失去他了……

2010年7月30日晚,李老师打电话来,告诉我们吴先生去了,他去的时候是21时03分……

2011年1月5日

深切怀念吴宗济先生

赵新娜

吴宗济先生离开我们几个月了都。我第一次见到吴先生是1935年,算算75年了都。(我父亲最喜欢用"了都"。)翻开家里的相册多少往事又出现在眼前,更怀念老朋友吴宗济先生。

1934年中央研究院历史语言研究所刚刚迁到南京新建成的大楼,我父亲赵元任从1928年开始负责筹建语言组的工作,到这时研究员还有李方桂和罗常培先生。语言组的助理逐年增加,我最熟悉的有丁声树、杨时逢、吴宗济和董同龢。吴宗济先生是1935年来到语言组的。当时语言组正在进行汉语方言田野调查工

我父亲赵元任正在进行铝盘的准备,杨时逢(左)和吴宗济(右)进行录音

作,同时在新楼中正在兴建语音实验室,我父亲一心想在中国建立世界先进水平的语音实验室,在这方面吴先生是最得力的助理了。我当然什么也不懂,常跟着父亲去看看。

1936年湖北方言田野调查队在住所前合影,左起:丁声树、赵元任、吴宗济和杨时逢

1937年战争爆发,语言组不得不迁到后方,先到长沙,接着到昆明,语音实验室能搬动的东西搬,带有隔音板墙的实验室就不可能带着走了。到昆明后工作继续进行,父亲跟大家一块儿整理汉语方言田野工作的报告。那时工作的地方跟家属的住所都在昆明拓东路一个地方。

大家在战争年代完成的《湖北方言调查报告》于1948年由商务印书馆出版。

这是当年在后院我父亲和几位助理一起合影,左起:吴宗济、杨时逢、董同龢、赵元任、丁声树

在战争年代不忘工作,也没忘记生活。语言组的人常常带家眷一齐在昆明各地游历。我还记得我们一家和语言组成员乘船游昆明湖,还爬山,逛庙。

记得有次一块儿乘船的有(左起):赵新娜(作者)、王守京(董同龢的女友)、吴宗济夫人、董同龢、我母亲杨步伟、我妹妹赵小中和赵莱痕思媚、吴宗济等

"胆大包天",把庙里四大金刚的宝剑和琵琶都摘下来耍

学着庙里的四大金刚,吴宗济拿着琵琶,我大姐赵如兰举着宝剑,赵小中和赵莱痕思媚在旁边望着他们好笑。

这张照相是我父亲赵元任拍摄的,其实我也在那里看着笑,我父亲没有把我拍进去就是了。

1938年8月我父亲请一年假到夏威夷大学教书,没有想到这一别到1981年才又跟吴宗济先生重逢。

社科院语言所门前合影,左起:刘涌泉、李荣、赵元任、吕叔湘、吴宗济

1981年父亲应社科院的邀请回到北京访问,语言所吕叔湘所长请我父亲出席所里举行的座谈会。这是1938年以后吴先生第一次与我父亲重逢,当时的心情难以用语言表达。后来吴先生告诉我他还请我父亲朗读国际音标并亲自录制下来。这些年来虽然没有能见面,但在业务上吕叔湘先生、李荣先生跟吴先生都跟我父亲有联系。这张照片是1981年我父亲在语言所大门前跟他们一起合的影。

我家里就我一个人在国内工作和生活。我和吴宗济先生直接见面的机会就多得多了。清华大学校庆,商务印书馆组织编《赵元任语言学论文集》和《赵元任全集》的几件事情,把我们带到一块儿。

参加清华大学校庆活动。

吴先生是1934年清华大学毕业的,我老伴儿黄培云1938年毕业(清华十级),参加清华校庆时,每人都登记并领一个红条写上毕业年限,我也跟着登记并写上"1928",我也算校友嘛,不过我没注明我是清华幼稚园1928年毕业。

这是1998年清华校庆我和吴先生作为返校校友登记时的合影

吴先生1934年毕业,同年级校友参加校庆活动很少,吴先生经常参加十级(1938年)聚会,发言表演都非常活跃,并合影留念。

清华校庆合影

我和吴宗济先生每次在清华校庆见面,他总是喊我"二姐",称呼我的老伴儿黄培云(比吴先生小8岁)"您老"。吴先生说这样显得自己还年轻。从这时候起,见面就叫我"二姐",我也就对旁边儿的人说吴先生九十几岁了,他还叫我二姐呢。你看,我不是瞎说吧,他送我的贺年片上就是这样写的"新那二姐"。

出版《赵元任语言学论文集》。

商务印书馆出版《赵元任语言学论文集》两卷文集请吴先生主编,吴先生对我说"我不答应怕你哭"。我当然知道他是在跟我

深切怀念吴宗济先生 | 317

吴先生自制的贺卡

说笑,但也只有他才最胜任最好。他是我父亲当年语言组得意门生之一,也是现在唯一健在的一位。吴先生虽然年龄已过九十岁了,但他身体健壮。现在在语言学语音学研究工作方面他仍然不断,还在带研究生,工作还很忙。我们知道,但有吴先生作主编我和我姐妹四人打心里都感到欣慰,都很感激。我是隔行的,能跟着吴先生学习并做一些我力所能及的事情,协助编辑文集的事情是我的福气。吴先生性格开朗也很活跃,但对工作绝对严格认真一丝不苟。我非常庆幸有这机会跟他一起工作,跟他交往,跟他学习。

编辑文集时的合影,左起:陈洁、吴先生、作者、柳凤运

我跟商务印书馆柳凤运、陈洁多次在吴先生书房里谈论编辑文集和全集的事情,他书房里电脑、扫描仪什么都有,当然少不了请我们喝咖啡。

1999年在北京召开《赵元任全集》编委会,陈原担任编委主任,吴先生、我大姐赵如兰、姐夫卞学鐄、黄培云和我都是编委。这是开会期间我们五个编委合影。回想当年吴先生和我大姐如兰一个拿着琵琶一个拿着宝剑,如今都是九十上下的人了,又能见面,说实在的,他们还是那么样的活泼。

2002年《赵元任语言学论文集》出版，2006年 LINGUISTIC ESSAYS BY YUENREN CHAO 出版

《赵元任全集》编委合影，左起：黄培云、作者、吴先生、赵如兰、卞学鐄

全集编辑工作开展以来许多事情在吴先生家进行,这是黄培云、陈洁跟吴先生讨论问题

这是赵新娜静心地听吴先生慢慢讲述

吴先生一个爱好就是收集各式各样猫头鹰纪念品。跟吴先生交往这些年,每逢他过生日,都要送他一个有猫头鹰的生日礼物。第一次是一个银别针(别人送我的)。

吴先生收藏的猫头鹰刺绣工艺品

瞧,我们是到处寻找猫头鹰纪念品的一群人,吴先生家里柜子里摆的,墙上挂的百多种纪念品中就有我们送给吴先生的,每人不止一次,三妹来思两次从美国带来。有次吴先生指着自己鼻子问我"我像不像猫头鹰?"我笑着说,有点儿。

我和培云这以后出差去北京少了,我们和吴先生相约2011年清华大学百年校庆再相会。没有想到没有到2011年吴先生先走了。不是的,回顾和吴先生在一起的事情还多呢,是说不完的,他将永远活在我们心里。

吴先生与好友合影，左起：陈洁、作者、吴先生、赵来思、柳凤运

合影，左起：黄培云、吴先生、作者

2010 年 12 月 16 日

吴先生,我又给您找到一对"猫头鹰"!

罗慎仪

我一直这样称呼吴先生,听起来,似乎有点疏远,其实不然。因为他叫我师妹,而我却把他当作老师,不是师兄。半个世纪前,我听到家里来的客人称父亲"先生"不加"姓",在作第三人称时,也不加"姓",意思是老师,而且表示尊敬和亲近。所以,就沿用了这个意思。

我认识吴先生相当晚,语言所在原北大文科研究所旧址时,我们住得很近,只隔一条街。当时,语言所买了一架旧琴,没人弹,我们晚上有时过去弹一弹。真正接触语言所的活动,是在50年代初,我们是中学生,父亲叫我们姐妹两个每晚旁听"语文干部训练班"的课。这样,我们得到了傅懋勣、马学良等先生的教诲。我们去的时候,有点勉强,只是父命难违。但是真正认认真真学下来,却给了我们终生享用不尽的知识和训练。后来我们搬进了太平胡同,还有吕先生一家,各住一个跨院,离所里更近了,可惜仍跟吴先生无缘。到了吴先生调进语言所时,我们开始上大学了。周末回家,见不到平时上班的人。到留校教书以后,活动在西郊,语言所也搬了家,很少有机会再见到语言所的人了。

算起来,吴先生调进语言所,那已经是1956年了。过程颇费周折,历经三年,终于得以成功。请调的人有心,百折不挠;调进的人有意,尽管夫妻两地,也在所不惜。后半生,一直两地分居,作牛郎织女,每年一次银河会。吴先生一到,就被派去东欧,访问考察。当时,去西欧、北美还很困难。没过两年,请调的人就撒手西去了,他大概很庆幸,在他弃世之前,实现了他的夙愿,终于调进了得力的干将,实验语音学有人掌管了。可我一直没有机会和吴先生见面。

但并不是没听说过他。我很欣赏那个时代的师生关系。父亲从不议论来访的人和事。你问起来,他就会说,小人不问大人事。他偶尔兴奋起来,说两句,多是夸奖。吴先生说,他的书斋叫"补听斋"是因为先生提倡实验语音学。而老实说,吴先生的耳朵辨音能力极强,并举例说,当初赵元任先生在清华招考助理员,最后出了一项"绝活",就是在钢琴上,弹奏一个三和弦,然后叫考生在五线谱上写出来。有些人卡住了,而吴先生从容、顺利地完成了!难怪,无论如何也要调进他了!

的确,吴先生的专业和他的生活情趣是结合在一起的,这是不少学问家共同的特点。他很喜欢和声音有关的东西,是个音乐爱好者,不分中西,还培养他的女儿成了专业的钢琴手,至今仍在教学生。记得80年代,碟、带都还不很普遍,只要有机会,我就会设法给他寻觅几盘,如帕瓦罗蒂等著名歌唱家的选段。而在他家里,起居室内,席地放着一只柳条篮子,里边大都是昆曲的碟、带。听说他的夫人昆曲唱得很好。吴先生知道,父亲在世的时候,我们家不时举行昆曲"同期",请一位笛师来伴奏,大家轮流唱。我一边好奇地听大人度曲,一边也跟着照猫画虎地学唱。于是,我一去看他，吴先生就说，你去竹篮子里挑，随便挑，喜欢哪一折，就拿去听。甚至还把我带到社科院旁边的长安戏院楼下，去挑选唱段。到现在，我仍有几张碟来自吴先生的馈赠。

吴先生的语音学研究得益于他在清华读书时打下的理工科底子，对后来，他所说的，"弃工学音"大有帮助。退休以后，他还协助中国科技大学从事"声形转换"工程，非常成功。我一去就展示给我。他听说我在外边参加过"语音识别"工作，很高兴。其实，我只做过音位分析，怎样转换到电脑上去，那是专业技术人员的事，我是一窍不通的！等我悟到理工科和文科的关系时，已经为时晚矣！一次，我去参加语言所语音室为他生日举行的国际研讨会，其中谈到"语音识别"问题，看见我进来，众目睽睽之下，吴先生过来，就按洋式礼节伸出双臂拥抱，又把我推向前去，说，我的老师不能来，他的女儿来了！弄得我好不尴尬。宴会上，又把我拉到他所在的席位上去，大概，给排座位的人找了麻烦！

我不记得是在什么场合下结识吴先生的，但我清楚地记得我向他请教的题目，汉法语音系统对比，中国学生学习法语时语音上常见的问题与解决方法。这时，实验语音学就派上了用场。仪器比口头描述精确，图表更比语言说明问题，可以使人茅塞顿开。实际操作时，逐音纠正，事倍功半；从系统特点出发，再看个别问题，则事半功倍。这些都是吴先生似乎在不经意之间指点的，我受益匪浅。

在吴先生领导下，语言所语音室的研究成果，不仅推动了国内大学、研究所的教学和研究，不少地方纷纷设立了语音实验室，也为一些IT企业输送了人才。同时也受到国际语音学界的青睐，吴先生被选作国际语音学会的理事。有人说,没有新一代的语音学的研究成果,就没有新一代的电脑进步。一年,吴先生到欧洲参加学术会议,会后,他想到法国停留几天。我正好在法国人文科学院工作,我当即去院里提出来,主持人听了介绍,欣然同意,当即决定接待两周,同行的林先生也一起受到接待。

对于这样的学者,专业就是生活,活着就要做学问。因此,他总有追求不完的目标。他总是高高兴兴,心情愉快的。吴先生热爱他的专业,也热爱生活。他所以能成为百岁老人,过了八九十岁,出行时,仍然不是骑自行车,就是走路。后来,他说,所里不放心,叫我"打的",还要给我报销,哈哈!他生病住医院,做了手术。出来,还乘公交车,不时到天安门去散步,走一圈。告诉我,哪天,我还要去西郊,到你家看看!别人担心,他不担心,永远兴致勃勃!很遗憾,始终没能成行!

每次,我们去看他,就带我们去他家附近找一个餐馆,吃上一顿。不然,就叫帮工的小阿姨去叫两个外卖回来。根据午餐或晚餐的不同,拿出不是红酒,就是加热了的黄酒,而且顺便叮嘱,什么时候喝,怎么喝,喝多少……他说,你看,我现在还能做事,写文章,讲课,都是养生的成绩,可并不像法国喜剧家莫里哀所说的,活着为了吃,吃为了活着!嘿嘿!

他不光是对我如此关爱,一年初秋,我突然接到吴先生的电话,告诉我,元任先生的女儿,赵如兰,和方桂先生的女儿,李林德,在北京不期而遇。机会难得,你也过来,大家一起聚会吧!其实,我们的父辈都已过世多年,我们这些晚辈,仍然受到如此热情的接待,又是聚餐,又是逛公园,又是拍照……吴先生非常高兴,不停地说,太难得了!太难得了!我们自然也过得尽兴,可是愉快之余,觉得受之有愧!

　　吴先生喜欢收集猫头鹰,他的书柜里摆着各式各样的猫头鹰,质料不同,姿态不同,工艺不同……其中有几种是我给他寻觅的。不久前,我又给他收集了一对陶瓷的猫头鹰,做得很精致,赭石色调,有深有浅;头很大,占据了整体的五分之二,头上的羽毛一片片,清清楚楚,眼睛占了头部的大部分,眼白是透亮的黄色,集中在一边,其余大部分是黑色,滴溜圆地闪光;翅膀呈墨绿色调,往两边逐渐加深;两只爪子蜷曲在下面,好像是栖息在什么地方……可惜已经来不及献给他了!我对着这两只猫头鹰发呆,仔细端详它们,直视它们那两只圆睁睁,不眨一下的大眼睛,忽然似乎领悟到了什么,难道,因为这种鸟的眼光锐利,黑暗中仍然能够洞察一切,吴先生才对他们那么情有独钟?也许吧!

但将万绿看人间

——怀念父亲吴宗济

吴蔷珠

亲爱的爸爸,7月30日是我永远难忘的日子,那一天,您走完一百零一年的不平凡岁月,离开了我们!日月同悲,心如刀绞,我再也看不到您那慈祥、睿智的面容,听不到您那和蔼亲切的声音了,我无比的悲痛!

爸爸,你深深地热爱着您的事业,并为她献出了您的汗水、青春及几十年的日日夜夜。由于您的牺牲、奉献、刻苦、执著,您著作等身,硕果累累。您成了国际上著名的语音学家、中国实验语音的奠基人,开创了中国语音学研究与国际接轨的先河,在国内外语音学界享有极高的威望,您在语言学和语音学领域的学术生涯已逾70年,您这70多年不平凡的语言历程,恰似一部中国现代语言学发展史,代表着20世纪中叶以来中国现代语音学发展的光辉历程,同时,也折射出世界范围内现代语音学及语言工程近一个世纪以来的前进步伐。您对中国语言学,特别是现代语音学的发展做出了杰出的贡献。

亲爱的爸爸,有您这样的伟大成就,我们无法形容对您的崇拜之情!在我们子女的心目中,您的一生是行动的一生,是不浮夸的一生,是我们永远的楷模。我们从您的身上能学到什么呢?不止是知识和业绩,在平凡的日子里,您胜似闲庭信步,失败中却常挂着笑容。为了事业,您对亲人看似冷漠,实际上却不乏关怀之心。您在困境中向往光明,在逼迫中傲然屹立,在绝境中开拓进取。您的一生是成功的一生,不倒的一生。白天里您像明亮的阳光,黑夜里您是不灭的明灯!

亲爱的爸爸,我们一定继承您的遗志,努力工作,热爱生活,学您那样对事业精益求精,乐观地快乐地生活和工作。我常常记起您写过的那首词,调寄《浣溪纱》:"析韵调音兴未阑,生涯喜值泰平天,小窗晴暖思联翩,三万六千余几许,赤橙黄紫又青蓝,但将万绿看人间。"您这首诗充满了对事业,对人生,对亲人无尽的热爱,这一切我将永远铭记于心。

亲爱的爸爸,安息!

老爸我想你

吴莨珠

自从我母亲1955年去世后,1956年我父亲到了北京,因当时父亲已调至语言研究所,我是三个子女中最小的一个,当时姐姐已成家立业,哥哥也大学毕业了。因此我是父亲身边最亲近的人了,五十多年来,我们虽不住在一起,但几乎每个周末我们都是一起度过的,因此我的同事、我的朋友几乎都知道我有一个老爸爸,长寿的老爸爸。幽默风趣,心胸豁达,知识广博的老爸爸(因为我的老朋友也常是爸爸家中的座上客),往往他们总会问我:你爸爸有什么长寿秘诀,活到100岁了思想还这么敏捷,身体还这样硬朗？这些日子我也在想,想的很多,我在爸爸那儿真是学到了不少东西。多少年来潜移默化地影响着我的事业、我的生活准则、人生观。

首先是我爸爸对事业的热情执著,不断进取,特别是改革开放以来,他已是近80岁的老人了,仍然在学习。首先学会电脑,再不断地探索,不断有新的论点、新的文章出来。有一次他跟我说,院里老年办要退休人员统计有什么新文章,他算了一下有卅多篇,上面人不相信,说"要你退休后的",他说"我就是退休后的"(他是1982年退休的)。至今我仍然记得他说此话的神态,可以说他的思维一直到他觉得病重时都未停顿,今年5月份病重住院才停下了笔。再说他对自己的生活需求,他有自己的准则,他不奢求,从不给领导添麻烦,也不向家人强求什么,举个例子:他每周四要去所里转转(已是90多岁了),所里说可以派车给他,研究室也都给他报销出租车费,但他每次都尽量乘坐公交车。

近五十多年他的生活也经过多次磨难,但他都能顺应时代,调整心理、适应生活、乐观对待。例:"文革"时,不能看书研究了,他就利用自己曾学过的土木工程,用他的一对巧手做木工活,我姐姐的沙发,我的小橱柜都是他亲手制作;连木工师傅都称赞我那橱柜的精致,小巧:因为没用一颗钉子。到河南干校时,他特别买了三套木工工具;他说,一套是给公家干活用,干校住房的门窗均出自他手,一套是供别人借用,一套是自己干私活用,丝毫没有下乡要吃苦的情绪表露。

1976年地震时,已回京,端王府的宿舍没有了,语言所借用地质学院,办公室就是他的家。地震后,我去看他,见他在大操场上用办公桌搭了一个床,支了一个帐子,笑着对我说:"多好呀,晚上看星星,大地做床,这儿最安全了!"一点没有因地震没处去的烦恼、埋怨!

90年代所里又一次分房,因他的职称可以给他一套大些的房子,要他填表,他没要,他说:所里拉家带口的人都没房子,我一个人,这房子够住了(就是现在的劲松83平米房)。我当时在国外探亲,回来后埋怨他,他还是那句话:"我够了,我不去争!"

最后我想说说爸爸对外人永远是真诚相待,有问必答,有求必应。我每次见他,他总是那句话:"我忙着呢! 好多事要办。"案桌上永远是没写完的文稿,为此,我常埋怨他:"我来了,你也不放下工作跟我说说话。"赵元任先生的文集,李方桂先生的文集,罗常培先生的文集都倾注了他近些年来的心血。至于记者,各地学者,年轻学生的访问、求学就更不计其数了。他总是那样热情接待,不计时间,不知疲倦。特别是近三年他病后仍是如此,就是在他去世前一个月,2010年6月29日,清华大学图书馆的同志来医院拜访他,他还认真听完他对清华图书馆的回忆笔录(因那时他已不能写字了),最后他还是认真地签了名,拍了照。在医院住院时,到最后日子,他也从不在大夫护士面前表露痛苦不适,他总是说"我挺好的"。精神好时,还跟护士说笑话,不给他们增加负担。

爸爸走了,我想他老人家在另一个世界里仍然会用他的大脑思索,探求。他老人家热爱事业,热爱生活,心胸豁达,永远激励着我。

安息吧,老爸爸。

于 2010 年 8 月 30 日